普通高等院校"十二五"规划教材

质量管理

主　编◎杨小杰　陈昌华
副主编◎牟绍波　罗　剑　陈希勇　金小琴

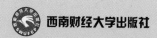西南财经大学出版社

图书在版编目(CIP)数据

质量管理/杨小杰,陈昌华主编. —成都:西南财经大学出版社,2016.8
ISBN 978 - 7 - 5504 - 2458 - 6

Ⅰ.①质… Ⅱ.①杨…②陈… Ⅲ.①质量管理 Ⅳ.①F273.2

中国版本图书馆 CIP 数据核字(2016)第 129475 号

质量管理

主 编:杨小杰 陈昌华

副主编:牟绍波 罗 剑 陈希勇 金小琴

责任编辑:李特军

责任校对:傅倩宇

封面设计:墨创文化

责任印制:封俊川

出版发行	西南财经大学出版社(四川省成都市光华村街 55 号)
网 址	http://www.bookcj.com
电子邮件	bookcj@foxmail.com
邮政编码	610074
电 话	028 - 87353785 87352368
照 排	四川胜翔数码印务设计有限公司
印 刷	四川森林印务有限责任公司
成品尺寸	185mm × 260mm
印 张	16.5
字 数	375 千字
版 次	2016 年 8 月第 1 版
印 次	2016 年 8 月第 1 次印刷
印 数	1— 2000 册
书 号	ISBN 978 - 7 - 5504 - 2458 - 6
定 价	35.00 元

前　言

《中国制造 2025》提出，坚持"创新驱动、质量为先、绿色发展、结构优化、人才为本"的基本方针，需要分三步走，到新中国成立一百年时，综合实力进入世界制造强国前列。2016 年 4 月，为引领中国制造升级，国务院通过了《装备制造业标准化和质量提升规划》，质量已经成为我国未来工业发展的重要抓手。为适应教学要求和我国经济发展的需要，我们在总结当前质量管理发展成果的基础上，结合教学需要，编写了《质量管理》一书。

本书可作为工商管理专业"质量管理学"课程理论教学用书，也可作为工商管理专业硕士研究生和从事质量管理实践相关人员使用的参考资料，全书突出体现了应用型人才培养的"实际、应用"特征。

本书系统地介绍质量管理的基本理论和方法，并适当地补充质量管理的一些前沿知识。全书共有十一章，其中第一章为质量管理概论，主要内容包括质量管理产生与发展、质量管理的基本原理、产生质量问题的根源和提高质量的途径；第二章为全面质量管理，主要内容包括全面质量管理的含义、全面质量管理的特点、全面质量管理的基本方法、全面质量管理的基础性工作；第三章为质量管理体系，主要内容包括 ISO 9000 质量管理体系、质量管理体系的建立与有效运行、质量管理体系的要求；第四章为过程能力分析，主要内容包括过程能力分析的基本概念、常用的过程能力指数、过程绩效指数；第五章为统计过程控制，主要内容包括统计过程控制的基本原理、质量控制图；第六章为抽样检验，主要内容包括批质量判断过程、抽样特性曲线、抽样检验方案；第七章为质量经济性分析，主要内容包括质量经济性、质量成本管理、质量成本效益分析方法；第八章为六西格玛管理，主要内容包括六西格玛管理的概念和特点、六西格玛管理的组织与推进、六西格玛管理的方法论、精益六西格玛管理；第九章为现场质量管理，主要内容包括现场质量管理的内容和要求、质量控制点、质量检验、质量改进、质量管理小组；第十章为卓越绩效模式，主要内容包括卓越绩效模式简介、世界三大质量奖、我国作业绩效评价准则与实施指南；第十一章为环境质量管理，主要内容包括 ISO 14000 的简要介绍和环境质量管理体系的审核与实施。

本书由西华大学杨小杰、陈昌华担任主编，负责全书的总体结构设计；牟绍波、罗剑、陈希勇（绵阳师范学院）、金小琴（四川省社会科学院）担任副主编；杨小杰、陈昌华、牟绍波、罗剑、陈希勇、金小琴、王艺鸣、李玲、唐艳辉、王瑶、陈明月、干佳颖、简相伍、杨洋、郑杲奇、范柳、杜静参加了全书的编写。第一章由杨小杰、牟绍波、李玲编写，第二章由杨小杰、罗剑、唐艳辉编写，第三章由陈昌华、杨小杰、王瑶编写，第四章由陈昌华、牟绍波、陈希勇编写，第五章由陈昌华、罗剑、金小琴编写，第六章由杨小杰、陈昌华、郑杲奇编写，第七章由杨小杰、陈明月、干佳颖编写，第八章由陈昌华、杨小杰、简相伍编写，第九章由杨小杰、陈昌华、杨洋编写，第十章由陈昌华、范柳编写，第十一章由杨小杰、王艺鸣、杜静编写。

　　本书编者除陈希勇为绵阳师范学院教师、金小琴为四川省社会科学院教师，其余人员均为西华大学教师或研究生。

　　本书编写过程中，参阅了大量国内外学者的相关研究成果，查阅了大量资料，谨表示衷心的感谢。由于水平所限，书中难免有不足与纰漏，恳请广大读者批评指正。

编者

2016 年 8 月于西华大学

目 录

第一章　质量管理概论

第一节　质量管理的发展历程

一、质量管理产生及发展

质量管理这个概念是随着现代工业生产的发展逐步形成、发展和完善起来的。当然，在质量管理成为具有一套科学的管理方法和理论体系的独立学科之前，人类很早就有了这方面的实践活动。对出土文物的考古证实，早在一万年前的石器时代，人类就有了"质量"意识，并开始对所制作的石器进行简单的检验。古代各国也曾有过为进行质量管理而颁布的法律条文。

我国唐朝有一条法律规定："诸造器用之物及绢布之属，有行滥短狭而卖者，各杖六十。"这就是一条惩罚制造出售伪劣产品者的法律。又如，古巴比伦《汉谟拉比法典》中有规定，如果营造商为他人建的房屋倒塌，致使房主身亡，那么这个营造商将被处死。虽然人类追求质量的历史可谓源远流长，但可以看出，中外古代的原始质量管理，基本上都是属于经验式管理，而没有什么理论基础作为依据。随着科学技术的不断发展和实践经验的不断丰富，人们对生产活动客观规律的认识逐步深化，质量管理这一学科正是在不断总结实践经验的基础上逐步发展而形成的，并经过了一个从实践到理论的过程。

美国在20世纪初开始将质量管理作为一门学科来研究。日本从20世纪50年代开始逐步从美国引进了质量管理思想理论、技术和方法，并在推行质量管理的过程中，结合本国国情，有所创新、有所发展，最终自成体系，在不少管理方法和管理组织上超过了美国，有后来居上之势。当前，质量管理已经发展成为一门独立的学科，形成了一整套质量管理理论和方法。

回顾质量管理科学的发展史，可以看出，社会对质量的要求是质量管理学科发展的原动力，不同时期的质量管理理论、技术和方法为了适应社会对质量的要求都在不断发展变化。从质量管理的产生、形成、发展和日益完善的过程，及在不同时期解决质量问题的理论、技术、方法的演变来看，质量管理大体经历了四个发展阶段，即质量检验阶段、统计质量控制阶段、全面质量管理阶段和标准化质量管理阶段。

二、质量管理的概念

(一) 质量

质量是质量管理中的基本概念。因此，为了使质量有一个统一、标准的定义，国际标准化组织在 1994 年发布的 ISO 8402《质量管理和质量保证》标准中提出了具有权威性的定义："反映实体满足明确和隐含需要的能力的特征总和。"在 2000 版和 2005 版 ISO 9000 族标准中，质量的概念被修改为"一组固有特性满足要求的程度"，这里的质量，不仅指产品的质量，还可以是过程或体系质量。

"固有"，是指在某事或某事物中本来就有的，尤其是那种永久性特性。

"特性"，是指可区分的特征，如物理的（如机械的、电的、化学或生物学的特性）、感官的（如嗅觉、触觉、味觉、视觉）、行为的（如礼貌、正直、诚实）、时间的（如准时性、可靠性）、人体功效（如生理的或有关人身安全等的特性）、功能的（如飞机的速度）。

"要求"，是指明示的、通常隐含的或必须履行（如法律法规、行规）的需求或期望（通常"隐含的"是指组织、顾客和其他相关方的惯例、习惯或一般做法，嗦考虑的需求或期望不言而喻）。

质量具有如下"四性质"：

经济性。因为"要求"汇集了价值的表现，物美价廉是反映人们的价值取向，物有所值就是质量经济性的表现。

广义性。产品、过程、体系都具有固有特性。因此质量既指产品质量，也指过程质量和体系质量。

时效性。顾客和其他相关方对组织的产品、过程和体系的需求不断变化，组织应不断地调整对质量的要求。

相对性。顾客和其他相关方可能对同一产品的功能提出不同的要求，也可能对同一产品的同一功能提出不同的要求。需求不同，质量要求也就不同。

(二) 质量管理

质量管理指在质量方面指挥和控制组织的协调活动。这些活动通常包括制定质量方针和质量目标的制定、质量策划、质量控制、质量保证、质量改进与持续改进。

1. 质量方针的制定和质量目标的制定

质量方针是组织最高管理者正式发布的关于质量方面的全部意图和方向。它是企业总的经营战略方针的组成部分，是管理者对质量的指导思想和承诺，是组织质量行为的准则。

质量目标是在质量方面追求的目的。它是质量方针的具体体现，是企业经营目标的一部分。目标既要先进，又要可行，便于实施和检查。

2. 质量策划

质量策划是质量管理的一部分，致力于制定质量目标并规定必要的运行过程和相关资源以实现质量目标。

3. 质量控制

质量控制致力于满足质量要求，它作为质量管理的一部分，适用于对组织的任何质量控制，包括生产领域、产品设计、原材料采购、服务的提供、市场销售、人力资源配置等，几乎涉及组织内所有活动。

质量控制是一个设定标准、测量结果、判断是否达到预期要求，对质量问题采取措施进行补救或防止再发生的过程。总之是一个确保生产出来的产品满足要求的过程。

4. 质量保证

质量保证致力于提供质量要求会得到满足的信任。它的关键是"信任"，不是当买到不合格产品后的包修、包换、包退。质量保证的前提和基础是保证质量和满足要求，质量管理体系的建立和有效运行是提供信任的重要手段。

组织规定的质量要求，包括产品、过程、体系的要求，必须完全反映顾客的需求，才能给顾客足够的信任。因此，顾客对供方质量管理体系要求方面的质量保证往往需要证实。证实的方法有：供方的合格证明；提供形成文件的基本证据、其他顾客认定的证据；顾客亲自审核；第三方审核出具的认证证据等。

质量保证分为内部保证和外部保证两种，内部质量保证是向自己组织管理者提供信任，外部保证是向顾客和其他相关方提供信任。

5. 质量改进与持续改进

质量改进是致力于增强满足适量要求的能力。因要求是各方面的，故改进也是各方面的，主要包括体系、过程、产品等。持续改进是增强满足要求的能力的循环活动。

持续改进是对"没有最好，只有更好"的最好诠释。任何组织或任何组织内的任何一个业务，不管其如何完善，总存在进一步改进的空间。这就是要求不断制定改进目标并寻找改进机会。持续改进体现了质量管理的核心理念："顾客满意，持续改进。"

（三）过程与程序

一般意义上讲，过程是指事物发展所经过的程序、阶段；从物理意义上讲，过程是系统从一个状态（始态）到另一个状态（终态）的发展经过；从哲学意义上讲，过程是指物质运动在时间上的持续性和空间上的广延性，是事物及其事物矛盾存在和发展的形式。

质量管理中，过程的定义为：一组将输入转化为输出的相互关联或相互作用的活动。其中，凡是过程输出的产品不易或不能经济地验证其合格与否，而在后续过程或使用时才能显现的过程，称为"特殊过程"。

过程含有四个要素：输入、输出、控制和资源，以蒸汽生产过程为例（图1-1）。任何一个过程都有输入和输出，输入是实施过程的基础、前提和条件，输出是过程完成后的结果，输出可能是有形产品，也可能是无形产品，如软件或服务。

程序是指"为进行某项活动或过程所规定的途径"。

程序是过程控制的依据，形成文件的程序通常包括某项活动的目的和范围，明确做什么（what）、谁来做（who）、何时做（when）、何地做（where）、为什么做（why）和如何做（how）（简称5M1H），以及所需的资源和如何进行控制与记录等。

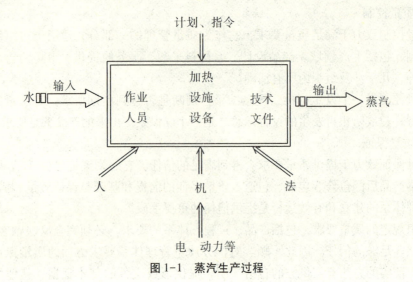

图 1-1　蒸汽生产过程

程序是一种路径。由一种程序可以找出另一种程序，程序有着客观的、顽强的执行规律，具有动态因果。而程序的规范性功能使所控制的程序处于受控状态，但程序维护既定的途径有时和与时俱进的创新是相背离的。因此，只有既遵守程序又不断改进程序，才能对过程实施有效的控制。

（四）产品

产品是"过程的结果"。

服务、软件、硬件和流程材料是四种通用的产品类别。服务通常是无形的，并且在供方和顾客接触面上至少需要完成一项活动结果。软件由信息组成，通常是无形产品并可以以方法、论文、程序的形式存在。硬件通常是有型产品，其度量具有计数或计量的特性。流程材料通常是有形产品，其度量具有连续特性，如润滑油硬件和流程性材料经常被称为货物。

三、质量管理发展阶段

质量管理的产生和发展过程走过了漫长的道路，可以说源远流长。从人类历史上自有商品产生以来，就有了以商品成品为主的质量检验方法。根据历史文献记载，我国早在 2 400 年前，就产生了青铜制刀枪的质量检验制度。

随着生产力的发展，科学技术和社会文明的进步，质量的含义也不断的丰富和扩展。从开始的实物产品质量发展为产品或服务满足规定和潜在需要的特征和特性之总和，再发展到今天的实体，即可以单独描述研究和事物的质量。

按照质量管理所依据的手段和方式，我们可以将质量管理发展历史大致划分为操作者的质量管理、质量检验阶段、统计质量控制阶段、全面质量管理四个阶段。

（一）操作者的质量管理阶段

这个阶段是指从开始出现质量检验一直到 19 世纪末资本主义的工厂逐步取代分散

经营的家庭手工作坊为主的一段时间。在这段期间，受小生产经营方式或手工作坊式生产经营方式的影响，产品质量主要依靠工人的实际操作经验，靠手摸、眼看等感官估计和简单的度量衡器测量而定。工人既是操作者又是质量检验者，且经验就是"标准"。质量标准的实施是靠"师傅带徒弟"的方式言传身教进行的，因此，有人称之为"操作者的质量管理"。

据历史记载，早在 2 400 多年前的周礼《考工记》就有相关的对产品设计标准、对产品进行质量检验合格才能使用的记载。先秦时期的《礼记·月令》，就有"物勒工名，以考其诚，工有不当，必行其罪，以究其情"的记载。其内容是在生产的产品上刻上工匠或工厂的名字，并设置了政府中负责质量的官员职位"大工尹"，其目的是考察质量，如果质量不好就要处罚和治罪。当时的手工业产品主要是兵器、车辆、量器、钟、鼓等。由于兵器的质量是决定当时战争胜负的关键，是生死攸关的大事，因此，质量检验就更加详细和严格。

北宋时期，为了加强对兵器的质量检验，专设了军器监。当时军器监总管沈括所著《梦溪笔谈》中就谈到了当时兵器生产的质量管理情况。当时兵器生产批量剧增，质量标准也更加具体。对弓的标准就有下列六条：弓体轻巧而强度高；开弓容易且弹力大；多次使用弓力不减弱；天气变化，无论冷热，弓力保持一致；射箭时弦声清脆、坚实；开弓时，弓体正，不偏斜。

这些质量标准基本上是实践经验的总结。该阶段的质量管理主要依靠工匠的实际操作技术，靠手摸、眼睛看等感官估计和监督的度量衡器测量而定，靠师傅传授技术经验来达到质量标准。

（二）质量检验阶段

资产阶级工业革命之后，机器工业生产取代了手工作坊式生产，劳动者集中到一个工厂内共同进行批量生产劳动，于是产生了企业管理和质量检验管理。

1918 年前后，美国出现了以泰勒为代表的"科学管理运动"，强调工长在质量保证方面的作用，于是执行质量管理的责任就由操作者转移给工长。有人称它为"工长的质量管理"。1940 年以前，由于企业规模的扩大，这一职能又由工长转移给专职的检验人员，大多数企业都设置了专门的职位，有人称它为"检验员的质量管理"。专职检验的特点是"三权分立"，即有人专职制定标准（立法），有人负责生产制造（执法），有人专职按照标准检验产品质量（司法）。

但是我们又看到了这种检验的不足。其一，是出现质量问题容易推诿，缺乏系统优化观念；其二，它属于"事后检验"，无法在生产过程中完全起到预防、控制的作用；其三，它要求对产品进行百分之百的检验，这样做有时在经济上并不合理，有时从技术上考虑也不可能，在生产规模扩大和大批量生产的情况下，这个弱点尤为突出。后来又改为百分比抽样，以减少检验损失费用。但这种方法片面的认为样本和总体是成比例的，因此，抽样的样本总数是和检验批量数保持一个规定的比值，如百分之几。但这就导致了大批严、小批宽，以致产品批量增大后，抽样检验越来越严格的情况，使相同质量的产品因批量的大小而受到不同的处理。

（三）统计质量控制阶段

由于"事后检验"为主的质量管理不断地暴露出弊端，一些著名的统计学家和质量管理专家开始研究运用数理统计学的原理来解决这些问题。美国贝尔电话实验室的工程师休哈特提出了统计过程控制理论——应用统计技术对产生过程进行监控，以减少对检验的依赖。这种新方法解决了质量检验事后把关的不足。1924 年 5 月 16 日，休哈特设计了世界第一张控制图。1930 年贝尔电话实验室的另外两名成员道奇和罗米格又提出了统计抽样方法，并设计了实际使用的"抽样检验表"，解决了全数抽样和破坏性检验在应用中的困难。20 世纪 40 年代，美国贝尔电话公司应用统计质量控制技术取得成效；美国军方在军需物资供应商中推进统计质量控制技术；美国军方制定了展示标准 Z1.1、Z1.2、Z1.3——最初的质量管理标准。三个标准均以休哈特、道奇和罗米格的理论为基础。

由于采用质量控制的统计方法在实际中取得了显著效果，第二次世界大战后，日本、英国等很多国家开始积极采用、开展统计质量控制活动，并取得成效。利用数理统计原理，将事后检验变为事前控制的方法，使质量管理的职能由专职检验人员转移到专业的质量控制工程师来承担。这标志着将事后检验的观念改变为预测质量事故的发生并事先加以预防的观念的形成。

（四）全面质量管理阶段

从 20 世纪 50 年代开始，由于出现了一大批高安全性、技术密集型和大型复杂产品，仅在制造过程实施质量控制，以保证产品质量，质量管理发展到了质量保证阶段，质量管理的重点从早期集中于生产过程扩展到了产品设计和原材料的采购。质量保证要求高层领导更多地参与到质量管理中来。

美国通用电气公司质量控制经理费根堡姆于 1961 年在其写作的《全面质量管理》（Total Quality Control）一书中，首次提出全面质量管理的概念，并指出：为了生产具有合理成本和较高的质量品质，以适应市场的要求，只注重个别部门的活动是不够的，需要对覆盖所有职能部门的质量活动进行策划。该书强调执行质量智能是公司全体人员的责任，应该使企业全体人员都具有质量意识并承担质量责任。

20 世纪 60 年代以后，费根堡姆的全面质量管理概念逐步被世界各国所接受。全面质量管理可概括为"三全一多样"，即全员质量管理、全过程质量管理、全方位质量管理、多种多样的质量管理方法或工具。从统计质量控制发展到全面质量管理，是质量管理工作的一个飞跃，全面质量管理活动的兴起标志着质量管理进入了一个新阶段，它使质量管理更加的完善，成为一种新的科学化管理技术。随着对全面质量管理认识的不断深化，人们认识到全面质量管理实质上是一种以质量为核心的经营管理，可以称之为质量经营。

第二节　质量管理的基本原理

一、戴明"PDCA 循环"

戴明博士是世界著名的质量管理专家，他对世界质量管理发展做出的卓越贡献享誉全球。戴明博士最早提出 PDCA 循环的概念，又称为"戴明环"。PDCA 环不但在质量管理中得到了广泛的应用，更重要的是为了现代管理理论和方法开拓了新思路。P、D、C、A 四个英文字母所代表的意义如下：

P（Plan）——计划，包括方针和目标的确定以及活动计划的制订；

D（Do）——执行，执行就是具体运作，实现计划中的内容；

C（Check）——检查，就是要总结执行计划的结果，分清哪儿对了、哪儿错了，明确效果，找出问题；

A（Action）——行动（或处理），对总结检查的结果进行处理，成功的经验加以肯定，并予以标准化，或指定作业指导书，便于以后工作是遵守；对于失败的教训也要总结，以免重现。

PDCA 循环具有以下几个显著的特点：

1. 周而复始

PDCA 循环的四个过程不是运行一次就完结，而是周而复始的进行。一个循环结束，解决了一部分问题，可能还有问题没有解决，或者又出现新的问题，再进行下一个 PDCA 循环，依此类推。PDCA 循环原理如图 1-2 所示。

图 1-2　PDCA 循环原理

2. 大环带小环

PDCA 循环结构如图 1-3 所示，类似行星轮系，一个公司或组织整体运行体系与其内部各子体系的关系，是大环带小环的有机逻辑组合体。

3. 阶梯式上升

PDCA 循环不是停留在一个水平上的循环，不断解决问题的过程就是水平逐步上升的过程，如图 1-4 所示。

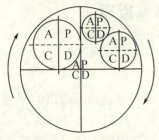

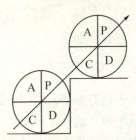

大环套小环   爬楼梯

图 1-3   PDCA 循环结构   图 1-4   PDCA 循环的功能

4. 统计的工具

PDCA 循环应用了科学的统计概念和处理方法。作为推动工作、发现问题和解决问题的有效工具，典型的模式被称为"四个阶段""八个步骤"。"四阶段"是 P、D、C、A，八个步骤是：

（1）分析现状，找出问题。

（2）根据存在的问题，分析产生质量问题的各种影响因素。

（3）找出影响质量问题的主要因素，并从主要因素中着手解决质量问题。

（4）针对影响质量的主要原因，制定技术、组织的改进措施和方案，执行计划和预计效果。改进措施包括 5W1H 内容和要求。

①Why：为什么要制订这个计划；

②What：达到什么目标；

③Where：在哪里执行；

④Who：由谁来执行；

⑤When：什么时间完成

⑦How：如何实施。

以上 4 个步骤就是 P 阶段的具体化。

（5）执行，按照既定计划执行，即 D 阶段。

（6）检查，根据计划的要求，检查实际执行结果，即 C 阶段。

（7）巩固成果，根据检查结果进行总结，把成功的经验和失败的教训总结出来，对原有的制度、标准进行修正，也要把成功的经验肯定下来制定成为标准和规则，以指导实践。巩固已取得的成绩，同时防止重蹈覆辙。

（8）提出这一次循环尚未解决的遗留问题，并将其转到下一次 PDCA 循环中，作为下一阶段的计划目标。

除了 PDCA 循环以外，戴明博士还提出了著名的"十四点"。

（1）树立改进产品和服务的恒久目标，目的是成为有竞争力的、可持续发展的企业。

（2）采纳新的哲学，我们处在新的经济时代，西方管理界应当在挑战面前觉醒，必须意识到他们的责任和承担起领导变革的任务。

（3）停止依靠检验来达到质量标准的做法。消除对大量检验的依赖，从一开始就把产品质量做好。

（4）不要仅以价格作为业务（采购）的考核标准，而应当尽量降低总成本。朝着每个品种一家供应商方向努力，建立长期忠诚和信任关系。

（5）通过持续不断地改进生产系统提高质量和生产率，从而降低成本。

（6）实施在岗培训。

（7）发挥领导力。监督的目的应当是使工人、设备和装置更好地完成工作。应当终止由管理当局实施的监督，而是让生产工人自我监督。

（8）消除恐惧，使每个人为公司卓有成效地工作。

（9）拆除部门之间的围墙。研究、设计、销售和生产部门的员工必须像一个团队一样工作，以预见产品和服务在生产和使用中的问题。

（10）摒弃用来号召工人达到零缺陷和更高生产率的口号、劝导和目标。这种方式只能停留在表面上，因为造成低质量和低生产率的主要原因是系统性的，不是工人所能控制的。

（11）不应当剥夺工人为自己拥有高超技艺而自豪的权利和尊严，监督者的责任应当从关注数字转向关注质量。

（12）管理者和工程师享有的以工作为荣的权利和尊严，这意味着，取消年度的和业绩的评级以及目标管理。

（13）实施生机蓬勃的教育和自我改进计划。

（14）使每个员工都参与变革，变革是每个人的职责。

二、朱兰"螺旋曲线"

产品的质量有产生、形成和实现的过程。美国质量管理专家朱兰于20世纪60年代用一条螺旋上升的曲线向人们揭示了产品质量有一个产生、形成和实现的过程，人们称之为"朱兰质量螺旋曲线"（图1-5）。

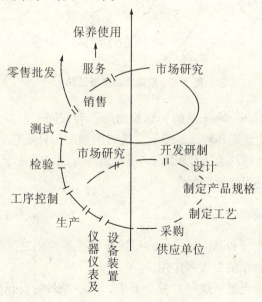

图1-5 朱兰螺旋曲线

"朱兰螺旋曲线"描述的过程包括一系列活动或工作：市场研究、开发、制定工艺、采购、生产、过程控制、检验、销售、售后服务等环节，也阐述了 5 个重要理念：

产品质量的形成由市场研究到销售、服务等多个环节组成，共处于一个系统，相互依赖、相互联系、相互促进，要用系统的观点来进行质量管理；

产品质量形成的这些环节一个循环接一个循环，周而复始，不是简单重复，而是不断上升、不断提高的过程，所以，质量要不断改进；

产品质量形成是全过程的，对质量要进行全过程管理；

产品质量形成的全过程中存在供方、销售商和顾客的影响，涉及企业之外的因素，所以，质量管理是一个社会系统工程；

所有的质量活动都是由人来完成的，质量管理应该以人为主体。这些环节环环相扣，相互制约和作用，不断循环，周而复始，每经过一次循环，就意味着产品质量的一次提高。

"朱兰螺旋曲线"的提出，推动了人们对质量概念的认识逐渐从狭义的产品质量向广义的企业整体质量发展。人们相信，只有整体质量水平高的企业，才可能可靠地持续开发、制造和提供高质量的产品。

三、桑德霍姆"质量循环"

与朱兰螺旋曲线类似的另一种提法是桑德霍姆质量环（图1-6）。它是瑞典的质量管理学家 L. 桑德霍姆（L. Sandholm）首先提出的。

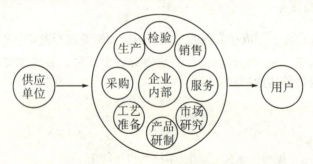

图1-6 桑德霍姆质量循环

桑德霍姆"质量循环"和朱兰的"螺旋曲线"异曲同工，都是用来说明产品质量形成过程的。可以把质量循环看成是螺旋曲线的俯视图，只是它从 13 个环节选择 8 个主要的环节来构图，也称八大质量职能。"质量循环"的内涵在于：质量水平的提高有依赖于组织内部各个过程的密切配合。

四、克劳斯比"零缺陷"

菲利浦·克劳斯比（Philip B. Crosby）被誉为"零缺陷之父""世界质量先生"，致力于"质量管理"哲学的发展和应用。

克劳斯比的主要观点是：质量即复合要求，而不是最好；预防生产质量，检验不能产生质量；产品和工作标准是"零缺陷"，而不是差不多就好；不符合要求的代价是金钱，而不是其他。

克劳斯比认为追求品质并不难，以下是克劳斯比强调的"三要"：

第一，要痛下决心。从最高层到基层员工都要痛下决心，提升品质——意识改革，达成共识。

第二，要教育训练。光有决心还是不够，还要具备能力，能力来源于坚持不断的培训——方法改革，提升人的品质。

第三，要贯彻执行。全体动员，全面品管，全员参与进行提升品质的具体活动——不停留在文件或口号上，重视执行力。

我们可以从以下几个方面来理解"零缺陷"：

质量。这里的质量是指正确的质量，满足要求的质量。20世纪美国一些汽车公司把汽车做得很大就是不正确的。

免费。在正确的质量上投入得到的回报比投入多，即使这种回报不是立竿见影。

追求。追求是一种愿望，未必已经达到，或非达到不可。

零缺陷。正是因为质量是免费的，所以要追求零缺陷，但并不意味着在一定时期内不计代价的投入，而是应该有一个最适宜的水平区域。随着时间的推移，这个区域一定会向更高水平变化。

第三节　产生质量问题的原因与提高质量的途径

一、产品质量问题

（一）影响产品质量的因素

产品生产出现质量瑕疵的原因很多，我们主要从生产过程中影响产品质量的主要因素来分析：员工（Man）、设备（Machine）、物料（Material）、工艺方法（Method）、检测手段（Measure）、工作环境（Environment），简称"5M1E"。

1. 操作人员因素

凡是操作人员起主导作用的过程所产生的缺陷，一般可以由操作人员控制。造成操作误差的主要原因有：质量意识差；操作时粗心大意；不遵守操作规程；操作技能低、技术不熟练，以及由于工作简单重复而产生厌烦情绪等。防误和控制措施如下：

（1）加强"质量第一、用户第一、下道工序是用户"的质量意识教育，建立健全质量责任制；

（2）编写明确详细的操作规程，加强过程专业培训，颁发操作合格证；

（3）加强检验工作，适当增加检验的频次；

（4）通过工种间的人员调整、工作经验丰富化等方法，消除操作人员的厌烦情绪；

（5）广泛开展品管（QC）圈活动，促进自我提高和自我改进能力。

2. 机器设备因素

机器设备方面主要控制措施有：

（1）加强设备维护和保养，定期检测机器设备的关键精度和性能项目，并建立设备关键部位日点检制度，对过程质量控制点的设备进行重点控制；

（2）采用首件检验，核实定位或定量装置的调整量；

（3）尽可能配置定位数据的自动显示和自动记录装置，以减少对工人调整工作可靠性的依赖。

3. 材料因素

材料因素主要控制措施有：

（1）在原材料采购合同中明确规定质量要求；

（2）加强原材料的进厂检验和厂内自制零部件过程和成品的检验；

（3）合理选择供应商（包括"外协厂"）；

（4）搞好协作厂间的协作关系，督促、帮助供应商做好质量控制和质量保证。

4. 工艺方法的因素

工艺方法包括工艺流程的安排、工艺之间的衔接、过程加工手段的选择（加工环境条件的选择、工艺装备配置的选择、工艺参数的选择）和过程加工指导文件的编制（如工艺卡、操作规程、作业指导书、过程质量分析表等）。

工艺方法对过程质量的影响，主要来自两个方面：一是制定的加工方法，选择的工艺参数和工艺装备等的正确性和合理性；二是贯彻、执行工艺方法的严肃性。

工艺方法的防误和控制措施：

（1）保证定位装置的准确性，严格首件检验，并保证定位中心准确，防止加工特性值数据分布中心偏离规格中心；

（2）加强技术业务培训，使操作人员熟悉定位装置的安装和调整方法，尽可能配置显示定位数据的装置；

（3）加强定型刀具或刃具的刃磨和管理，实行强制更换制度；

（4）积极推行控制图管理，以便及时采取措施调整；

（5）严肃工艺纪律，对贯彻执行操作规程进行检查和监督。

（6）加强工具工装和计量器具管理，切实做好工装模具的周期检查和计量器具的周期校准工作。

5. 测量因素

测量因素主要控制措施包括：

（1）确定测量任务及所要求的准确度，选择适用的、具有所需准确度和精密度能力的测试设备；

（2）定期对所有测量和试验设备进行确认、校准和调整；

（3）规定必要的校准规程。其内容设备包括设备类型、编号、地点、校验周期、校验方法、验收标准，以及发生问题时应采取的措施；

（4）保存校准记录；

（5）发现测量和试验设备未处于校准状态时，立即评定以前的测量和试验结果的有效性，并记入有关文件。

6. 环境的因素

所谓环境，一般指生产现场的温度、湿度、噪音干扰、振动、照明、室内净化和现场污染程度等。

在确保产品对环境条件的特殊要求外，还要做好现场的管理、整顿和清扫工作，大力搞好文明生产，为持久地生产优质产品创造条件。

（二）解决质量问题的流程

质量计划应当包括一套解决问题和纠正瑕疵的程序，以应付出现的问题或瑕疵。这需要始终如一的方法和严密的流程，确保以有效的方式解决问题和纠正瑕疵。一种有效的方法由以下六个步骤组成：

（1）界定问题范围。找出问题以及分析它或它们所产生的影响；

（2）纠正问题。纠正在第一步骤中发现的问题；

（3）确定问题根源。确定问题或瑕疵产生的原因，而不仅仅是问题或瑕疵的表面现象；

（4）纠正流程的缺陷。确认流程中的弱点，改变流程以消除产生问题的根源；

（5）评价纠正行为。检验流程，以确保纠正行为是有效的，而且能够消除问题或瑕疵的根源；

（6）后续工作。评价纠正行为，确保不会由于改变流程而产生新的问题或瑕疵。

二、提高产品质量的方法

产品质量对社会来说，综合体现了经济、技术和科学文化的水平。对企业来说，综合反映了管理、技术和思想政治工作的水平。所以产品质量的高低是社会生产力水平的反映，是技术经济发展的标志，而且与人们的生活息息相关。从最初人们认识到质量的重要性之后，就在提高质量的道路上不断的探索，经过不断的实践，主要总结出如下切实可行的方法。

（一）全面质量管理

全面质量管理（Total Quality Managment，简称 TQM）是以组织全员参与为基础的质量管理形式，是一种以顾客的要求和期望为驱动的管理方法，旨在对产品全过程质量问题进行管理和控制。其主要方法有 PDCA 循环、质量管理新老七种工具、标杆法、QC 小组、头脑风爆法等，这些方法的应用，能有效地发现产生质量问题的原因，由此找出解决方法，提高产品质量。详见第二章。

（二）过程能力分析

过程能力分析是通过检查过程的固有变异和分布来估计生产符合规范所允许的公差范围的产品的能力。由于过程能力分析能评价过程的固有变异，估计预期的不合格品率，因此，它使组织能估计出不合格产品所发生的费用，并做出有助于指导过程改进的决策。确定过程能力的最低标准可指导组织选择能用于生产可接收产品的过程和设备。此外，过程能力分析还可用于评价过程任一部分（如某一特定机器）的能力，如"机器能力"的分析可用来评价特定设备或估算其对整个过程能力的贡献。

过程能力分析可用在下述场合：

通过确保零件的变异与组装产品中允许的总容差相一致，过程能力可用来建立制造产品的合理加工规范。相反，当需要严格的容差时，零件的制造商需要达到规定的过程能力水平，以确保高产低耗，较高的过程能力指标有时用在零件和分系统级，以达到所期望的复杂系统的累积质量和可靠性；汽车、航空航天、电子学、食品、医药以及医疗设备的制造商通常将过程能力作为评价分承包方和产品的主要准则。这使这些制造商可将对采购产品和材料的直接检验减至最少；一些制造业和服务业的公司通过跟踪过程能力指数，以识别过程改进的需求，或验证这些改进的有效性；机器能力的分析用来评价机器按规定要求生产或运行的能力，这有助于组织做出采购或修理机器的决定。详见第四章。

（三）抽样检验

抽样检验是质量管理工作的重要技术基础，是产品质量控制技术体系的重要组成部分。其特点是"不对所有的产品进行检验，而仅从产品总体中抽取一定量的样本进行检验，根据对样本检验的结果来判定批或过程的总体质量水平是否达到了预期要求"。

在现代质量管理的各项活动中，经常要用到的"抽样检验"事实上是指"统计抽样检验"。统计抽样检验的含义是指以概率论与数理统计科学为依据，利用统计检验原理设计出抽样检验方案，对生产方和使用方都给予适当保护的一整套检验技术体系。

使用抽样检验程序的优点在于：一方面能在较大置信度下判定产品总体是否达到预期的质量要求；另一方面可以通过降低检验的产品数量，大大节省检验工作量，提高检验效率。抽样检验技术研究的目标是要追求经济性、科学性和可靠性。一个"好"的抽样检验系统，应是用尽可能低的费用（经济性，包括人力和财力的节约），有效地利用统计检验技术，控制随机抽样造成的两类风险（科学性），且对产品质量检验或（和）评估给出可靠的结论（可靠性）。详见第六章。

（四）质量经济性分析

质量经济性是指产品寿命周期全过程的经济性。质量经济性强调产品不仅要满足适用性的要求，还应重视经济性。质量经济性分析是分析产品质量与投入、产出之间的关系，是研究产品质量与成本变化、效益产生之间的关系，争取以最小的劳动耗费，提供符合需求的商品和服务，获得最佳的企业经济效益和社会效益。质量经济性分析是质量经济性管理的基础。质量经济性管理就是通过质量经济性分析和经济效益评价，通过对不同的质量水平和不同的质量管理改进措施进行分析和评价，确定既能满足顾客需求又能投入较小成本的质量管理方案，以获取产品的质量经济性。

（五）质量成本效益分析

质量成本分析就是通过分析产品（或服务）质量与成本升降因素及其对经济效益影响程度的分析。在实际工作中，质量过高或过低都会造成浪费，不能使企业获得好的经济效益。因此，必然要求实现最佳质量水平和最佳成本水平。为了使企业产品（或服务）质量和成本达到最佳质量水平，就应围绕企业经营目标分析企业内外各种影响因素。外部的影响因素主要是购买者考虑产品（或服务）性能、可靠性、维修性与产品（或服务）价格之间的关系。内部影响因素就是考虑提高质量与为此所消耗的费用之间的关系。从原则上讲，最佳质量水平是要达到必要功能与成本耗费的最佳结合。从这个意义上说，计算质量成本不是目的，其目的在于进行质量成本分析及其效果。详见第七章。

（六）六西格玛

六西格玛是一项以数据为基础，追求几乎完美的质量管理方法。δ 是一个希腊字母，中文译音是西格玛，统计学用来表示标准偏差，即数据的分散程度。对于连续可计量的质量特性，"δ" 可表于质量特性总体上对目标值的偏离程度。几个 δ 是一种表示品质的统计尺度。任何一个工作程序或工艺过程都可用几个 δ 表示。6 个 δ 可解释为每一百万个机会中有 3.4 个出错的机会，即合格率是 99.999 66%。而 3 个 δ 的合格率只有 93.32%。六西格玛的管理方法重点是将所有的工作作为一种流程，采用量化的方法分析流程中影响质量的因素，找出最关键的因素加以改进从而达到更高的客户满意度。详见第八章。

（七）现场质量管理

现场质量管理是针对生产现场和服务现场的质量管理。全面质量管理的思想和活动需要通过现场质量管理在企业的基层中得以贯彻和实施，尤其是全面质量管理的各项基础工作更需要在现场质量管理中得到落实。因此，现场质量管理是全面质量管理的重要组成部分，它在全面质量管理中具有重要的作用。

现场质量管理的内容十分丰富，主要方法有制造过程的质量控制、服务过程的质量控制、产品质量检验、质量改进、5s 活动、质量管理小组等。详见第九章。

案例分析

南京冠生园月饼陈馅事件

2001 年 9 月 3 日中央电视台"新闻 30 分"播出了南京冠生园旧月饼翻新"再利用"的新闻。

2000 年中秋节过后，冠生园食品厂没有卖完的月饼被陆续从各地回收，运进了蒙着窗户纸的车间。据知情人士透露，被回收的月饼主要有豆沙、凤梨和莲蓉三大类。它们首先要被工人去皮取馅，这是加工这些月饼的第一道工序，一些人负责剥去月饼的塑料外包装，另外一些人用小铲刮掉月饼皮剥出里边的馅料，被剥出来的月饼馅接着被送到半成品车间重新搅拌炒制，它们由一个个独立的月饼馅融成了一个整体。当这一切都完成后，近百箱熬好的馅料被入库冷藏。记者拍摄了这个场景的全过程，拍摄时间是 2000 年 10 月 24 日。

2001 年 7 月 2 日，距离中秋节还有整整三个月，南京冠生园食品厂正式开工赶制月饼了。记者发现，冷库门被打开了，那些保存了近一年的馅料被悄悄地派上了用场。在接下来的几天里，记者陆续拍到月饼馅出库并投入生产的镜头。据保守估计，总共有几十吨的陈年月饼馅被冷藏在这个冷库里，有时拖出来的月饼馅料因为冻得太硬无法直接使用，就会被放在隔壁的一间小屋子里存放一夜以便化冻回软，然后再利用，有些馅料上甚至已长满了霉菌。

被央视曝光后，用陈馅做新月饼的南京冠生园食品厂全面停工整顿。江苏省和南京市有关卫生防疫部门、技术监督部门已经组成调查组进驻该厂。当地商家从 2001 年 9 月 4 日清晨开始将冠生园的各类月饼产品撤下柜台。南京冠生园"黑心月饼"事件被曝光后，备受商家"宠爱"的冠生园月饼被打入了冷宫。更为严重的后果是，尽管没有血缘关系，但全国以"冠生园"命名的企业近 30 家全部受到了株连。

此次南京冠生园黑心月饼事件，给全国的"冠生园"系造成的打击是灾难性的，因为月饼销售期极短，转眼即逝，通常高峰期就在中秋节前。而央视的报道距离中秋节不过短短 20 天，以"冠生园"命名的企业想要力挽狂澜，几乎是不可能的。全国各地以"冠生园"命名的企业唯一能做的事情就是拼命地和南京冠生园划清楚界线，走出其阴影，尽量减少损失，至于在月饼市场上割据争雄，估计只有等待来年了。

资料来源：程国平. 质量管理学 ［M］. 武汉：武汉理工大学出版社，2003.

思考题：

你如何看南京冠生园旧月饼翻新"再利用"事件？从中我们能得到哪些启示？

本章习题

1. 理解质量管理的起源。

2. 试解释以下概念：质量、要求、质量管理、过程、产品。

3. 阐述质量的"四性质"。

4. 阐述质量管理包含的内容。

5. 简述质量管理发展阶段。

6. 简述质量检验阶段的主要特征和局限性。

7. 简述 PDCA 循环。

8. 简述 PDCA 循环的特点。

9. 简述 PDCA 循环每一阶段的好坏是如何影响下一阶段工作的。

10. 谈谈你对朱兰"螺旋曲线"的理解。

11. 谈谈你对克劳斯比提出的"零缺陷"的理解。

12. 试比较朱兰"螺旋曲线"与桑德霍姆"质量环"的异同。

13. 简述产生质量问题的原因。

14. 阐述提高产品质量的方法。

第二章　全面质量管理

第一节　全面质量管理概述

一、全面质量管理的概念

（一）全面质量管理的定义

20 世纪 60 年代初，全面质量管理理论形成，首创者是美国质量管理专家费根堡姆博士。他指出："全面质量管理是为了能够在最经济的水平上、在充分满足用户要求的条件下，进行市场研究、设计、生产和服务，把质量各部门的研制质量、维护质量和提高质量的活动结合在一起、成为一个有效体系。"

全面质量管理即全员管理、全过程管理、全方位管理、多种多样的质量管理方法或工具，即"三全一多样"。

（二）全面质量管理的基本观点

近年来全面质量管理日益成为各国和各企业所重视的一门科学管理体系。概括起来有如下基本观点：

1. 用户至上

全面质量管理的核心是满足用户的需求，因此，"用户至上"是全面质量管理中一个十分重要的指导思想。"用户至上"就是要树立以用户为中心，为用户服务的思想，使产品质量与服务质量最大程度地满足用户的要求。产品质量的好坏最终应以用户的满意程度为标准。

全面质量管理所指的用户包括企业内用户和企业外用户两大类。企业内用户是指"下一道工序"。在企业的生产流程中，前道工序是保证后道工序质量的前提，如果某一道工序出现质量问题，就会影响到后续工序的质量。用户是企业的生命线，因为没有用户，企业就无法获利，就会面临破产的命运。所以满足用户的需求，其主要目的就是赢得用户。

2. 全面管理

所谓全面管理，就是进行全过程的管理、全企业的管理和全员的管理。全过程的管理就是要求对产品生产过程进行全面控制。全企业管理强调质量管理工作不局限于质量管理部门，要求企业所属各单位、各部门都要参与质量管理工作，共同对产品质量负责。全员管理主要是要求把质量控制工作落实到每一名员工，让每一名员工都关心产品的质量。

3. 以预防为主

在企业质量管理中，要认真贯彻预防为主的原则，凡事要防患于未然，要把质量管理工作的重点从"事后把关"转移到"事先预防"上来，从管"结果"变为管"因素""管过程"，强调将产品的质量问题消灭在产品形成的过程之中。例如，在产品设计阶段，就应该采用失效模式、影响和后果分析与失效树分析等方法，找出产品的薄弱环节，在设计上加以改进，消除隐患；还可以直接采用稳健性设计方法进行设计。在产品制造阶段应该采用统计质量控制等科学方法对生产进行控制。在产品检验阶段，不论是对最终产品还是过程产品，都要把质量信息及时反馈并认真处理。

4. 用数据说话

凭数据说话就是凭事实说话，因为数据是对客观事物的定量化反映，数据的可比性强，一目了然，因此，用数据判断问题最真实、最可靠。凭数据说话要求具有科学的工作作风，在研究问题时不能满足于一知半解和表面现象，对问题除了进行定性分析，还应进行定量分析，做到心中有"数"，这样就可以避免主观盲目性。在企业的生产现场，往往存在许多技术问题和管理问题，影响着产品的质量、成本和交货期。要解决这些问题，需要收集生产过程中的各种数据，应用数理统计的方法对它们进行加工整理。全面质量管理强调用数理统计的方法和系统工程的思想将反映事实的数据和改善活动联系起来，及时发现、分析和解决问题。

二、全面质量管理的特点

全面质量管理的内涵决定了它的特点，概括起来就是"三全一多样"或是"四全"：全员参加的质量管理，全过程的质量管理、全方位的质量管理和多方法的质量管理。

（一）全员参加的质量管理

质量管理的全员性、群众性，是学科质量管理的客观要求。产品质量的好坏是许多生产环节和各项管理工作的综合反映，在企业中任何一个环节、任何一个人的工作质量，都会不同程度地直接或间接影响产品质量。因此，质量管理不是少数专职人员的事情，而是企业各部门、各阶层全体人员共同参加的活动。同时，为了发挥全面质量管理的最大效用，除了要加强企业内部各职能和业务部门之间的横向合作，还要将这种合作参与延伸到企业外的用户和供应商。实施全员参与质量管理的几点措施如下：

（1）搞好质量教育。质量要"始于教育，终于教育"，使全员牢固树立"质量第一"的思想，提高质量意识，能自觉参与质量保证和管理活动。

（2）明确职责和职权。各单位和部门都要为有关人员制定明确的职责和职权，并注意衔接和合作，使全员密切配合，协调、高效地参与质量管理工作。

（3）开展多种质量管理活动。全员参加质量活动是保证质量的重要图形，特别是群众性的质量管理小组（QC）活动，可以充分调动员工的积极性，发挥他们的聪明才智。

（4）奖罚分明。这可以引起大家对质量的重视，形成"唯质量最重要"的价值观，造就质量文化氛围。

（二）全过程质量管理

产品质量首先在设计过程中形成，然后通过生产工序制造出来，最后通过销售和服务传递到用户手中。因此，产品质量产生、形成和实现的全过程，已经从原来的制造和检验向前延伸到市场调查、设计、采购、生产准备等过程，向后延伸到包装、发运、使用、用后处理、售前售后服务等环节。因此，全过程质量管理就是对产品质量形成的全过程的各个环节加以管理，形成一个综合性的质量管理工作体系。为了实现全过程的质量管理，必须建立企业的质量管理体系，将企业的所有员工和各个部门的质量管理活动有机地组织起来，将产品质量的产生、形成和实现的全过程的各种因素和环节都纳入到质量管理的范畴。

全过程质量管理的手段或方法有以下四种：

（1）编制程序文件。任何过程都是通过程序运作来完成的，因此编制科学的、有效的程序文件是保证过程控制的基础。

（2）有效的执行程序文件。程序文件反映过程和运作指南，若只编程序文件而不执行或错误的执行，都不会发挥程序文件的作用，也不会保证过程处于受控制状态。

（3）质量策划。质量策划是为了更好地分析、掌握过程的特点和要求，并为此而制定相应的办法。

（4）对过程接口的有效控制。有些质量活动是由很多小规模的过程作业连续完成的，还有些质量活动同时涉及不同类型的过程，在这种情况下都需要协调和衔接。如果不能密切配合，就无法做到全过程的有效控制。

（三）全方位的质量管理

全面质量管理这一特点指的是质量管理的对象不限于狭义的产品质量，而是广义的质量，即不仅包括产品的质量，而且还包括工作质量，甚至工作质量还是全面质量管理的重点对象。只有将工作质量提高，才能最终提高产品和服务质量。此外，管理对象的全面性的另一个含义是，对影响产品和服务环境的因素要加以全面控制，如人员、机器设备、材料、工艺、检测手段和环境等方面。只有对这些因素进行全面控制，才能提高产品和工作质量。

全方位的质量管理应注意以下几点：

（1）明确管理职责，明确职责和权限。一个单位或组织是否能协调并有机运转，主要在于是否明确管理职责并各尽其责。

（2）建立有效的质量体系。费根堡姆博士把他最先定义的全面质量称之为一种有效的体系，这就是从全范围考虑如何通过系统工程对质量进行全方位控制，而建立质量体系是全企业范围质量管理的根本保证。

（3）配备必要的资源。资源包括人力资源和物资资源及信息等，一个组织如果只有组织结构、过程和程序，而没有必要的资源就无法运转。因此，必要的资源是全企业范围质量管理的基础。

（4）领导重视。实践证明，必须领导重视并起带头作用才能搞好全面质量管理，没有领导的重视和协调是无法进行全面质量管理的。

（四）管理方法的多样性

全面、综合地运用多种多样的方法进行质量管理，是科学质量管理的客观要求。随着时代化大生产和科学技术的发展，以及生产规模的扩大和生产效率的提高，对产品质量提出了越来越高的要求。同时，由于影响产品质量的因素的复杂性，既有物质的因素，又有人的因素；既有生产技术的因素，又有管理的因素；既有企业内部的因素，又有企业外部的因素。要把如此众多的影响因素系统地控制起来，就不能单靠数理统计技术，而是应该根据不同的情况、针对不同的因素，灵活运用各种现代化管理方法和手段，实行统筹管理，辩证施治。在全面质量管理中，除了统计方法外，还经常用到各种质量设计技术、工艺过程的反馈控制技术、最优化技术、网络计划技术、预测和决策技术以及计算机质量管理技术等。

在应用和发展全面质量管理科学方法时，应注意以下几点：

（1）尊重客观事实和数据。已经成为真实的数据既可以定性反映客观事实，又能定量描述客观事实，因此必须用事实说话，才能解决有关质量的实质问题。

（2）广泛采用科学技术新成果。全面质量管理本身必须要求采用科学技术的最新成果，才能满足大规模生产发展的需要，目前，全面质量管理已广泛采用系统工程、价值工程和网络计划及运筹学等先进科学管理技术和方法，今后，全面质量管理技术应和各种先进科学技术同步。

（3）注重实效，灵活运用。有些技术很适用于全面质量管理，但必须结合实际，不能过于追求形式，否则将适得其反。特别是采用各种统计技术是，更得注重实效，灵活运用。

三、全面质量管理的内容

产品质量有个产生、形成和完善的过程，美国著名质量管理大师朱兰运用"螺旋曲线"反映了产品质量产生、形成和发展的客观规律，将产品质量形成的全过程分为：市场研究、开发、设计、制定产品规格、制定工艺、采购、仪器仪表及设施布置、生产、工序控制、检验、测试、销售、服务共 13 个环节，根据朱兰的研究，我们将全面质量管理的内容分为设计试制过程的质量管理、制造过程的质量管理、辅助生产过程的质量管理和使用过程的质量管理。

（一）设计试制过程的质量管理

设计试制过程是指产品（包括开发新产品和改进老产品）正式投产签的全部开发研制过程，包括调查研究、制订方案、产品设计、工艺设计、试制、试验、鉴定以及标准化工作等内容。

设计试制过程，是产品质量最早孕育过程。搞好开发、研究、试验、设计、试制，是提高产品质量的前提。产品设计质量"先天"地决定着产品质量，在整个产品质量产生、形成过程中居于首位。设计质量是以后制造质量必须遵循的标准和依据，而制造质量则要完全符合设计质量要求；设计质量又是最后使用质量必须达到的目标，而使用质量则是设计质量、制造质量完善程度的综合反映。如果开发设计过程的质量管理薄弱、设计不周造成错误，这种"先天不足"必然带来后患无穷，不仅严重影响产品质量，还会影响投产后的一系列工作，造成恶性循环。因此，设计试制过程的质量管理，是全面质量管理的起点，是企业质量体系中带动其他各环节的首要一环。

为了保证设计质量，设计试制过程的质量管理一般要着重做好如下九项工作：

（1）通过市场、客户需求调查，根据客户"明示的"或"隐含的"需求、科技信息与企业经营目标，制定产品质量目标。产品质量的设计目标，应来自于客户的需要，同客户的需求保持同步或超前半步。

（2）保证先行开发研究工作的质量。先行开发研究是属于产品前期开发阶段的工作。这阶段的基本任务是选择新产品开发的最佳方案，编制设计任务书，阐明开发该产品的结构、特征、技术规格等，并作出新产品的开发决策。保证先行开发研究的质量就是把握上述各环节的质量工作，特别在选择新产品开发方案时，要进行科学的技术经济分析，在权衡利弊得失基础上做出最理想的选择。

（3）根据方案，验证试验资料，鉴定方案论证质量。

（4）审查产品设计质量，包括性能审查、一般审查、计算审查、可检验性审查、可维修性审查、互换性审查、设计更改审查等。

（5）审查工艺设计质量。

（6）检查产品试制、鉴定质量。

（7）监督产品试验质量。

（8）保证产品最后定型质量。

（9）保证设计图样、工艺等技术文件的质量等。

企业应组织质量管理部门专职或兼职人员参与上述方面的质量保证活动，落实各环节的质量管理职能，以保证最终的设计质量。

（二）生产制造过程的质量管理

制造过程，是指对产品直接进行加工的过程。它是产品质量形成的基础，是企业质量管理的基本环节。它的基本任务是保证产品的制造质量，建立一个能够稳定生产合格品的生产制造系统。主要工作内容包括组织生产计划、组织生产、生产现场管理、质量检验工作；组织和促进安全文明生产；组织质量分析，掌握质量动态；组织工序的质量控制，建立管理点，进行工序能力确认，开展 QC 活动等。

生产制造过程是指对产品直接进行加工的过程，产品质量在很大程度上取决于生产制造过程的质量管理水平，以及工序的加工技术能力。它是产品质量形成的基础和保证产品质量的关键，是质量管理的"中心环节"。它的基本任务是保证产品的制造质量，建立一个能够稳定生产合格品和优质品的生产制造系统。生产制造过程的质量管理，重点要抓好以下四项工作：

（1）加强工艺管理。严格工艺纪律，全面掌握生产制造过程的质量保证能力，使生产制造过程经常处于稳定的控制状态，并不断进行技术革新，改进工艺。为了保证工艺加工质量，还必须认真搞好文明生产，合理配置工位器具，保证工艺过程有一个良好的工作环境。

（2）组织好技术检验工作。为了保证产品质量，必须根据技术标准，对原材料、半成品、产成品以致工艺过程质量都要进行检验，严格把关，保证做到不合格的原材料不投产，不合格的制品不转序，不合格的半成品不使用，不合格的零件不装配，不合格的产成品不出产也不计算产值、产量。质量检验的目的不仅要挑出废品，还要收集和积累大量反映质量状况的数据资料，为改进质量、加强质量管理提供信息。

（3）掌握好质量动态。为了充分发挥生产制造过程质量管理的预防作用，就必须系统地掌握企业、车间、班组在一定时间内质量的现状及发展动态。掌握质量动态的有效工具是对质量状况的综合统计与分析。一般是按规定的某些质量指标来进行。这种指标有两类：产品质量指标和工作质量指标。产品质量指标包括产品等级率、寿命等；工作质量指标如废品率、返修率。

（4）加强不合格品的管理。产品质量是否合格，一般是根据技术标准来判断的，符合标准的为合格品，否则为不合格品。在不合格品中，又分为两类：一类属于不可修复；另一类属于可以修复。不可修复的不合格品就是废品，可修复的不合格品中包括返修品、回用品、代用品等，它会造成工时、设备等浪费。从质量管理的观点来看，不仅要降低明显废品的数量，而且更要降低整个不合格品的数量。

加强不合格品管理，要重点抓好以下工作：

①按不合格品的不同情况分别妥善处理，要建立健全原始记录。

②定期召开不合格分析会议。通过分析研究、找出造成不合格品的原因，从中吸取教训，并采取措施，以防再度发生。

③做好不合格品的统计分析工作。要根据有关质量的原始记录，对不合格品的废品、返修品、回用品等进行统计分析，并对废品种类、数量、产生废品的所消耗的人工和原材料，以及产生废品的责任者等，作分门别类的统计，并将各类数据资料汇总编制成表，以便为进行单项分析和综合分析提供依据。

④建立包括废品在内的不合格品技术档案，以便发现和掌握废品产生变化的规律性，从而为有计划地采取防范措施提供依据，还可成为企业进行质量管理教育、技术培训的反面教材。

⑤实行工序质量控制。全面质量管理，要求在不合格品产生之前发现问题，及时处理，防止不合格品产生，为此必须进行工序质量控制。工序质量控制主要手段有两个：一是建立管理点。所谓管理点，就是把在一定时期内和一定条件下，特别需要加强监督管理和控制的重点工序明确列为质量管理的重点对象，并采用必要手段、方法和工具，对他加强管理。另一个手段是运用控制图，它是进行质量控制的一种重要而有效的工具，本书第五章有详细介绍。

（三）辅助生产过程的质量管理

在全面质量管理中，辅助过程的质量管理也相当重要。它是指为保证制造过程正常进行而提供各种物资技术条件的过程。辅助过程质量管理的基本任务就是提供优质服务和良好的物资技术条件，以保证和提高产品质量。它包括物资采购供应，动力生产，设备维修，工具制造，仓库保管，运输服务等。主要内容有：做好物资采购供应的质量管理，保证采购质量，入库物资要严格检查验收，按质、按量、按期提供生产所需的各种物资；组织好设备维修保养工作，保持设备的良好状态；做好工具制造和供应的质量管理工作等。同时，企业物资采购的质量管理也将日益显得重要，因为，原材料、外购件的质量状况，明显地影响本企业的产品质量。在工业企业的产品成本中，一般原材料、零配件所占的比重很大，机械产品一般占50%，化工产品一般占60%，钢铁产品占70%。因此，外购原材料、零部件的价格高低，以及能否按时交货，也都会直接影响本企业的经济效益。

所以企业应当重视这一辅助过程的质量管理，物质采购质量管理的主要工作包括：①制定采购策略。②规定货源，货比三家，择优选购。③进行供应厂商的资格鉴定。④与供应厂商协调规格要求。⑤制订检验计划，选定抽样方案，进行入厂检验。⑥建立与供应厂商的沟通联络制度。⑦制定不合格品处理程序。⑧对供应商进行质量评级等。

（四）使用过程的质量管理

产品使用过程是考验产品实际质量的过程，它既是企业质量管理的归宿点，又是企业质量管理的出发点。产品的质量特性是根据客户使用要求而设计的，产品实际质量的好坏，主要看客户的评价。因此，企业的质量管理工作必须从生产过程延伸到使用过程。

产品使用过程的质量管理，主要应抓好以下三个方面的工作：

（1）积极开展技术服务工作。对客户的技术服务工作，通常采用以下几种形式：①编制产品使用说明；②采取多种形式传授安装、使用和维修技术，帮助培训技术骨干，解决实用技术上的疑难问题；③提供易损件制造图样，按客户要求，供应客户修理所需的设备、配件；④设立维修网点，做到服务上门；⑤对复杂的产品，应协助客户安装、负责技术指导。

（2）进行使用效果与使用要求的调查。为了充分了解产品质量在使用过程中的实际效果，企业必须经常进行客户访问或定期召开客户座谈会。加强工商衔接、产销挂钩。通过各种渠道，对出厂产品使用情况进行调查，了解本企业产品存在的缺陷和问题，及时反馈信息，并和其他企业、其他国家的同类产品进行比较，为进一步改进质量提供依据。

（3）认真处理出厂产品的质量问题。对客户反映的质量问题、意见和要求，要及时处理。即使是属于使用不当的问题也要热情帮助客户掌握使用技术。属于制造的问题，不论外购件或自制件，统一由客户服务部门负责包修、包换、包退。由于质量不好，保用期内造成事故的，企业还要赔偿经济损失。

第二节　全面质量管理的工具

一、质量管理的常用工具

（一）排列图

排列图又叫帕累托因或主次因素分析图，是建立在帕累托原理的基础上。所谓帕累托原理，是指意大利经济学家帕累托在分析意大利社会财富分布状况时得到的"关键的少数和次要的多数"的结论。应用这一原理，就意味着在质量改进的项目中，少数的项目往往产生主要的、决定性的影响。通过区分最重要和最次要的项目，就可以用最少的努力获得最大的改进。在工厂里，要解决的问题很多，但往往不知从哪里着手。事实上大部分的问题，只要能找出几个影响较大的原因，并加以处置和控制，就可以解决80%以上的问题。排列图是根据整理的数据，以不良原因、不良状况发生的现象，有系统地加以（层别）分类，计算出各项目所产生的数据（如不良率、损失金额）以及所占的比例，再依照大小顺序排列，再加上累积值的图形。

排列图分析的步骤：

（1）选择要进行质量分析的项目，即将要处置的事，以状况（现象）或原因加以层别。

（2）选择用于质量分析的量度单位，如出现的次数（频数）、成本、金额或其他量度单位。

（3）选择进行质量分析的数据的时间间隔。

（4）画横坐标。按项目频数递减的顺序自左至右在模坐标上列出项目。

（5）画纵坐标。在横坐标的两端画两个纵坐标，左边的纵坐标按量度单位规定，其高度必须与所有项目的量值和相等，右边的纵坐标应与左边纵坐标等高，并从0%至100%进行标定。

（6）在每个项目上画长方形，其高度表示该项目量度单位的量值，长方形显示出每个项目的作用大小。

（7）由左到右累加每一项目的量位，并画出累计频数曲线（帕累托曲线），用来表示各项目的累计作用。

（8）利用排列图确定对质量改进最为重要的项目。

【例2-1】某产品的不合格统计资料，如表2-1所示。根据该表可画出如图2-1所示的排列图，从图中可以判断，A、B项缺陷是产生不合格的主要原因，如果解决了这两个原因，将使产品的不合格率极大降低。

表2-1　　　　　　　　　　　某产品的不合格统计资料

批号＼项目	缺陷项目	频数	累计	累计率（％）
1	A	3 367	3 367	69.14
2	B	521	3 888	79.84
3	C	382	4 270	87.68
4	D	201	4 471	91.81
5	E	156	4 627	95.01
6	F	120	4 747	97.47
7	其他	123	4 870	100

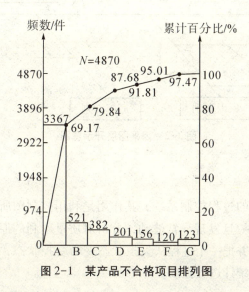

图2-1　某产品不合格项目排列图

（二）因果图

　　所谓因果图，又叫石川图、特性要因图、树枝图、鱼刺图，表示质的特性波动与其潜在原因关系，亦即以图来表达结果（特性）与原因（要因）之间的关系。因果图如能做得完整的话，就容易找出问题之症结，采取相应的对策措施，解决质量问题。

　　因果图的应用程序如下：

　　（1）简明扼要地规定结果，即规定需要解决的质量问题。

　　（2）规定可能发生的原因的主要类别。这时要考虑的类别因素主要有：人员（Man）、机器设备（Machine）、材料（Material）、方法（Method）、测量（Measure）

和环境（Environment），称之为"5M1E"。

（3）开始画图，把"结果"画在右边的矩形框中，然后把各类主要原因放在它的左边，作为"结果"框的输入。

（4）寻找所有下一个层次的原因，画在相应的主（因）枝上，并继续一层层地展开下去。一张完整的因果图展开的层次至少应有2层，许多情况下还可以有3层、4层或更多层。

（5）从最高层次（即最末一层）的原因（末端因素）中选取和识别少量（一般为3~5个）看起来对结果有最大影响的原因（一般称为重要因素，简称要因），并对它们作进一步的研究，如收集资料、论证、试验、控制等。

因果图展开示意图如图2-2所示。

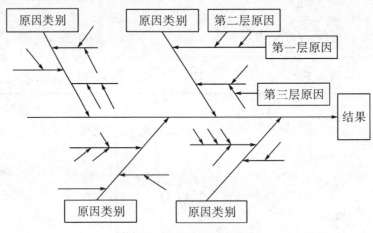

图 2-2　因果图展开示意图

（三）控制图

控制图是一个简单的过程控制系统，其作用是利用控制图所提供的信息，把一个过程维持在受控状态。一旦发现异常波动，分析对质量不利的原因，采取措施加以消除，使质量不断提高，并把一个过程从失控状态变为受控状态，以保持质量稳定。具体原理和方法见第五章统计过程控制。

（四）调查表

调查表也称为查校表、核对表等，它是用来系统地收集和整理质量原始数据，确认事实并对质量数据进行粗略整理和分析的统计图表。因产品对象、工艺特点、调查和分析目的的不同，其调查表的表式也有不同。常用的调查表有不合格品项目调查表、不合格原因调查表、废品分类统计表、产品故障调查表、工序质量调查表、产品缺陷调查表等。

1. 调查表的应用程序

（1）明确收集资料的目的。

（2）确定为达到目的所需搜集的资料（这里强调问题）。

（3）确定对资料的分析方法（如运用哪种统计方法）和负责人。

（4）根据目的不同，设计用于记录资料的调查表格式，其内容应包括调查者及调查的时间、地点、方式等栏目。

（5）对收集和记录的部分资料进行预先检查，目的是审查表格设计的合理性。

（6）如有必要，应评审和修改该调查表格式。

2. 调查表的形式

一般可分为点检用调查表和记录用调查表。

（1）点检用调查表

此类表在记录时只做"有、没有""好、不好"的注记。

制作程序：制作表格，决定记录形式；将调查项目列出；查核：异常事故处理。

【例2-2】管理人员日常调查表，见表2-2。

表2-2 管理人员日常点检调查表

项目＼日期								
人员服装								
工作场地								
机器保养								
机器操作								
工具使用								
……								
查核者								
异常处理								

记录用查检表用来收集计量或计数资料，通常使用划记法。其格式如表2-3所示。

表2-3 产品缺陷项目频数调查表

检验项目＼产品	产品A	产品B	产品C	产品D	产品E	产品F	产品G	产品H
尺寸不良								
表面斑点								
装配不良								
电镀不良								
其他								

（2）缺陷位置调查表

许多产品或零件常存在气孔、疵点、碰伤、脏污等外观质量缺陷。缺陷位置调查表可用来记录、统计、分析不同类型的外观质量缺陷所发生的部位和密集程度，进而从中找出规律性，为进一步调查或找出解决问题的办法提供事实依据。

这种调查分析的做法是：画出产品示意图或展开图，并规定不同外观质量缺陷的表示符号，然后逐一检查样本，把发现的缺陷按规定的符号在示意图中的相应位置上表示出来。这样，这种缺陷位置调查表就记录了这一阶段（这一批）样本所有缺陷的分布位置、数量和集中部位，便于进一步发现问题、分析原因、采取改进措施。

（五）分层法

分层法也称分类法或分组法，把"类"或"组"称为"层"。所谓分层法就是把收集来的数据，根据一定的使用目的和要求，按其性质、来源、影响因素等进行分类整理，以便分析质量问题及其影响因素的一种方法。

分层的目的是将杂乱无章的数据和错综复杂的因素系统化和条理化，以便进行比较分析，找出主要的质量原因，并采取相应的技术措施。分层的依据和方法是根据问题的需要自由选择确定的，但应掌握其基本要领。在进行分层时，常常按层把数据进行重新统计，做出频数频率分表。在分层时，要求同一层的数据波动较小，而不同层的数据的波动较大，这样便于找出原因，改进质量。一般情况下分层原则如下：

（1）按时间分：例如按日期、季节、班次等；

（2）操作者者分：例如按性别、年龄、技术等级等；

（3）按使用的设备分：例如按机床的型号、新旧程度等；

（4）按原材料分：例如按原材料的成分、规格、生产厂家、批号等；

（5）按操作方法分：例如按工艺规程、生产过程中所采用的温度等；

（6）按检测手段分：例如按测量方法、测量仪器等；

（7）按其他分：例如按使用单位、使用条件等。

【例 2-3】表 2-4 列出了某轧钢厂某月份的生产情况数字。如果只知道甲、乙、丙班共轧钢 6 000 吨，其中轧废钢为 169 吨，仅这个数据，则无法对质量问题进行分析。如果对废品产生的原因等进行分类，则可看出甲班产生废品的主要原因是"尺寸超差"，乙班的主要原因是"轧废"，丙班的主要原因是"耳子"。这样就可以针对各自产生废品的原因采取相应的措施。

表 2-4　　　　　　　　　　　　某轧钢厂某月废品分类

废品项目 ＼ 废品数量	班次			合计
	甲	乙	丙	
尺寸超差	30	20	15	65
轧废	10	23	10	43
耳子	5	10	20	35
压痕	8	4	8	20
其他	3	1	2	6
合计	56	58	55	169

（六）直方图

直方图又称柱状团，可将杂乱无章的资料，解析出其规律性。借助直方图，可以对资料中心值或分布状况一目了然。

1. 绘制步骤

（1）收集数据，并记录于纸上。统计表上的资料很多，都要一一记录下来，其总数以 N 表示。

（2）确定数据的极差。找出最大值（L）及最小值（S），并计算极差（R），R=L-S。

（3）定组数。数据为 50~100 时，选 5~10 组；数据为 100~250 时，选 7~12 组；数据为 250 以上时，选 10~20 组，一般情况下选用 l0 组。

（4）定组距（C）。C=R/组数。

（5）定组界。最小一组的下组界＝S-测量值的最小位数（一般是 1 或 0.5）×0.5

最小一组的上组界＝最小一组的下组界+组距

第二组的下组界＝最小的上组界

依此类推。

（6）决定组的中心点。（上组界+下组界）/2=组的中心点

（7）制作次数分布表。依照数值大小记入各组的组界内，然后计算各组出现的次数。

（8）制作直方图。横轴表示测量值的变化，纵轴表示次数。将各组的组界标示在横轴各组的次数多少，则用柱形画在各组距上。

【例2-4】某厂测量钢板厚度，尺寸按标准要求为 6 毫米，现从生产批量中抽取100 个样品的尺寸如表2-5所示，试画出直方图。

表2-5　　　　　　　　　　钢板厚度尺寸数据　　　　　　　　　单位：毫米

组号	尺寸					组号	尺寸				
1	5.77	6.27	5.93	6.08	6.03	11	6.12	6.18	6.10	5.95	5.95
2	6.01	6.04	5.88	5.92	6.15	12	5.95	5.94	6.07	6.00	5.75
3	5.71	5.75	5.96	6.19	5.70	13	5.86	5.84	6.08	6.24	5.61
4	6.19	6.11	5.74	5.96	6.17	14	6.13	5.80	5.90	5.93	5.78
5	6.42	6.13	5.71	5.96	5.78	15	5.80	6.14	5.56	6.17	5.97
6	5.92	5.92	5.75	6.05	5.94	16	6.13	5.80	5.90	5.93	5.78
7	5.87	5.63	5.80	6.12	6.32	17	5.86	5.84	6.08	6.24	5.97
8	5.89	5.91	6.00	6.21	6.08	18	5.95	5.94	6.07	6.00	5.85
9	5.96	6.05	6.25	5.89	5.83	19	6.12	6.18	6.10	5.95	5.95
10	5.95	5.94	6.07	6.02	5.75	20	6.03	5.89	5.97	6.05	6.45

（1）收集数据。本例取 100 个数据，即 n=100。

（2）求极差值，找出数据的最大值与最小值，计算极差 R。本例中最大值 X_L＝6.45，最小值 X_S＝5.56，极差 R＝$X_L - X_S$＝6.45-5.56＝0.89。

（3）确定分组的组数 k 和组距 h。本例 k＝10，组距 h＝R/k＝0.89/10≈0.09。

（4）确定各组的界限值。本例中测量单位为0.01，所以第一组的下界值为：

X_s－测量单位/2＝5.56－0.01/2＝5.56－0.005＝5.555

第一组的上界值为：5.555＋0.09＝5.645

第二组的上界值为：5.645＋0.09＝5.735

……

（5）记录数据。记录各组中的数据，整理成频数表（见表2-6），并记入：①组界值；②频数标志；③各组频数（f_i）。

（6）画直方图。在方格纸上，横坐标取分组的组界值，纵坐标各组的频数，用直线连成直方块，即成直方图，如图2-3所示。

表2-6　　　　　　　　　　　　　　频数表

组号	组界值	组中值 x_i	频数标志	频数 f_i	变换后组中值 u_i	$x_i u_i$	$x_i u_i^2$
1	5.555-5.645	5.60	下	2	-4	-8	32
2	5.645-5.735	5.69	下	3	-3	-9	27
3	5.735-5.825	5.87	正正下	13	-2	-26	52
4	5.825-5.915	5.78	正正正	15	-1	-15	15
5	5.915-6.005	5.96	正正正正正一	26	0	15	0
6	6.005-6.095	6.05	正正正	15	1	0	15
7	6.095-6.185	6.14	正正正	15	2	30	60
8	6.185-6.275	6.23	正下	7	3	21	63
9	6.275-6.365	6.32	下	2	4	8	32
10	6.365-6.455	6.41	下	2	5	10	50
合计				100		26	346
平均						0.26	3.46

（7）标注。在直方图上，要注明数据N以及平均值$\overline{X}$和标准偏差s，要画出规格或公差标准（公差上限用T_u、下限用T_l表示），采取数据的日期和绘图者等供参考的项目也要标注。

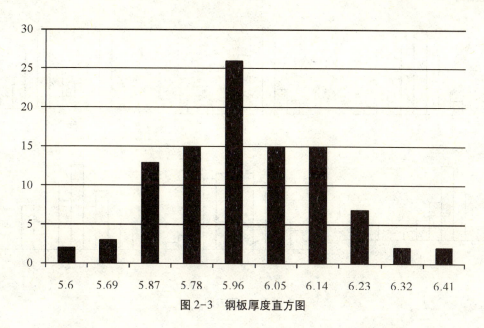

图 2-3　钢板厚度直方图

2. 直方图的分布

正常生产条件下计量的质量特性值的分布大多为正态分布，从中获得的数据的直方因为中间高、两边低，所以得到左右基本对称的正态型直方图。但在实际问题中还会出现另一些形状的直方图，分析出现这些图形的原因，便于采取对策，改进质量。

（1）正态型。这是生产正常情况下常常呈现的图形，如图 2-4（a）所示。

（2）偏态型。这里有两种常见的形状，一种是峰值在左边，而右面的尾巴较长；另一种是峰偏在右边，而左边的尾巴较长。造成这种形状的原因是多方面的，有时是剔除了不合格品后作的图形，也有的是质量特性值的单侧控制造成的，譬如加工孔的时候习惯于孔径"宁小勿大"，而加工轴的时候习惯于"宁大勿小"等，如图 2-4（b）所示。

（3）双峰型。这种情况的出现往往是将两批不同的原材料生产的产品混在一起，或将两个不同操作水平的工人生产的产品混在一起等造成的，如图 2-4（c）所示。

（4）孤岛型。这种图形往往表示出现产品异常，譬如原材料发生了某种变化，生产过程发生了某种变化，有不熟练的工人替班等，如图 2-4（d）所示。

（5）平顶型。这种情况往往是由于生产过程中有某种缓慢变化的因素造成的，譬如刀具的磨损等，如图 2-4（e）所示。

（6）锯齿型。这个图形的出现可能是出于测量方法不当，或者是量具的精度较差引起的，也可能是分组不当引起的，如图 2-4（f）所示。

当观察到的直方图不是正态型的形状时，需要及时加以研究，譬如出现平顶型时可以检查一下有无缓慢变化的因素，又譬如出现孤岛型时可以检查一下原材料有无变化等，这样便于及时发现问题，采取措施，改进质量。

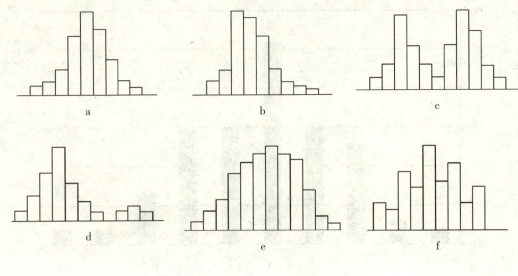

图 2-4　直方图

（七）散布图

在质量管理活动中，经常需要绘制散布图。将具有相关关系的两个变量的对应观察值作为平面直角坐标系中点的坐标，并把这些点描绘在平面上，于是就能得到具有相关关系的分布图，通常称这种反映两个变量之间关系的分布图称为散布图或相关图。

1. 散布图绘制

在做散布图时，一般以坐标横轴表示原因 X，坐标纵轴表示结果 Y。如果所研究的是两种原因或两种结果之间的相关关系，那么在做散布图时，对坐标轴可以不加区别。此外，应当使数据 x 的极差在坐标上的距离大致等于数据 Y 的极差在坐标轴上的距离。

2. 散布图类型

根据两个变量 X、Y 之间的不同关系所绘制成的散布图的形状有多种多样，但归纳起来，主要有下面几种形式，见图 2-5。

研究散布图的类型时，还需注意下面几种情况：

第一，观察有无异常点，即偏离集体很远的点。如有异常点，必须查明原因。如果经分析得知是由于不正常的条件或测试错误所造成，就应将他们剔除。对于那些找不出原因的异常点，应慎重对待。

第二，观察是否有分层的必要。如果用受到两种或两种以上因素影响的数据绘制散布图，那么有可能出现下面这种情况：就散布图的整体来看似乎彼此不相关，但是，如作分层观察，发现彼此又存在相关关系；反之，就散布图整体来看似乎彼此存在相关关系。因此，绘制散布图时，要区分不同条件下的数据，并且要用不同记号或颜色来表示分层数据所代表的点。

第三，假相关。在质量管理中，有时会遇到这样的情况：从技术上看，两个变量之间不存在相关关系，但根据所收集到的对应数据绘制成的散布图，却明显地呈现相关状态，这种现象称为假相关。假相关现象可能是结果（或特性）与所列的原因（或特性）之外的因素相关而引起的。因此，在进行相关分析时，除观察散布图之外，还要进行技术探讨，以免把假相关当作真相关。

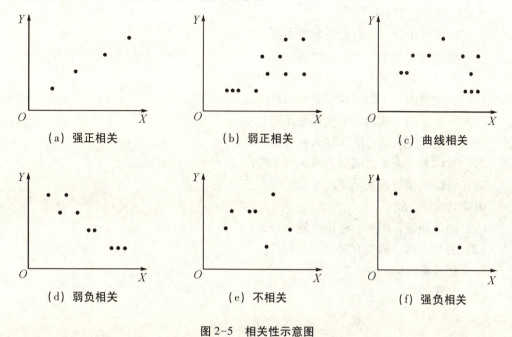

图 2-5　相关性示意图

二、质量管理新七种工具

（一）关联图法

关联图，是表示事物依存或因果关系的连线图，如图 2-6 所示。

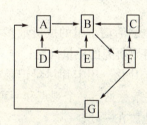

图 2-6　关联图示意图

把与事物有关的各环节按相互制约的关系连成整体，从中找出解决问题应从何处入手。用于搞清各种复杂因素相互缠绕的、相互牵连等问题，寻找、发现内在的因果关系，用箭头逻辑性连接起来，综合地掌握全貌，找出解决问题的措施。关联图的箭头，只反映逻辑关系，不是工作顺序，一般是从原因指向结果、手段指向目的。

关联图可以用于以下方面：

（1）制定质量管理的目标、方针和计划；

（2）产生不合格品的原因分析；

（3）制定质量故障的对策；

（4）规划质量管理小组活动的展开；

（5）用户索赔对象的分析。

关联图的优点如下：

（1）从整体出发，从混杂、复杂中找出重点；

（2）明确相互关系，并加以协调；

（3）把个人的意见、看法照原样记入团今；

（4）多次绘图，了解过程、关键和根据；

（5）不断绘图，能起到一定预见作用；

（6）用关联图表达看法，他人易理解；

（7）整体和各因素之间的关系一目了然；

（8）可绘入措施及其结果。

关联图的缺点如下：

（1）同一问题，图形、结论可能不一致；

（2）表达不同，箭头有时与原意相反；

（3）比较费时间；

（4）开头较难。

（二）亲和图法

亲和图（Affinity Diagram），又叫 A 型图解、近似图解，它是把收集到的大量有关某一特定主题的意见、观点、想法和问题，按它们之间相互的亲（接）近关系加以归类、汇总的一种图示技术。

亲和图常用于归纳整理由头脑风暴法所产生的意见、观点和想法等语言资料，因此在质量保证和质量改进活动中经常用到。

绘制亲和图的程序如下：

（1）确定活动小组的讨论主题活动小组的成员最多不应超过 8 人。组织者应用通俗的语言（非专用术语）阐明将要研究的质量问题；

（2）收集语言资料并使之卡片化，用卡片尽量记录客观采集到的意见，尽量做到每张卡片只记录一次采集到的一条意见、一个观点和一种想法；

（3）把卡片集中起来随机地放在一处；

（4）卡片归类：①把有关联的卡片归在一组；②一组最多归纳 10 张卡片，单张的卡片不要勉强归入某组；③找出一张能代表该组内容的主卡片：④把主要片放在最上面；⑤按类（组）登记、记录、汇总卡片中的信息；⑥画出亲和图。

（三）系统图法

1. 基本原理

系统图又叫树图。树图能将事物或现象分解成树枝状，树图就是把要实现的目的与需要采取的措施或手段，系统地展开，并绘制成图，以明确问题的重点，寻找最佳手段或措施。

在决策过程中，为了达到某种目的，就需要选择和考虑某一种手段；而为了采取这一手段，又需要考虑它下一级的相应手段，参见图 2-7。这样，上一级手段成为下一级手段的行动目的。如此把要达到的目的和所需的手段按顺序层层展开，直到可以采取措施为止，并绘制成树图，就能对问题有一个全貌的认识，然后从图形中找出问题的重点，提出实现预定目标的最理想途径。

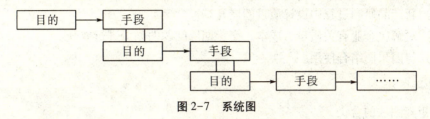

图 2-7　系统图

2. 应用程序

（1）简明扼要地阐述要研究的主题（如质量问题）。

（2）确定该主题的主要类别，即主要层次，如图 2-8 所示。这时可以利用亲和图中的主卡片，亦可用头脑风暴法确定主要层次。

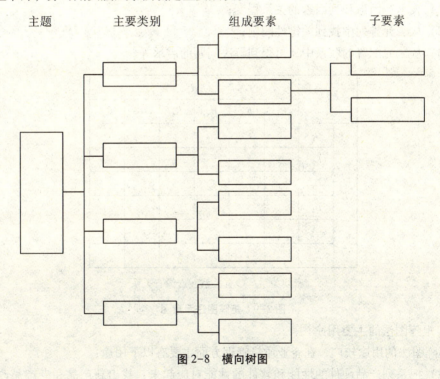

图 2-8　横向树图

（3）构造树图。把主题放在左框内，把主要类别放在右边矩形框内，如图 2-8 所示。

（4）针对每个主要类别确定其组成要素和子要素。

（5）把针对每个主要类别的组成要素及其子要素放在主要类别的右边相应的矩形框内，如图 2-8 所示。

（6）评审画出的树图，确保无论在顺序上或逻辑上均无差错和空栏。

3. 树图的主要用途

（1）目标、方针、实施事项的展开。

（2）明确部门职能、管理职能。

（3）制订质量保证计划，对质量保证活动进行展开。

（4）新产品研制过程中设计质量的展开。

（5）对解决企业有关质量、成本、交货期等问题的创意进行展开。

（6）与因果图结合使用。

（四）矩阵图法

1. 矩阵图法的含义

矩阵图法是把与问题有关的各个成对因素排列成一个矩阵，然后根据矩阵图进行分析，找到关键点。如把属于因素组 L 的因素 L1，L2…，Ln 和属于因素组 R 的因素 R1，R2…Rm 分别排成行和列，构成矩阵图，找到关键点，如图 2-9 所示。L 因素和 R 因素的交点可以起到以下作用：

（1）表示行因素和列因素的关系程度；

（2）从二元排列中找到关键性问题；

（3）从二元配置的联系中，可得到解决问题的启示等。

		R					
		R_1	R_2	R_3	R_4	…	R_m
L	L_1		○				
	L_2	△					
	L_3			◎			
	L_4						
	…						
	L_n				◎		

◎密切关系　○有关系　△像有关系

图 2-9　矩阵图法示意图

2. 矩阵图法的主要用途

矩阵图法的用途较广，在企业质量管理方面主要有以下用途：

（1）把系列产品硬件的性能和软件的性能对应起来，找出新产品和老产品改进的重点；

（2）将质量职能展开，分配落实质量职能；

（3）分析产品出现质量问题的原因；

（4）建立质量管理体系时，明确产品质量特性与负责部门的关系；

（5）在进行多因素分析时，寻找解决问题的方法；

（6）制定质量审核计划表，对产品质量和质量管理体系评价；

（7）分析真正质量特性和代用质量特性的关系；

（8）可以以矩阵法的结果为依据，制定市场开发战略等。

3. 矩阵图的应用程序

（1）确定解决的问题。一般是涉及多方面、含多个因素的问题。

（2）确定因素组及有关因素。分析找出与问题有关的因素组，并明确每一组的具体因素。

（3）绘制矩阵图，将各因素组的因素分别对应排列成行和列，绘制出相应的矩阵图。

（4）分析因素间的相互关联程度。通过分析，在矩阵图对应因素的行和列的交叉点上，用符号表示它们的相互关系程度。

（5）写出分析报告。对矩阵图进行分析，研究解决问题的可行方案，写出分析报告，并制订措施计划，加以实施。

（五）矩阵数据分析法

1. 矩阵数据分析的概念

矩阵数据分析法是新七大 Qc 手法中唯一以数据解析的方法，解析的结果仍然以图形表示。数据解析的过程采取多变量分析方法，手法应用也称为"主成分分析法"，分析的对象为矩阵图与要素之间的关联性。

2. 矩阵数据分析法的用途

（1）市场调查数据分析，当我们进行顾客调查、产品设计开发或者其他各种方案选择时，往往需要考虑多种影响因素，并确定各因素的重要性和优先考虑次序。矩阵数据分析法可以帮助我们通过对市场调查的数据分析计算，判断出顾客对产品的要求、产品设计开发的关键影响因素、最适宜的方案等。

（2）多因素分析。在某工序影响因素复杂且各因素存在可量化的关系时，可以进行较准确的分析。

（3）复杂质量评价。通过对影响质量的大量数据进行分析，确定哪些因素是质量特性。

（4）矩阵数据分析法也可以和其他工具结合使用，进行深入分析。

①与亲和图联合使用。可以利用亲和图（Affinity Diagram）把相关要求归纳成几个主要的方面，然后用矩阵数据分析法进行比较，汇总统计，对各个方面进行重要性的定量排序。

②与过程决策程序图法联合使用。用过程决策程序图找出几个决策方案，通过矩阵数据分析法确定哪个决策更适合实施。

③与质量功能展开联合使用。用矩阵数据分析法对各因素进行比较。

3. 矩阵数据分析法的使用

（1）确定需要分析的各个方面。

我们通过亲和图得到以下几个方面，需要确定它们相对的重要程度：易于控制、易于使用、网络性能、和其他软件可以兼容、便于维护。

（2）组成数据矩阵。

用 excel 或者手工做，把这些因素分别输入表格的行和列，如表 2-7 所示。

表 2-7　　　　　　　　矩阵数据分析法

	A	B	C	D	E	F	G	H
1		易控制	易使用	网络性能	软件兼容	便于维护	总分	权重
2	易于控制	0	4	1	3	1	9	26.2
3	易于使用	0.25	0	0.20	0.33	0.25	1.03	3.0
4	网络性能	1	5		3	3	12	34.9
5	软件兼容	0.33	3	0.33	0	0.33	4	11.6
6	便于维护	1	4	0.33	3	0	8.33	24.2
	总分之和			34.37				

（3）确定对比分数。

自己和自己对比的地方都打 0 分。以"行"为基础，逐个和"列"对比，确定分数。"行"比"列"重要，给正分，分数范围从 9 到 1 分，打 1 分表示两个重要性相当。譬如，第 2 行"易于控制"分别和 C 列"易于使用"比较，重要一些，打 4 分；和 D 列"网络性能"比较，相当，打 1 分。如果"行"没有"列""重要，给反过来重要分数的倒数。譬如，第 3 行的"易于使用"和 B 列的"易于控制"前面已经对比过了，前面是 4 分，现在取倒数，1/4＝0.25；和 D 列"网络性能"比，没有网络性能重要，反过来，"网络性能"比"易于使用"重要，打 5 分，现在取倒数，就是 0.20。实际上，做的时候可以围绕以 0 组成的对角线对称填写结果就可以了。

（4）加总分。

按照"行"把分数加起来，在 G 列内得到各行的"总分"。

（5）算权重分。

把各行的"总分"加起来得到"总分之"，再把每行"总分"除以"总分之和"得到 H 列每个"行"的权重。权重越大，说明这个方面越重要。"网络性能"占 34.9%，其次是"易于控制"占 26.2%。

（六）过程决策程序图法

1. PDPC 法的概念

过程决策程序图法（PDPC 法）是在制订计划阶段或进行系统设计时，事先预测可能发生的障碍（不理想事态或结果），从而设计出一系列对策措施，以最大的可能引向最终目标（达到理想结果）。该法可用于防止重大事故的发生，因此也称之为重大事故预测图法。由于一些突发性的原因，可能会导致工作出现障碍和停顿，对此需要用过程决策程序图法进行解决。

PDPC 法具有如下特征：

（1）从全局、整体掌握系统的状态，因而可作出全局性判断；

（2）可按时间先后顺序掌握系统的进展情况；

（3）密切注意系统进程的动向，掌握系统输入与输出的关系；

（4）情报及时，计划措施可被不断补充、修订。

2. PDPC 法的思路

（1）掌握系统的动态并依此判断全局。有的象棋大师可以一个人同时和 20 个人下象棋，20 个人可能还胜不了他一个人。这就在于象棋大师胸有全局，因此能够有条不紊，即使面对 20 个对手，也能有把握战而胜之。

（2）动态管理 PDPC 法具有动态管理的特征，它是在运动的，而不像系统图是静止的。

（3）实现可追踪性。PDPC 法很灵活，它既可以从出发点追踪到最后的结果，也可以从最后的结果追踪中间发生的原因。

（4）预测重大事故，并在设计阶段预先制定措施。PDPC 法可以预测那些通常很少发生的重大事故，并且在设计阶段，预先就制定出应付事故的一系列措施和办法。

3. PDPC 法的步骤

（1）确定要解决的课题。

（2）召集相关人员讨论，提出达到理想状态的途径和措施。

（3）对提出的途径和措施列举出预测的结果，并提出方案行不通时的备选方案和措施。

（4）将各方案按紧迫程度、所需工时、实施的可能性和难易程度进行分类，特别是对目前要采取的方案和措施，应根据预测的结果，明确首先应该做什么，并用箭头将其与理想状态方向连接。

（5）决定各项方案实施的先后顺序。

（6）确定实施负责人及实施期限。

（7）不断修订 PDPC 图。在实施过程中可能会出现新的情况，需要定期检查 PDPC 法的执行情况，并按照新的情况和存在的问题，重新修改 PDPC 图。

（七）箭条图法

箭条图法是计划协调技术（Program Evaluation and Review Technique，简称 PERT）和关键路线法（Critical Path Method，简称 CPM）在质量管理中的具体应用。其实质是把一项任务的工作（研制和管理）过程，作为一个系统加以处理，将组成系统的各项任务，细分为不同层次和不同阶段，按照任务的相互关联和先后顺序，用图或网络的方式表达出来，形成工程问题或管理问题的一种确切的数学模型，用以求解系统中各种实际问题。

PERT 和 CPM 可以弥补甘特图表（如表 2-8 所示）的不足，即能够拟订最佳计划和进行有效进度的管理，在 PERT 和 CPM 中用以表示日常计划的图即为"箭条图"。箭条图可将计划推行中所需各项作业的从属关系表现出来。下面通过具体例子说明，如图 2-10 所示。

表 2-8　　　　　　　　　　　　　　　　甘特图表

作业名	1	2	3	4	5	6	7	8	9	10	11	12
基础工程	→	→										
骨架装配						→						
外壁抹灰							→					
外装饰									→			
内壁作业							→					
管系施工							→					
电线安装							→					
门窗安装									→			
内壁油漆										→		
内部安装											→	
检查交工												→

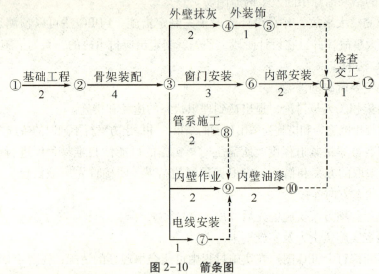

图 2-10　箭条图

箭条图法主要用于解决一项工程或任务中的工期、费用、人员安排等合理优化的问题。其涉及的内容包括下面六个方面：

（1）调查工作项目，按先后顺序、逻辑关系排列序号；

（2）按网络图的绘图要求，画出网络图；

（3）＝估计各工序或作业的时间；

（4）计算结点和作业的时间参数，如最早开工时间、最迟必须完成时间等；

（5）计算寻找关键路径，进行网络系统优化；

（6）计算成本，估算完工概率，绘制人员配备图，最终达到缩短工时、降低成本、合理利用人力资源的目的。

三、其他质量管理方法

质量管理的方法多种多样，除了老七种和新七种方法之外，还有头脑风暴法、QC小组活动、标杆法、顾客需求调查、统计过程控制及抽样检验等，现简单介绍头脑风暴法、QC 小组活动及标杆法，其余方法后续章节将有详细介绍。

（一）头脑风暴法

1. 概念

头脑风暴法就是邀请有关方面的专家，通过开会的形式讨论，进行信息交流并互相启发，从而诱发专家们发挥其创造性思维，促使他们产生"思维共振"，以达到互相补充的效果，并在专家们分析判断的基础上，综合其意见，作为预测的依据。它既可以获取所要预测事件的未来信息，也可以弄清问题，形成方案，搞清影响，特别是一些交叉事件的相互影响。

2. 应用头脑风暴法的优缺点

运用头脑风暴法进行定性预测时，既有一定的优点，也存在着一些缺陷。

（1）头脑风暴法的优点。

①能得到创造性成果。头脑风暴法通过思维的集体迸发，能得到创造性的成果。

②获取信息量大。通过头脑风暴会议，获取的信息量大，考虑的问题比较全面，提供的方案综合性强。

③节约、灵活。头脑风暴法节省费用和时间，应用灵活方便。

（2）头脑风暴法的缺点。

①易受到权威的影响。容易受权威人士的意见影响，不利于充分发表意见。

②易受表达能力的影响。有些专家的论据有时候不一定充分，但因表达能力强，仍能产生较大的影响力，给预测结果的准确性带来影响。

③易受心理因素的影响。有的专家爱垄断会议或听不进不同意见，明知自己有错，也不愿意当众修改自己的意见，尤其是预测组织者和权威专家。

这些缺点可以通过下节的德尔菲法减弱影响，但头脑风暴法的效率高于德尔菲法。

3. 头脑风暴法的工作步骤

（1）会前准备。

在头脑风暴会议召开之前，组织者应做好充分的准备工作，以保证会议的高效率、高质量。

（2）确定与会人员。

头脑风暴法的参与者分为三类：主持人、记录员和提出设想的专家。确定与会人员需要遵循以下原则：①尽可能选择互不相识的专家参加，不应公布参加人员的职称，避免对参加者造成压力；②如果参加者彼此认识，为了避免上下级之间会造成压力，则要从同一职称或级别的人员中选取；③除了选择与所讨论问题相一致的领域的专家外，还应该选择一些对所讨论问题有较深理解的其他领域的专家；④与会者一般以 8~12 人为宜，也可略有增减（5~15 人）。

（3）开展头脑风暴会议。

首先由主持人扼要地介绍本次会议的主题，宣布会议规则。随后引导大家畅所欲言，充分发挥想象力，使彼此相互启发。专家们依次发表意见，不必对意见进行解释，也不应受到质疑。每出现一个新想法，记录人员应立即写出来，使每个人都能看见，以激发大家的思维。会议讨论的时间控制在 20~60 分钟之间，如果要讨论的问题较多，可以分别召开多次会议。

（4）处理想法，得出最佳方案。

经过头脑风暴会议之后，组织者会得到大量与议题有关的设想，这时就需要对这些设想进行归纳整理，综合分析，以选出最有价值、最富创造性的想法。设想处理的方式有两种：一种是专家评审，可聘请有关专家及与会代表若干人（5 人左右为宜）承担这项工作；另一种是二次会议评审，即所有与会人员集体进行设想的评价处理工作。通过评审将大家的想法整理成若干方案，经过多次反复比较，最后确定 1~3 个最佳方案。

（二）QC 小组活动

1. QC 小组的概念

QC 小组是在生产或工作岗位上从事各种劳动的职工，围绕企业的经营战略、方针目标和现场存在的问题，以改进质量、降低消耗、提高人的素质和经济效益为目的组织起来，运用质量管理的理论和方法开展活动的小组。

2. QC 小组活动的特点

（1）明显的自主性。

QC 小组以员工自愿参加为基础，实行自主管理，自我教育，互相启发，共同提高，充分发挥小组成员的聪明才智和积极性、创造性。

（2）广泛的群众性。

QC 小组是吸引广大员工积极参与质量管理的有效组织形式，不仅包括领导人员、技术人员、管理人员，而且更注重吸引在生产、服务工作第一线的操作人员参加。

（3）高度的民主性。

这不仅是指 QC 小组的组长可以是民主推选，可以由 QC 小组成员轮流担任课题小组长，以发现和培养管理人才；同时还指在小组内部讨论问题、解决问题时，小组成员是平等的，不分职位与技术等级，高度发扬民主，各抒己见，互相启发，集思广益，以保证既定目标的实现。

（4）严密的科学性。

QC 小组在活动中遵循科学的工作程序，步步深入地分析问题、解决问题；在活动中坚持用数据说明事实，用科学的方法来分析与解决问题，而不是凭"想当然"或个人经验。

3. QC 小组的工作步骤

（1）质量管理小组的组建。

QC 小组选题应以企业（或部门）方针目标与主要问题为基本依据并以班组或部门为基础，组建现场型、服务型、攻关型及管理型小组，选好组长。

（2）质量管理小组的登记。

QC 小组成立后，填写 QC 小组课题注册登记表，内容包括小组名称、课题名称、小组成员、选题理由、现状及目标等，经本企业质量管理部门注册登记。

（3）选定课题确定目标。

选题要先易后难，以小为主，方法选择要由浅入深，综合应用。

（4）制订计划。

将上述的课题活动编写成活动计划书并由企业质量管理部门批准。

（5）通过质量管理小组会等形式对提出的课题开展改进活动。

按照计划以质量管理小组会的形式进行具体的改进管理活动，在开会时，为了集思广益，要让全体成员自由发表意见，同心协力，努力自主地开展质量管理小组活动，要做到开会目的明确、内容简明，并做好会议记录。

（6）形成书面报告。

检查 QC 小组活动的进展情况，其活动成果要写成书面报告，并向企业质量管理部门汇报，在企业内部的 QC 小组发表大会上报告活动成果。一项课题完成后再选择下一步的课题，使 QC 小组工作不停地开展下去。

（三）标杆法

1. 标杆的概念

标杆法也被译为标杆管理、定标比超、基准管理、定点超越、标杆瞄准、竞争基准、标杆制度等。标杆管理是一种通过衡量比较来提升企业竞争力的过程，它强调的是以卓越公司作为学习的对象，通过持续改善来强化自身的竞争优势。所谓标杆，即"benchmark"，最早是工匠或测量员在测量时作为参考点的标记，弗雷德里克·温斯洛·泰勒（Frederick Winslow Taylor）在他的管理理论中采用了这个词，其含义是衡量一项工作的效率标准，后来这个词渐渐衍生为基准或参考点。

2. 标杆法的应用

根据标杆法的先驱和最著名的倡导者施乐公司的罗伯特·开普的经典说明，标杆管理活动划分为五个阶段，每阶段有 2~3 个步骤，具体如下：

第一个阶段：计划。计划阶段的实施步骤包括确认对哪个流程进行标杆管理；确定用于作比较的公司；决定收集资料的方法并展开收集资料等。

第二个阶段：分析。分析阶段的实施步骤包括确定自己目前的做法与最好的做法之间的绩效差异；拟定未来的绩效水准等。

第三个阶段：整合。整合阶段的实施步骤包括就标杆管理过程中的各种发现进行交流、讨论并获得认同；确立部门的目标等。

第四个阶段：行动。行动阶段的实施步骤包括制订行动计划；实施明确的行动并监测进展情况等。

第五个阶段：完成。完成阶段的实施步骤包括使企业居于并保持领先地位；全面整合各种活动；重新调整标杆等。

以上五个阶段及其实施步骤一直为后来者所遵循，但是也可以有所创新和发展，关键是要结合实际情况不断地进行探索和实践，尤其是进行科学、合理、高效的细化。

第三节　全面质量管理的实践

一、全面质量管理实施的步骤

根据前述的质量管理的定义，我们也可以把 TQM 看成是一种系统化、综合化的管理方法或思路，企业要实施全面质量管理，除了注意满足"三全一多样"的要求外，还必须遵循一定的工作程序和运作方法。

在具体实施全面质量管理时，可以遵循五步法进行。这五步分别是：决策、准备、开始、扩展和综合。

决策。这是一个决定做还是不做的决策过程。为了能够做出正确的决策，企业的经营管理者必须全面评估企业的质量状况，了解所有可能的解决问题的方案，在此基础上进行决策，看是否实施全面质量管理。

准备。一旦做出决策，企业就应该开始准备。需要学习和研究全面质量管理，对质量和质量管理形成正确认识；建立各阶层质量管理机构；确立远景构想和质量目标，并制订为了实现质量目标所必须的长期规划和短期计划；选择合适的项目，建立团队，做好实施全面质量管理的准备工作。

开始。这是全面质量管理的具体实施阶段。在这一阶段，需要进行项目的试点，在试点逐渐总结经验，评估试点单位的质量状况，主要从四个方面进行：顾客忠诚度、不良质量成、质量管理体系以及质量文化。在评估的基础上发现问题和改进机会，然后进行有针对性的改进。

扩展。在试点取得成功的情况下，企业就可以向所有部门扩展。每个重要的部门和领域都应该建立质量管理机构、确定改进项目并建立相应的过程团队，还要对团队运作的情况进行评估。为了确保团队质量管理工作的效果，应该对团队成员进行培训，还要为团队建设以及团队运作等方面提供指导；管理层还需要对每个团队的质量管理工作情况进行全面的测评，从而确认所取得的成功。扩展过程的顺利进行，要求企业经营者和高层管理人员强有力的领导和全员的参与。

综合。在经过试点和扩展至后，企业就基本具备了实施全面质量管理的能力。为此，需要对于整个质量管理体系进行综合。通常需要从目标、人员、关键业务流程以及评审和审核这四个方面进行整合和规划。

（1）目标。企业需要建立各个层次的完整的目标体系，包括战略（这是实现目标的总体系）、部门目标、跨职能团队的目标以及个人目标。

（2）人员。企业应该对于所有人员进行培训，并且授权给他们让其自行自我控制和自我管理，同时要鼓励团队协作。

（3）关键业务流程。企业需要明确主要的成功因素，在成功因素基础上确定关键业务流程。通常来讲，每个企业都有 4~5 个关键业务流程，这些流程往往会设计到几个部门。为了确保这些流程的顺畅运行和不断完善，应建立团队负责每个关键业务流程，并且要指派负责人。团队运作情况也应该进行测评。

（4）评审和审核。除了对于团队和流程的运作情况进行测评外，企业还需要对于整个组织的管理情况进行定期审核，从而明确企业市场竞争的地位，及时发现问题，寻找改进的机会。

二、实施全面质量管理的基本方法

全面质量管理活动的全部过程，就是质量计划的制订和组织实现的过程。这个过程是按照PDCA管理循环，不停顿地、周而复始地运转。PDCA管理循环是全面质量管理所应遵循的科学程序，它是由美国质量管理专家戴明博士首先提出的，所以也叫"戴明环"。

全面质量管理活动的运转，离不开管理循环的转动。这就是说，改进与解决质量问题，赶超先进水平的各项工作，都要运用PDCA管理循环的科学程序。例如，要提高产品质量，减少不合格品，总要先提出目标，即质量提高到什么程度，不合格品率降低多少，这就要制订计划，这个计划不仅包括目标，而且也包括实现这个目标需要采取的措施。计划制订之后，就要按照计划去实施。按计划实施之后，就要对照计划进行检查，哪些做对了，达到了预期效果；哪些做得不对或者不好，没有达到预期的目标；做对了是什么原因，做得不对或做得不好又是什么问题，都要通过执行效果来进行检查。最后就要进行处理，把成功的经验肯定下来，制定标准，形成制度，以后再按这个标准工作；对于实施失败的教训，也要规定标准，吸取教训，不要重蹈覆辙。这既总结了经验，巩固了成果，也吸取了教训，引以为戒，又要把这次循环没有解决的问题提出来，转到下次PDCA管理循环中去解决。

PDCA循环实施的基本步骤可以参开本书第一章的相关内容。

PDCA循环作为推动工作、发现问题和解决问题的有效工具，其典型模式和工具应用如表2-9所示。

表2-9   PDCA循环的典型模式

四阶段	阶段概括	八步骤活动内容	工具方法
计划（Plan）	按用户需求和市场情报制订出符合用户需要的产品品质计划，并根据生产需要制定操作标准作业指导书等	1. 分析现状，发现品质问题	排列图、直方图、控制图、亲和图、矩阵图
		2. 分析产生品质问题的各种因素	因果图、关联图、矩阵数据解析法、散布图
		3. 分析影响品质问题的主要原因	排列图、散布图、关联图、树状图、矩阵图、亲和图
		4. 针对主要原因，制订解决方案	关联图、树状图、箭形图、PDPC法
实施（Do）	按上述计划认真贯彻执行	5. 执行。按照措施计划实施	树状图、箭形图、矩阵图、PDPC法
检查（Check）	检查计划执行情况，找出差距，分析原因	6. 检查，把执行结果与要求达到的目标进行对比	排列图、控制图、树状图、PDPC法、检查表

表2-9（续）

四阶段	阶段概括	八步骤活动内容	工具方法
处理 （Action）	总结经验教训，并加以标准化，指导下一循环的品质管理	7. 标准化，把成功经验总结出来，加以标准化	亲和图
		8. 把未解决或新出现的问题转入下一个循环	

三、全面质量管理的应用

应用 QC 方法降低大承载空气轴承干扰力矩

气浮轴承是气浮转台的关键部件，502 所降低干扰力矩质量管理小组（简称 QC 小组）承担的是一项单轴气浮转台任务，该任务的关键是要解决大承载空气轴承的干扰力矩问题。由于大型空气轴是研制、加工周期长的大型昂贵设备，不允许做多个，因此没有进行大 PDCA 循环的条件，为此，QC 小组把试验件工作通过一个小 PDCA 循环来进行，在此基础上，开展大 PDCA 工作。

第一阶段——PDCA 循环的计划阶段（P）。

第 1 步，存在的质量问题使干扰力矩变大。

第 2 步，用因果分析图分析影响干扰力矩的诸多因素，见图 2-11。

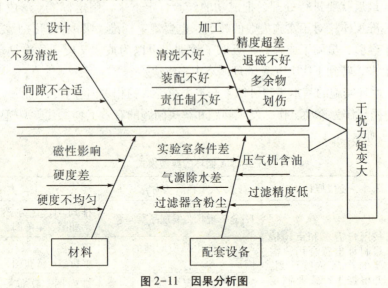

图 2-11　因果分析图

第 3 步，原理性分析表明，设计上承载系数的提高是降低轴承干扰力矩水平的主要因素；通过对试验件节流嘴的检验发现，工艺上影响干扰力矩水平的主要因素是节流嘴多余物多，以及加工精度和退磁情况等。

第 4 步，针对上述主要原因，制定相应的措施如表 2-10。

表 2-10   主要原因及措施

主要因素	提高承载系数	减少多余物	控制加工精度	退磁
相应措施	双排孔方案	加强清洗	坐标磨加工	边检边退

第二阶段——实施阶段（D）。

在 P 阶段工作的基础上，将双排孔结构放大，并将清洗工艺规定编入有关文件以便执行，同时结合其他因素，制定相应的措施，如表 2-11，并予以实施。

表 2-11   因素及相应措施

因素	间隙选取	过滤器	压气机含油	预处理
措施	实验决定	取消含尘过滤、加末级过滤	用无油烟压气机	加预处理

第三阶段——检查阶段（C）。

通过承载、刚度、旋转精度、涡流力矩等试验，其结果全部达到或超过设计要求。

第四阶段——处理阶段（A）。

QC 小组将已取得降低干扰力矩的技术、方法等全部反映在设计图纸、资料和工艺文件中，形成标准化的规范。对尚未解决的退磁、清除多余物以及进一步降低干扰力矩的几种潜在能力做了详细分析，准备下一步将干扰力矩降到更低。

第四节　全面质量管理前沿

TQM 从提出到现在已经过去 40 多年了，经历了四个阶段的发展，各种理论支撑趋于完善。人们也逐渐认识到，产品质量的形成不仅与生产制造过程有关，还涉及其他许多过程、环节等因素。只有将影响质量的所有因素统统纳入质量管理的轨道，并保持系统、协调的运作，才能确保产品质量，因此全面质量管理具有"三全一多样"的基本要求。

进入 21 世纪，企业管理的理论也有了很大的发展，这些发展同时也为全面质量管理的研究和拓展打下基础。TQM 的研究和应用本身也出现了许多新的发展趋势和研究领域。研究这些新发展、新趋势对于正处在激烈的国际竞争环境中，致力于提升国家综合竞争力，谋求可持续性发展道路的中国，有着很实际的研究意义。

如果能够很好地实施 TQM，就意味着该组织的能力水平会得到很大的提升，但是，实施 TQM 的过程涉及了很多的影响因素，其中的一些更是关键因素。目前研究比较集中的是企业管理中涉及人力资源管理、运营管理等方面。TQM 的应用也不再是局限于质量管理领域，而是从企业全局的角度来研究和应用 TQM 的理论了，对于 TQM 应用本身来说也是一种有力的发展和补充。其研究主要有以下方面：

涉及人力资源管理的研究。安科德莱和窦斌斯（Acdry&Dobbins）将全面质量组织环境下的人力资源管理作为研究对象。TQM 已经成为在许多类型的组织中被大量采用的一种活动，而对于在人力资源管理方面的应用也有着很好效果。于是，卡迪和德斌斯（Cardy&Debbins）开始研究传统西方管理方法与TQM的理念和方法之间的区别，得到了传统组织模式和TQM组织模式下，各自人力资源管理的特点。同时，对TQM理论的发展也起到了巨大的推进作用。

TQM培训对于持续性发展影响的研究。马瑞尔（Marelr）研究了TQM培训、柔性工作以及柔性技术对于持续性发展的影响。论文中，他发现TQM培训、工作设计和信息技术对于员工能力的持续提升有着重要的影响。由于TQM的培训往往都是针对具体问题进行的，受训的员工也并不是一成不变的，所以Marler提出了一个问题，这些训练是否带来知识的溢出效应。同时也指出在这点上，学术界还没有做详细的研究。Marlcr采用准实验的方法研究TQM培训和组织状况对于员工持续提升的影响，对于其中涉及的培训、柔性技术等几个方面影响也先做出了假设。选取的实证研究对象是一所机构松散的大型私立大学的会计部门的员工。研究的结论支持了Marelr的假设，并且与组织管理理论相吻合，同时结论也暗示对于技术创新的大量投入，不论是直接的还是间接的，并不能保证更大的生产力和效果。而且作者也提供了未来可以从事进一步研究的方向。

对TQM成功实施的影响因素研究。喀什厄尼和尤斯栋（Kassieieh&Yourstone）针对TQM成功实施的影响因素，他们选取的几个关键的影响因素是培训、绩效评估和奖励，而判断TQM实施成功与否的指标是成本降低的状况、利润增加状况和员工精神状态。实证研究的对象是新墨西哥州111个服务和制造企业，通过对数据进行因素分析和回归分析。得到最终的结论。TQM培训与成本降低、利润增加之间呈显著关系；绩效评估同利润增加之间是显著关系；奖励和员工精神状态之间是显著关系。喀什厄尼和尤斯栋（Kassieieh&Yourstone）的研究对象不再仅仅局限于制造行业，而是扩展到更广范围的服务性行业，同时从他们的研究可以发现人力资源管理（HRM）对于TQM的成功实施是一个重要的支持。他们也指出了本次研究的局限性，为后续的研究提供了参考。

对TQM在服务型行业中应用情况的研究。麦克卡迪和奈夫（MCcarhty&Keeef）的研究主要是针对服务性行业领域进行的。关注TQM在服务性行业中的应用情况，是TQM研究的一个重要的发展方向。他们的研究对象是一所采用TQM理论来提高教员服务质量的大学。他们试图在教员具有的意识和服务质量之间建立联系，为服务质量提供一个可行有效的评价方法。

与此同时，随着社会经济的不断发展，学科间的交叉越发明显。在知识经济的影响下，有着"三全"特点的TQM同样得到了新的发展和补充。先前提到的知识滋出效应就是一个例子。另外，技术创新对于个体、企业乃至社会的影响日益受到瞩目。

TQM在实施过程中的创新研究。阿亥尔和阮维查客姆（Ahier&Ravichandarm）的研究就是着眼于建立TQM实施过程中的创新扩散模型。越来越多的学者和实施者都开始意识到TQM所包含的众多元素之间因果联系的重要性。而阿亥尔和阮维查客姆（Ahier&Rvacihandarm）将TQM看成是一种组织创新。然后运用信息系统和组织创新的理论从创新扩散的角度研究TQM实施是如何从管理质量延伸到车间工厂和实际操作中去的。他们提出这一过程有四个层次的步骤，分别是选择、修正、接受和运用。通过对一个汽车零件供应商的 407 个加工工厂样本的研究，阿亥尔和阮维查客姆（Ahier&Rvacihandarm）证明了这个模刮的正确性，并且为实际 TQM 的实施过程提供了合理的建议，也为之后的研究做好了铺垫。

案例分析

上海强生出租汽车公司

上海强生集团有限公司的前身为上海市出租汽车公司，是一个具有 80 余年历史的企业。集团公司目前拥有成员企业 40 余个，员工 16 000 余名，运营车辆 7 400 辆，总资产 25.74 亿元。上海强生出租汽车股份有限公司是集团公司控股的上市公司。公司从十个方面来推进运营服务质量的提高。

1. 倡导"乘客永远是正确的"这一理念

"顾客是上帝"，这一市场经济的法则已经为社会大众普遍认同和接受，其理由很简单，即顾客是商家的"衣食父母"。强生公司通过组织班组学习、班组长轮训和三级管理人员培训等形式宣传公司的理念，并逐渐为企业广大员工理解和接受。并推出"员工单方过失认定法"作为理念的具体执行。

2. 编印《强生员工手册》，开展运营服务技巧大讨论

为了使企业员工尤其是广大驾驶员在运营服务过程中的行为更为规范，工作更为便利，强生公司编印了《强生员工手册》。明确了企业员工的职责、权利和义务，记录了各类工作流程。同时为了进一步提高驾驶员、管理人员的整体素质和服务技巧，公司开展了运营服务技巧大讨论。

3. 强调"预防为主"的安全行车工作指导准则

从顾客角度出发，安全行车工作要服务、服从于乘客满意度指数的提高，为此，强生公司提出"安全行车管理工作的重点要从事务性的事故处理向前瞻性的预防教育过渡"；提出"对新进驾驶员、年轻驾驶员的重点教育和过程控制"等观点；一系列相应措施的实施，使安全驾驶取得了显著成效。

4. 加强"硬件"方面的投入

选择"时代超人"作为出租汽车的主体车型，通过一段时期运营与修理的磨合，强生公司加大了车辆更新资金的投入，加快了车辆更新换代的速度，加紧了车辆兼并、企业联合等规模扩张的步伐。扩大了汽车修理的规模，提高了汽车修理设备的技术含量，斥巨资对调度设施、计算机后台管理烯烃进行全面的更新和换代。

5. 制定《运营单位管理质量综合评价体系》

《运营单位管理质量综合评价体系》对分公司、车队两级组织运营工作中的服务质量、安全行车、车容车貌、机械状况四项工作进行综合评价，有力地推动了运营工作沿正确的方向展开。

理念的确定，相应措施的推行，有力地保障了强生出租车服务质量的稳定和不断改进。

资料来源：宋明顺. 质量管理学 [M]. 北京：科学出版社，2005.

思考题：

从强生出租车公司的时间看服务类企业应该如何提高工作质量？请选择一家身边的服务企业进行分析。

本章习题

1. 试解释全面质量管理的含义。

2. 简述全面质量管理的特点。

3. 试阐述全面质量管理的内容。

4. 简述全过程的质量管理与全方位的质量管理的区别。

5. 在生产制造过程的质量管理中，如何加强不合格的管理？

6. 简述检查表的使用方法。

7. 简述排列图所体现的质量管理思想。

8. 简述排列图的使用方法。

10. 试说明直方图的绘制程序。

11. 就某一工作或学习中所遇到的质量管理问题，利用因果图分析造成这一问题的原因，找出关键原因，并给出解决方案。

12. 简述质量管理新七种工具的概念。

13. 简述 QC 小组活动的含义、特点、执行步骤。

14. 简述头脑风暴法的步骤。

15. 理解标杆法的含义。

16. 简述全面质量管理实施的具体步骤。

第三章 质量管理体系

第一节 基本理论

一、质量管理体系概念

（一）质量管理

质量管理是指在质量方面指挥和控制组织的协调的活动。质量管理是企业管理的中心环节，它涉及各类管理中与产品质量有关的部分，其职能是质量方针和质量目标的建立、质量策划、质量控制、质量保证和质量改进。"协调的"活动则是指上述六个方面的协调一致。

（二）质量管理体系

将质量管理和管理体系的概念融合在一起则不难描述质量管理体系的含义。质量管理体系是在质量方面指挥和控制组织的管理体系，通常为有效地开展质量管理活动，应该建立质量管理体系，即应制定质量方针和目标，并通过质量策划、质量控制、质量保证和质量改进活动来实现已制定的质量目标。这也说明为了确保这些活动的有效性，即保证产品或服务满足质量要求，必须把企业的组织机构、职责和权限、工作方法和程序、技术力量和业务活动、资金和资源、信息等协调统一起来。质量管理体系是实施现代质量管理的基础。

质量管理体系紧紧围绕着产品质量形成的全过程，涉及产品的寿命周期的全过程，从最初的识别市场需要到最终满足要求的全过程。

应该注意的是，质量管理体系只是组织管理体系的一个重要组成部分。一个组织的管理体系会包含若干个不同的管理体系，如质量管理体系、环境管理体系和职业健康安全管理体系等。

二、质量管理体系产生的原因

（一）国际贸易要求

1. 进出口商品检验的不足，顾客的意识

在国际贸易中，产品质量从来都是交易的重要条件。对进出口商品质量进行控制的基本手段是根据产品标准对商品进行检验。但是，仅靠商品检验并不能完全满足在国际贸易中对质量保证的需要，因此，顾客在订购商品前，除了对供方的产品进行检验外，还需对供方的生产体系进行考察，直至确认该体系运行可靠，才会有信心与供方订立长期的大量采购合同。随着国际贸易的增加，对企业生产体系进行评价的活动越来越多，于是，产生了建立国际统一的评价企业质量保证能力的质量管理体系标准的需要。

2. 全球竞争的加剧导致期望增加

同时，经济全球化所带来的全球竞争加剧导致顾客对质量的期望越来越高。买方市场占据上风，顾客的消费行为日益成熟。消费者的产品质量意识越来越强，为保护自身利益，不仅重视产品质量检验结果，还十分重视产品生产者或供应商在人员、材料、工艺、设备、管理、技术、服务等各方面的综合质量保证能力，这对企业建立完善的质量管理体系形成了外部压力。而企业弱项在竞争中生存发展，必须尽一切努力提高产品质量和降低成本，必须加强内部管理，使影响质量和成本的各项因素都处于可控状态，这是建立质量管理体系的内在要求。

(二) 产品质量责任的需要

1. 产品质量责任的含义

产品质量责任是指产品在生产、安装、销售、服务等方面存在缺陷，并由此造成消费者、使用者或第三方的人身伤害或财产损失，由负有责任的侵害人（如该产品的涉及者、生产者、销售者、供应者、安装者或服务者）对受害人承担的一种赔偿责任。随着现代科学技术的发展，新产品不断涌现，产品的复杂程度越来越高，产品质量责任也越来越大。例如，汽车、飞机、通讯设备、人造卫星、核电站等一旦发生质量问题，其损失将不堪设想，难以用数字来准确估计。在美国，不仅赔偿金额已达"天价"，而且还要追究生产者的刑事责任。

2. 产品的质量要求

产品的质量要求通常体现为产品标准，包括性能参数、包装要求、适用条件、检验方法等。人们根据产品标准规定的质量要求判断产品质量是否合格。怎样才能使产品质量稳定地符合规定的要求呢？产品质量形成于产品的采购、制造、运输、安装、服务活动的全过程。如果企业的生产体系不完善，技术、组织和管理措施不协调，即使产品标准再好，也很难保证产品质量始终免租规定的要求。因此，无论是消费者还是生产者，从产品质量责任的重要性出发，都希望建立一套质量管理体系，对产品质量形成的全过程进行有效控制，以保证产品质量稳定可靠。

(三) ISO 9000 族国际标准产生

1. "二战"期间军事的发展对质量保证提出了要求

在第二次世界大战中，电子元器件的不可靠导致武器和军用设施的战斗力难以发挥，从而推动军工及航空、航天部门发展质量保证技术。1959 年，美国军工系统制定了MIL-Q-9858《质量大纲》，这是最早出现的质量保证标准。此后，美国又针对各种军工产品制定了一系列的质量保证标准，MIL-Q-45208A《检验系统要求》、MIL-HDBR-50《承包商质量大纲评定》和 MIL-Q-HDBR-51《承包商检验系统评定》，形成了一套完整的军品质量保证标准。随后在一些附加值高、安全责任重大的民用工业率先借鉴军工质量保证技术，开展质量保证活动。

2. 颁布了一套质量保证标准（6 部分+ISO 系列）

随着各行业对质量保证需求的发展，质量保证活动从特殊的高风险行业，扩展到整个民用工业领域。美国标准协会（ANSI）和美国机械工程师协会（ASME）于 1971 年分别发布了 ANSI-N45.2《核电站质量保证大纲要求》和 ANME-Ⅲ NA4000《锅炉压力容器质量保证标准》。借鉴美国的经验，英国于 1979 年和 1981 年先后发布了一套质量保证标准：

BS 5750：part 1-1979《质量体系—设计制造和安装规范》；

BS 5750：part 2-1979《质量体系—制造和安装规范》；

BS 5750：part 3-1979《质量体系—最终检验和试验规范》；

BS 5750：part 4-1981《质量体系—BS 5750 part 1 使用指南》；

BS 5750：part 5-1981《质量体系—BS 5750 part 2 使用指南》；

BS 5750：part 6-1981《质量体系—BS 5750 part 3 使用指南》。

各国制定和实施质量保证标准、质量体系管理标准的实践，为建立质量体系国际标准奠定了坚实的基础。国际化标准组织（ISO）在总结各国经验的基础上经过多年的协调努力，于 1986 年 6 月正式颁布了 ISO 8402《质量管理和质量保证术语》标准，为在全世界范围内统一质量概念起了重要的作用；1987 年 3 月颁布了 ISO 9000、ISO 9002、ISO 9003、ISO 9004 共 4 个标准。这一系列标准对在世界范围内推动质量体系的建立和质量体系认证是个创举，一经问世就充分显示出它的重要作用。同时，标志着世界各国质量管理和质量保证活动开始纳入规范化、统一化、国际化的轨道。

三、质量管理体系的组成和结构

（一）引导语

1. 质量管理体系的组成

质量管理体系由一系列质量管理体系要素组成，并通过质量管理的结构和要素描述而成。质量管理体系的组成和结构主要体现在其要素的组成和相互关系上。每一个质量管理体系要素，都是从一个特定的侧面规定描述如何实施组织的质量管理工作和活动。

2. 其与质量管理体系、结构的关系

建立一个质量管理体系，首先应确定组成质量管理体系的各个要素，并构成一个完善的质量管理体系结构。无论是结构的构造还是要素的选取，都要紧密结合组织的质量方针、质量目标、产品类型和对产品实现过程的要求。要通过质量管理体系的优化配置和体系要素的合理策划，使质量管理体系在整体上有效的运行。建立质量管理体系的结构，应针对组织潜在的、实际的质量问题，合理规划和组织这些质量管理活动、要素间的相互关系。

（二）产品形成与组织存在的要素

1. 产品形成三要素

产品是过程的结果，过程是使用资源将输入转为输出的活动。组织为了使过程产生最大增值，必须识别和管理构成过程的相互联系着的诸多活动，对过程进行策划并使其在受控条件下完成。为此，必需的资源、有效的管理和过程本身构成了形成产品的三个要素。

2. 组织存在三要素

组织存在的三要素：有效的组织机构及高效的管理工作；必需的资源及其对产品形成的有力支持；贯穿于组织的整个产品形成过程。三个方面相互作用、有机结合，组织也通过这三要素间的相互作用而构成一个有机整体。

3. 质量管理体系与组织存在三要素的联系

质量管理体系是组织管理体系的一部分，它致力于组织质量满足要求。为达到保证产品质量并在此基础上持续改进产品的目的，在组织内部，必须从质量管理的角度出发，对组织存在的三要素及组织机构管理工作、资源、产品形成的构成进行有效的运作，使它们都处于受控状态。

（三）质量管理体系的构成

1. 质量管理体系的四核心部分

质量管理体系包含四大过程要素，即管理职责、产品实现、测量、分析和改进（图 3-1）。这四大过程要素是以过程为基础的质量管理体系。所谓过程方法，根据 ISO 9000：2000 标准，阐述其定义是"为使组织有效运行，必须识别和管理许多相互关联和相互作用的过程"。通常，一个过程的输出将直接成为下一个过程的输入。系统地识别和管理组织所应用的过程，特别是这些过程之间的相互作用，称为"过程方法"。

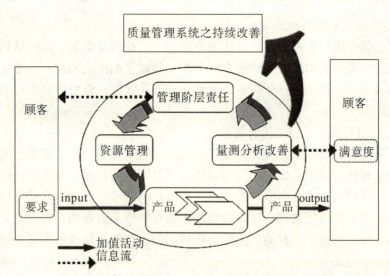

图 3-1　以过程为基础的质量管理体系模式图

该质量管理体系模式表明：一个组织的质量管理是通过对组织内各种过程的管理来实现的。质量管理体系涉及影响产品质量的所有资源和要素，以及产品实现的全过程。从一开始的识别顾客需求和期望，到最后产品交付和交付后的活动，所有这些活动构成质量管理体系的过程。质量管理体系运行过程中最重要的是产品实现过程。

2. 管理职责

组织最高管理者在质量管理体系中应承担下列职责：

（1）最高管理者应做出承诺

最高管理者应对建立、实施质量管理体系并持续保持其有效性做出承诺。最高管理者是指在最高层指挥可控制组织的一个人或一组人。

（2）最高管理者应以顾客为关注点

顾客是产品的最终接收者和使用者，组织的生存和发展依赖于顾客。以顾客为中心是质量管理首先应遵循的基本原则，组织必须以顾客为关注焦点。组织的最高管理者应以增强顾客满意为目的，引导全组织确保顾客的要求得到确定并予以满足，并把不断提高的顾客满意度作为组织的根本追求。

（3）最高管理者应正式发布质量方针

质量方针是指组织的最高管理者正式发布的该组织总的质量宗旨和方向。

（4）最高管理者应确保建立质量目标

（5）最高管理者应确保质量管理体系策划

质量管理体系的内容应以满足质量目标为准。因此，最高管理者应确保对质量管理体系进行策划，以满足质量目标的要求。此外，质量管理体系的策划还应满足质量管理体系的总体要求。

（6）最高管理者应明确组织的职责、权限

组织的职责、权限和沟通，对指挥和控制组织内的各项质量活动，保证其协调和有序，从而为实现质量目标提供了组织保证。所以，组织中所有从事影响产品质量工作的人员都应被赋予相应的职责和权限，以使他们能够为实现质量目标做出贡献。

（7）最高管理者应指定管理者代表

最高管理者应指定一名管理者，即管理者代表。管理者代表可以不是决策层成员，只要求为管理者（部门经理以上），而且不管该成员在其他方面的职责如何（即可以兼职）。

（8）最高管理者应确保内部沟通

任何组织都存在信息和信息流。最高管理者应当在组织内建立一个适当的、有效的内部沟通过程，并确保对质量管理体系的有效性进行沟通。

（9）最高管理者应进行管理评审

管理评审是对质量管理体系的适宜性、充分性和有效性进行定期的、系统的评价，提出并确定各种改进的机会和变更的需要，进而确保质量管理体系实现持续改进。

3. 产品的实现

（1）产品实现的基本概念及要素

产品实现是质量管理体系的主要过程要素，是指产品策划、形成直至交付的全部过程，是直接影响产品质量的过程。组织应对产品实现的过程网络进行识别、策划和改进，对特定产品、项目或合同编制质量计划。产品实现包括产品实现的策划、与顾客有关的过程、设计和开发、采购、生产和服务提供、监视和测量装置的控制等内容。

（2）产品整个实现过程的子过程

产品实现的策划。产品实现过程的策划是保证产品达到质量要求的重要控制手段。在对产品进行策划时，组织应确定以下方面的内容：产品的质量目标和要求；针对产品确定过程、文件和资源的需求；产品所要求的验证、确认、监视、检验和试验活动，以及产品接收准则；为实现过程及其产品满足要求提供证据所需的记录。

与顾客有关的过程。它包括与产品有关的要求的确定和评审及顾客沟通。与顾客沟通的内容包括：产品内容，可以从市场调研了解顾客有关产品要求的信息，利用广告、样本、宣传册页等形式来宣传、介绍组织提供的产品；问询、合同或订单的处理，包括对其修改；顾客反馈，包括顾客抱怨。应重视并及时收集在产品实现过程中、产品交付后顾客所关心的信息。

设计和开发。设计和开发是指"将要求转换为产品、过程或体系的规定的特性或规范的一组过程"。"要求"指用户要求。设计和开发过程是产品实现过程的关键环节，它将决定产品的固有特性，产品是否存在先天性损失。

采购。采购是指企业在一定的条件下从供应市场获取产品或服务作为企业资源，以保证企业生产及经营活动正常开展的一项企业经营活动。组织应确保采购的产品符合规定的采购要求。对供方及采购的产品控制的类型和程度应取决于采购的产品对随后的产品实现或最终产品的影响。组织应根据供方按组织的要求提供产品的能力评价和选择供方。应制定选择、评价和重新评价供方的准则。评价结果及评价所引起的任何必要措施的记录应予保持。

生产和服务提供。生产和服务提供是指从生产或服务准备开始，经生产作业活动或服务提供活动，以及产品从生产出来以后的包装、搬运、贮存、防护活动，直到产品交付（包括产品正式使用前的安装、调试活动）或服务提供活动完成为止的所有活动及全过程。生产和服务提供是过程控制的核心。组织应策划并在受控条件下进行生产和服务提供。当生产和服务提供过程的输出不能由后续的监视或测量加以验证时，组织应对任何这样的过程实施确认。这包括仅在产品使用或服务已交付之后缺陷才变得明显的过程。确认应证实这些过程实现所策划的结果的能力。

监视和测量装置的控制。监视和测量装置控制（特别是校准和检定）的对象包括：所有需要在确保测量有效场合下使用的专用监测装置、仪器、工具、标准物质；所有需要在确保测量有效场合下使用的生产设备上的监测装置、软件、仪表。组织应确定需实施的监视和测量，以及为产品符合确定的要求提供证据所需的监视和测量装置。组织应建立过程，以确保监视和测量活动可行并以与监视和测量的要求相一致的方式实施。

4. 测量、分析和改进

（1）监视、测量、分析、改进过程策划

组织应对监视、测量、分析、改进过程进行策划，并实施这些过程，以满足下列方面的需要：①证实产品的符合性；②确保质量管理体系的符合性；③持续改进质量管理体系的有效性。在策划过程中，要确定实施监视和测量活动的内容、适用的管理方法和技术方法与必须的记录，包括采用统计技术。

测量、分析和改进过程的策划包括：规定对产品特性进行检验、试验的方法，规定产品符合要求可以放行的准则；规定对过程，特别是对特殊过程和关键过程的监视、测量和控制方法及技术措施；规定对质量管理体系进行监测、测量、分析和改进的方法，包括进行内部审核、管理评审和顾客满意调查分析的内容、程序和方法。

（2）监视和测量

顾客满意。作为对质量管理体系业绩的一种测量，组织应监视顾客对组织是否满足其要求的感知的有关信息。

内部审核。组织应按计划的时间间隔进行内部审核，看质量管理体系是否：①符合策划的安排、本标准的要求以及组织所确定的质量管理体系的要求；②得到有效实施与保持。

考虑审核的过程和区域的状况和重要性以及以往审核的结果，组织应对审核方案进行策划。应规定审核的准则、范围、频次和方法。负责受审区域的管理者应确保及时采取措施，以消除已发现的不合格产品及其产生的原因。跟踪活动应包括对所采取措施的验证和验证结果的报告。

（3）过程的监视和测量

监视和测量时可以采用的方法有：抽样检查、工作质量考核、过程审核、设立监控点、设置监视仪器、仪表记录过程（如电视机、摄像机、飞机的黑匣子、磁带记录仪等），以及运用适当的统计技术等。当过程监测表明未能达到所策划的结果，即出现异常，过程不具备所需的能力时，组织应对该过程采取适当的纠正措施，如过程能力过低时停产或调换设备；过程能力的主要原因是设备精度不足时，对设备进行恢复等，以确保产品的符合性。

（4）产品的监视和测量

组织应对产品的特性进行监视和测量，以验证产品要求得到满足。这种监视和测量应依据策划的安排，在产品实现过程的适当阶段进行。

应保持符合接收准则的证据。记录应指明有权放行产品的人员。除非得到有关授权人员的批准，适用时得到顾客的批准，否则在所有策划的安排均已圆满完成之前，不得放行产品和交付服务。

产品的监视和测量包括对采购物品、在制品、半成品、最终产品的监视和测量，还包括产品检验或试验，但不仅限于产品检验或试验。对产品的监视和测量应考虑和确定以下几点：①对象：产品的特性；②目的：验证产品要求已得到满足；③依据：产品实现所策划的安排；④时机：产品实现过程的适当阶段。

特别需要引起注意的是，特别情况下的产品放行和交付使用，并没有放宽对产品的要求。

（5）不合格品控制

组织应确保不符合产品要求的产品得到识别和控制，以防止非预期的使用或交付。不合格品控制以及不合格品处置的有关职责和权限应在形成文件的程序中作出规定。

组织应采取下列一种或几种方法，处置不合格品：①采取措施，消除发现的不合格产品；②经有关授权人员批准，适用时经顾客批准，让步使用、放行或接收不合格品；③采取措施，防止其原预期的使用或应用。

应保持不合格的性质以及随后所采取的任何措施的记录，包括所批准的让步的记录。应对纠正后的产品再次进行验证，以证实符合要求。当在交付或开始使用后发现产品不合格时，组织应采取与不合格的影响或潜在影响的程度相适应的措施。

（6）数据分析

组织应确定、收集和分析适当的数据，以证实质量管理体系的适宜性和有效性，并评价在何处可以进行质量管理体系的持续改进。这应包括来自监视和测量的结果以及其他有关来源的数据。

数据分析应提供有关以下方面的信息：

①顾客满意；

②与产品要求的符合性，例如：产品的不合格率、不合格项目等；

③过程和产品的特性及趋势，包括采取预防措施的机会，如通过控制图反映过程能力、过程和产品特性的变化趋势，可识别出采取预防措施的机会，从而避免不良趋势恶化，产生不合格品；

④供方。

（7）改进

持续改进。组织应通过使用质量方针、质量目标、审核结果、数据分析、纠正和预防措施以及管理评审，持续改进质量管理体系的有效性。

纠正措施。组织应采取措施，以消除不合格的原因，防止再发生。纠正措施应与所遇到不合格的影响程度相适应。

预防措施。预防措施是指为消除潜在不合格或其他潜在不期望情况的原因所采取的措施。组织应确定措施，以消除潜在不合格的原因，防止其发生。预防措施应与潜在问题的影响程度相适应。

纠正措施与预防措施的区别：纠正措施是针对已经发生的不合格，查找和确定原因，并采取消除其原因的措施，目的是使原来出现过得不合格不再出现。预防措施是针对已经发现的问题（该问题现在还没有导致不合格，但其发展趋势可能导致不合格，因此称为潜在的不合格），查找和确定原因，并采取消除其原因的措施，目的是预防不合格的产生。

四、质量管理体系审核与认证

（一）质量管理体系审核

1. 质量管理体系审核概念

审核是"为获得审核证据并对其进行客观评价，以确定满足审核准则的程度所进行的系统的、独立的并形成文件的过程"。审核的目的是为了确定审核准则是否得到满足，审核的方法是要获取证据并对证据进行客观评价，审核的要求是审核过程应具有系统性、独立性和文化性。

质量管理体系审核是指依据质量管理体系标准及审核准则对组织的质量管理体系的符合性及有效性进行客观评价的系统的、独立的并形成文件的过程。质量管理体系审核是为验证质量活动和有关结果是否符合组织计划的安排，确认组织质量管理体系是否被正确、有效实施以及质量管理体系内的各项要求是否有助于达成组织的质量方针和质量目标，并适时发掘问题，采取纠正与预防措施，为组织被审核部门或人员提供质量管理体系改进的机会，以确保组织质量管理体系得到持续不断地改进和完善。

2. 质量管理体系审核分类

审核可以是为内部或外部的目的而进行的，因此质量管理体系审核可分为内部质量管理体系审核和外部质量管理体系审核两类。

（1）内部审核

内部审核也称第一方审核，由组织自己或以组织的名义进行，审核的对象是组织的管理体系，验证组织的管理体系是否持续地满足规定的要求并且正在运行。它为有效的管理评审和纠正、预防措施提供信息，其目的是证实组织的管理体系运行是否有效，可作为组织自我合格声明的基础。

（2）外部审核

外部质量管理体系审核是组织以外的人员或机构对组织的质量体系进行的审核，又可分为合同环境下需方对供方质量体系的审核（第二方审核）和独立的第三方机构实施的审核（第三方审核）。第三方审核是由外部独立的审核服务组织进行，这类组织通常是经认可的，提供符合要求的认证或注册。

内部审核是质量管理体系的审核，而外部审核却是质量保证能力的审核。外部质量管理体系审核较之内部质量管理体系审核有更高的独立性。两者既有联系，更有区别。

（3）除内部审核和外部审核外的特殊情况

在现实生活中还有一些形式比较特殊的质量管理体系审核。例如：总公司的一个下属单位对另一个，即兄弟单位的质量管理体系审核；咨询机构在协助一个组织建立了质量管理体系以后为验证其咨询效果并检查该组织的质量管理体系是否有效运行而进行的质量管理体系审核等，都可以称之为外部质量管理体系审核。

3. 内部审核的程序

（1）内部审核与外部审核的直接依据

无论是内部审核，还是外部审核，其直接依据是审核计划和检查表。审核计划是指导质量管理体系审核的具体文件，也是审核员实施质量管理体系审核的行动指南。它可以根据审核过程中的具体情况有所变更。

检查表是审核员根据质量管理体系正常、有效运行的要求及组织实际情况编制的检查项目及检查方式、方法、结果表述的规范化表格。它详细地规定了对质量管理体系各要素应抽样检查的具体活动项目、要求方式及其状况表示等级或分数。

（2）内部审核的主要步骤

制订审核计划，如审核时间、范围等，提前发给受审核单位、参加审核的部门和内审员。

审核准备，做好审核人员、文件资料和其他资源工作的准备。内部审核中所需的文件、检查表等应事先准备好，内部审核时所需的资料、工具及场地业应提前准备。

首次会议，内审组与受审核方的负责人与有关人员参加审核的首次会议，由内审组长介绍审核的目的、范围、时间及要求，由受审核方确定陪同人员。必要时，也可省略首次会议，按计划直接进行现场审核。

现场审核。

末次会议。

编写内部审核报告，其内容应包括审核的目的、范围、人员、时间、依据文件、内容及不合格项的情况，以及改进质量体系及不合格项的措施建议，做出审核结论。

发布内部审核报告。

跟踪审核。

4. 外部审核（第三方审核）的程序

接受和签订审核合同，顾客对供方质量管理体系的审核应在有关合同中明确规定。第三方对第一方质量体系的审核应由受审核方提出申请，在接受申请和初步了解其质量管理体系主要文件之后，签订认证合同。

考察受审核方。必要时，可对受审核方进行预备性考察，了解其生产经营产品与作业特点，接受审核的准备情况等。

初审质量管理体系文件。根据受审核方的基本情况，选调一定专业具备资格条件的审核员组成审核组，由审核组对受审核方的质量管理体系文件认真进行初步审查。

准备审核工作文件，审核计划、日程表等。

首次会议。

现场审核。审核员通过到现场与受审核方职工面谈，检查质量管理体系文件和质量记录，观察其工作状况等方法收集证据，做好审核记录。

末次会议。这次会议主要是审核组报告审核结果与结论，对不合格项提出理由及其产生原因，并提出建议和纠正措施。

编制审核报告。一般包括审核的目的和范围、审核过程及时间，参加审核的审核组成员和受审核方代表名单、审核所依据的文件、受审核方质量管理体系运行状况及其能否持续满足质量保证要求、不合格项及其改进期限要求等。

（二）质量管理体系的认证（ISO 9000）

1. 提出申请

申请者（例如企业）按照规定的内容和格式向体系认证机构提出书面申请，并提交质量手册和其他必要的信息。质量手册内容应证实其质量体系满足所申请的质量保证标准（GB/T 19001）的要求。向哪一个体系认证机构申请由申请者自己选择。体系认证机构在收到认证申请之日起 60 天内作出是否受理申请的决定，并书面通知申请者；如果不受理申请应说明理由。

2. 体系审核

体系认证机构指派审核组对审请的质量体系进行文件审查和现场审核。文件审查

和现场审核。文件审查的目的主要是审查申请者提交的质量手册的规定是否满足所申请的质量保证标准的要求；如果不能满足，审核组需要向申请者提出，由申请者澄清、补充或修改。只有当文件审查通过后方可进行现场审核，现场审核的主要目的是通过收集客观证据检查评定质量体系的运行与质量手册的规定是否一致，证实其符合质量保证标准要求的程序，作出审核结论，向体系认证机构提交审核报告。

审核组的正式成员应为注册审核员，其中至少应有一名主任审核员；必要时可聘请技术专家协助审核工作。

3. 审批发证

体系认证机构审查审核组提交的审核报告，对符合规定要求的批准认证，向申请者颁发体系认证证书，证书有效期为终身，但是必须要在三年或五年换一次证书，对不符合规定要求的办证机构应书面通知申请者。

体系认证机构应公布证书持有者的注册名录，其内容应包括注册的质量保证标准的编号及其年代号和所覆盖的产品范围。通过质量注册名录向注册单位的潜在顾客和社会有关方面提供对注册单位质量保证能力的信任，使注册单位获得更多的订单。

4. 监督管理

对获准认证后的监督关系有以下几项规定：

标志的使用。体系认证证书的持有者应按体系认证机构的规定使用起专用的标志，不得将标志使用在产品上，防止顾客无认为产品获准认证。

通报证书的持有者改变其认证审核时的质量体系，应即使将更改情况通报体系认证机构。体系认证机构根据具体情况决定是否需要重新评定。

监督审核。体系认证机构对证书持有者的质量体系每年至少进行一次监督审核，以使其质量体系继续保持。

监督后的处置。通过对证书持有者的质量体系的监督审核，如果证实其体系继续符合规定要求时，则保持其认证资格。如果证实其体系不符合规定要求时，则视其不符合的严重程度，由体系机证机构决定暂停使用认证证书的标志，或撤消认证资格，收回其体系认证证书。

换发证书。在证书有效期内，如果遇到质量体系标准变更，或者体系认证的范围变更，或者证书的持有者变更时，证书持有者可以申请换发证书，认证机构决定作必要的补充审核。

注销证书。在证书有效期内，由于体系认证规则或体系标准变更或其他原因，证书的持有者不愿保持其认证资格的，体系认证机构应收回其认证证书，并注销认证资格。

第二节 ISO 9000 族

一、ISO 9000 标准概述

(一) ISO 9000 标准是什么

ISO/TC 176 制定的所有国际标准称为 ISO 9000 族。

ISO 是国际标准化 "International Organization for Standardization" 的缩写。TC176 是 ISO 的第 176 技术委员会,由它负责制定 "质量管理与质量保证" 的有关标准和指导性文件。ISO 制定出来的国际标准除了有规范的名称之外,还有编号,编号的格式是:ISO+标准号+[杠+分标准号]+冒号+发布年号(方括号中的内容可有可无),例如:ISO 8402:1987、ISO 9000-1:1994 等,分别是某一个标准的编号。

ISO 现有 117 个成员,包括 117 个国家和地区。ISO 的最高权力机构是每年一次的 "全体大会",其日常办事机构是中央秘书处,设在瑞士的日内瓦。中央秘书处现有 170 名职员,由秘书长领导。

(二) 发展历程

1. MIL-9858

在世界经济一体化的进程中,为了保护和发展民族工业,保护消费者的合法权益,世界上许多国家都制定了比较高的市场准入制度,即国家以法律的形式规定:必须符合某种标准要求的商品才能进入市场,这就涉及生产商品的厂商的合格评定问题。

1959 年,美国国防部发布了世界上第一个质量保证标准—MIL-Q-9858A《质量大纲要求》,此标准要求:"应在实现合同要求的所有领域和过程中充分保证质量。" 同时,美国国防部还根据不同产品的需要,发布了 ME-Q-45208A《检验系统要求》,作为生产简单武器的质量保证标准。ISO 是世界上最大的国际标准化组织。它成立于1947 年 2 月 23 日,它的前身是 1928 年成立的 "国际标准化协会国际联合会"(简称 ISA)。IEC 也比较大,IEC 即 "国际电工委员会",1906 年在英国伦敦成立,是世界上最早的国际标准化组织。IEC 主要负责电工、电子领域的标准化活动。而 ISO 负责除电工、电子领域之外的所有其他领域的标准化活动。

2. ISO 9000

自 ISO 9000 系列标准颁布以来,经过历次修订已经逐步完善,其内容也发生了较大的变化(表3-1)。

表 3-1　　　　　　　　　　　1987、1994、2000、2008 版的区别

版本	内容变化
1987 版	ISO 8402《质量——术语》标准 ISO 9000《质量管理和质量保证标准——选择和使用指南》 ISO 9001《质量体系——设计开发、生产、安装和服务的质量保证模式》 ISO 9002《质量体系——生产和安装的质量保证模式》，ISO 9003《质量体系——最终检验和试验的质量保证模式》，ISO 9004《质量管理和质量体系要素——指南》 已经有 150 多个国家和地区将 ISO 9000 标准等同采用为国家标准
1994 版	①标准体系的发展。由 ISO 9000 系列标准扩展为 ISO 9000 族 ②术语的发展。广度上，由原来的 22 个术语扩充为 67 个术语，如质量策划、质量改进、质量成本、预防措施等；深度上，定义更为科学、准确、严谨 ③产品概念的发展。根据产品形成特点，将产品分为四类：硬件、软件、流程性材料和服务 ④ISO 9000-1 标准由 ISO 9000 系列标准的选择应用指南发展为 ISO 9000 族的选择应用指南 ⑤在 ISO 9001 标准中，增补了一些重要的质量体系要素活动要求，如产品验证的安排，设计评审增加了设计确认等 ⑥为指导 ISO 9000 标准的应用，陆续发布了一些指南标准及支持性管理技术标准
2000 版	其四核心标准： ISO 9000《质量管理体系 —基础和术语》 ISO 9001《质量管理体系—要求》 ISO 9004《质量管理体系—业绩改进指南》 ISO 19011《质量管理体系—质量和环境管理体系审核指南》 ①它将 1994 版的三种质量保证模式（ISO 9001：1994、ISO 90022：1994、ISO 90032：1994）合并为 ISO 9001：2000，以提高标准使用的灵活性 ②引入了质量管理的八项基本原则 ③ISO 9000 和 ISO 9004 相互协调 ③与其他管理体系的兼容 ④标准大为简化 ⑤解决了 ISO 9000 族的普遍性与某些行业要求的特殊问题
2008 版	2008 版 ISO 9000 族标准包括：四个核心标准、一个支持性标准、若干个技术报告和宣传性小册子。内容如下： GB/T 19000-2008 idt ISO 9000：2005 质量管理体系 基础和术语 GB/T 19001-2008 idt ISO 9001：2008 质量管理体系 要求 GB/T 19004-2009 idt ISO 9004：2009 质量管理体系 业绩改进指南 GB/T 19011-2003 idt ISO 19011：2002 质量和（或）环境管理体系审核指南

3. ISO 9000：2015 最新版

2012 年，ISO 组织开始启动下一代质量管理标准新框架的研究工作，继续强化质量管理体系标准对于经济可持续增长的基础作用，为未来十年或更长时间提供了一个稳定的系列核心要求；保留其通用性，适用于任何类型、规模及行业的组织中运行；将关注有效的过程管理，以便实现预期的输出。

ISO 9000：2015 草案标准的主要变化在于其格式变化，以及增加了风险的重要性，其主要的变化包括：①采用与其他管理体系标准相同的新的高级结构，有利于公司执行一个以上的管理体系标准；②风险识别和风险控制成为标准的要求；③要求最高管理层在协调质量方针与业务需要方面采取更积极的职责。

相关的"知识"要求，加大了含糊性，给认证审核的判标带来很大的伸缩余地。

ISO 9001：2008 无此项要求，也是充分体现了信息时代知识的重要性。此处应该包括了产品特色、服务特色、产品工艺技术等专业知识。组织应确定质量管理体系运行、过程、确保产品和服务符合性及顾客满意所需的知识。这些知识应得到保持、保护，需要时便于获取。

ISO 9001：2015 标准引入了变更管理，在策划时就要考虑变更。策划变更的要求，一方面与 EHS 等相呼应，另一方面可以有力解决从前版本的模糊问题，如关于策划的"设计开发"——体系策划、过程策划、服务策划、产品策划等，给出了补漏的依据。组织应确定变更的需求和机会，以保持和改进质量管理体系绩效。组织应有计划、系统地进行变更，识别风险和机遇，并评价变更的潜在后果。

更加注重基于供应链管理和组织一体化管理的思想，这是一个进步，但也给认证审核带来了挑战。

相对于 2008 版以及 2000 版，2015 版发生了不小的变化，需要几乎所有的审核员有理解和掌握的时间以及程度上的适应。

2015 版的变化可简单概括如下：

（1）强化了过程方法的应用，过程方法本身已成为标准的一个要素（条款 4.4.2）。

（2）强调风险管理；在 P-D-C-A 每个环节均强调了风险管理的要求（6.1，8.3b，8.4.2a，8.5.1e，9.2，10.2c……）。

（3）取消了预防措施，应为整个质量管理体系本身就侧重于预防措施；风险的识别和管理就体现了预防措施。

（4）文件化信息代替了文件和记录；文件和记录不再作区分。

（5）重视相关方的要求，首次提出了"供方财产的保护"（条款8.6.3顾客或外部提供方财产）。

（6）将采购和外包的控制合并为"产品和服务的外部提供控制"，更加重视外包过程的控制，更加适合于服务业的运用（8.4 外部提供产品和服务的控制）。

（7）强调变更管理；应为有变更就有风险（变更策划 6.3，8.1，8.6.6 变更控制）。

（8）取消质量手册/文件化的程序等强制性文件的要求，更加关注运作活动的结果，记录已全部用"活动结果的证据的文件化信息"代替，体系不关注形式，更关注结果。

总之，2015 版将更强调以结果为本，质量管理标准应是使用体系的文件化，而不是文件化体系。

二、ISO 9000 标准结构

以 2000 版为准，ISO 9000 结构如下：

（1）ISO 9000：2000《质量管理体系——基础和术语》，该标准主要包括两个方面：质量管理体系基本原理：①阐述了质量管理体系的基本内容、实施步骤、评价、过程方法和改进环的应用等；②术语和定义：对 ISO 9000 族标准中的 87 条术语给出了定义。

（2）ISO 9001：2000《质量管理体系——要求》，该标准用过程模式取代了 1994 版中的 20 个要素，完全脱离了硬件行业，更具通用性，也更强调体系的有效性、顾客需要的满足和持续改进等内容。

（3）ISO 9004：2000《质量管理体系——业绩改进指南》，该标准为质量管理体系的建立、运行和持续改进提供指南，特别为那些希望超出 ISO 9001 的最低要求，寻求更多业绩改进的组织的管理者提供指南。

（4）SO9011：2000《质量管理体系——质量和环境管理体系审核指南》，它既用于质量管理体系的审核，也用于环境管理体系的审核。

三、ISO 9000：2000 族标准的基础和术语

（一）ISO 9000：2000 基础

1. 质量管理体系理论说明

（1）目的。

（2）顾客要求及与质量管理体系的联系。

质量管理体系能够帮助组织增强顾客满意，提供持续满足要求的产品，向组织及其顾客提供信任。

每个组织都有自己的产品，并希望所提供的产品能让顾客满意。顾客要求产品应当具有其所需求的特性。顾客的要求由顾客以合同方式来规定或由组织自行识别，如何保证这种识别是充分的，是达到顾客满意的前提。

2. 质量管理体系要求与产品要求

（1）各自的内涵。

质量管理体系要求与产品要求是两个不同范畴的概念，应进行明确区分。质量管理体系要求不能代替产品要求，它是为保证产品要求实现而对管理过程提出的要求。从这个意义上讲，质量管理体系要求是对产品要求的补充。

（2）ISO 质量管理体系要求和产品要求的区别（表3-2）。

表3-2　　　　　　　　ISO 质量管理体系要求和产品要求的区别

	质量管理体系要求	产品要求
1. 含义	1. 为建立质量方针和质量目标并实现这些目标的一组相互关联的或相互作用的要素，是对质量管理体系固有特性提出的要求。2. 质量管理体系的固有特性是体系满足方针和目标的能力、体系的协调性、自我完善能力、在效性的效果等	1. 对产品的固有特性所提出的要求，有时也包括与产品有关过程的要求。2. 产品的固有特性主要是指产品物理的、感观的、行为的、时间的、功能的和人体功效方面的有关要求
2. 目的	1. 证实组织有能力稳定地提供满足顾客和法律法规要求的产品。2. 通过体系有效应用，包括持续改进和预防不合格而增强顾客满意	验收产品并满足顾客
3. 适用范围	通用的要求，适用于各种类型、不同规模和提供不同产品的组织	特定要求，适用于特定产品

表3-2(续)

	质量管理体系要求	产品要求
4. 表达形式	GB/T 19001 质量管理体系要求标准或其他质量管理体系要求或法律法规要求	技术规范、产品标准、合同、协议、法律法规，有时反映在过程标准中
5. 要求的提出	GB/T 19001 标准	可由顾客规定；可由组织通过预测顾客要求来规定；可由法律法规规定
6. 相互关系	质量管理体系要求本身不规定产品要求，但它是对产品要求的补充	

3. 质量管理体系方法

质量管理体系方法是为帮助组织致力于质量管理，建立一个协调的、有效运行的质量管理体系，从而实现组织的质量方针和目标而提出的一套系统而严谨的逻辑和运作程序。它是将质量管理原则——"管理的系统方法"应用于质量管理体系研究的结果。其逻辑步骤：

（1）确定顾客和其他相关方的需求和期望；

（2）建立组织的质量方针和质量目标；

（3）确定实现质量目标必需的过程和职责；

（4）确定和提供实现质量目标必需的资源；

（5）规定测量每个过程的有效性和效率的方法；

（6）应用这些测量方法确定每个过程的有效性和效率；

（7）确定防止不合格产品的生产并消除产生原因的措施；

（8）建立和应用持续改进质量管理体系的过程。

质量管理体系方法是"管理的系统方法"原则在质量管理体系中的具体应用，它为质量管理体系标准的制定提供了总体框架，该方法也体现了 PDCA 循环。

4. 过程方法

（1）过程、过程方法内容。

过程的定义：一组将输入转化为输出的相互关联或相互作用的活动。

一个过程的输入通常是其他过程的输出，主要指质量管理体系之内的过程。比如：计划过程的输出就是生产过程的输入。

组织为了增值通常对过程进行策划并使其在受控条件下运行。也就是说组织要保留开发一些增值过程，不增值的过程尽量避免掉。比如：在工厂里，搬运是不太增值的，如果工序布置不合理，就会出现乱搬乱运。

对形成的产品是否合格不易或不能经济地进行验证的过程，通常称为"特殊过程"。在生产过程中，一些工序之后，工序的检验不能验证这道工序的质量要求（也就是这道工序给产品提出的质量指标），或者是不容易经济地通过检验活动来实现。

过程方法，指组织内诸过程的系统的应用，连同这些过程的识别和相互作用及其管理。也就是要分析过程，生产活动、管理活动是什么，这些活动都应当是一种过程。生产、服务提供（如宾馆）要进行质量管理体系的设计或对单位、组织进行质量管理的时候，主张用一种过程方法来管理。

（2）以过程为基础的质量管理体系模式图（图3-2）。

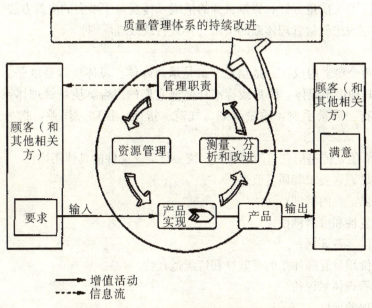

图 3-2　以过程为基础的质量管理体系模式

5. 质量方针与质量目标

质量方针是由组织的最高管理者正式发布的该组织总的质量宗旨和方向。质量方针是企业经营总方针的组成部分，是企业管理者对质量的指导思想和承诺。企业最高管理者应确定质量方针并形成文件。不同的企业可以有不同的质量方针，但都必须具有明确的号召力。

质量目标是在质量方面所追求的目的。

两者之间的关系是：质量方针为制定、评审质量目标提供了框架；质量目标通常依据组织的质量方针制定；质量方针与质量目标应紧密相连，质量目标在持续改进方面与质量相一致。

6. 最高管理者的作用

最高管理者是指在最高层指挥和控制组织的一个人或一组人。最高管理者应发挥其领导作用，具体内容如下：

（1）制定并保持组织的质量方针和质量目标（体现领导作用原则）；

（2）通过增强员工意识、积极性和参与程度，在整个组织内促进质量方针和质量目标的实现（体现全员参与和领导作用原则）；

（3）确保整个组织关注顾客要求（体现以顾客为关注焦点原则）；

（4）确保实施适宜的过程以满足顾客和其他相关方要求并实现质量目标（体现过程方法原则）；

（5）确保建立、实施和保持一个有效的质量管理体系以实现这些质量目标（体现管理的系统方法原则）；

（6）确保获得必要的资源（体现领导作用原则）；

（7）定期评审质量管理体系（体现持续改进原则）；

（8）决定有关质量方针和质量目标的措施（体现基于事实的决策方法原则）；

（9）决定改进质量管理体系的措施（体现持续改进原则）。

7. 文件

文件由两个要素构成：一是信息，二是承载媒体。媒体可以是纸张、计算机、磁盘、光盘或其他电子媒体、照片或标准样品或它们的组合。质量管理体系中使用的文件类型主要有：质量手册、质量计划、规范、指南、程序、作业、指导书、图样和记录。

文件的价值是传递信息、沟通意图、统一行动。文件的具体用途：

（1）满足顾客要求和质量改进；

（2）提供适宜的培训；

（3）重复性和可追溯性；

（4）提供客观证据；

（5）评价质量管理体系的有效性和持续适宜性。

8. 质量管理体系评价

（1）过程的评价

由于体系是由许多相互关联和相互作用的过程构成的所以对各个过程的评价是体系评价的基础。在评价质量管理体系时应对每一个被评价的过程提出如下四个基本问题：

①过程是否已被识别并确定相互关系；

②职责是否已被分配；

③程序足否得到实施和保持；

④在实现所要求的结果方面过程是否有效。

前两个问题一般可以通过文件审核得到答案而后两个问题则必须通过现场审核和综合评价才能得出结论。对上述四个问题的综合回答可以确定评价的结果。

（2）质量管理体系的审核

所谓审核就是"为获得审核证据并对其进行客观的评价以确定满足审核准则的程度所进行的系统的、独立的并形成文件的过程"。质量管理体系审核时"审核准则"一般是指质量标准、质量手册、程序以及适用的法规等。体系审核用于确定符合质量管理体系要求的程度。审核的结果可用于评定质量管理体系的有效性和识别改进的机会。体系审核有第一方审核（内审）、第一和第二方审核以及第三方审核三种类别。

（3）质量管理体系的评审

最高管理者的一项重要任务就是要主持、组织质量管理体系评审就质量方针和质量目标对质量管理体系的适宜性、充分性、有效性和效率进行定期的按计划的时间间隔和系统的评价。这种评审可包括是否需要修改质量方针和质量目标以响应相关方需求和期望的变化。从这个意义上来说，管理体系评审的依据是相关方的需求和期望。管理体系评审也是一个有输人和输出的过程。其中审核报告与其他信息（如顾客需求、产品质量、预防/纠正措施等）可作为输入；而评审结论即确定需采取的措施则是评审的输出。

（4）自我评定

质量管理体系评审是一种第一方的自我评价又称自我评定。组织的自我评定是一种参照质量管理体系或优秀模式（如评质量奖）对组织的活动和结果所进行的全面和系统的评定。自我评定结果可以对组织业绩及体系成熟程度提供一个总的看法，它还有助于识别需要改进的领域及需要优先开展的活动。

9. 持续改进

（1）对产品和过程的现状进行分析和评价，识别改进区域，通过各种渠道获取信息寻找改进机会。

（2）对改进机会进行评审，确定其可行性，明确改进的目标和方向。

（3）寻找所有可能的解决办法，以实现这些改进目标。

（4）对这些解决办法进行评价，并从中选择一个最具可行性的方案。从质量、成本、投入、效益、效率、效果等方面综合评价，选择可行的最优方案。

（5）实施选定的解决方案。改进方案确定后，要按方案的要求认真实施。

（6）测量、验证、分析和评价实施的结果，确定目标是否实现。

（7）正式采纳更改，巩固改进成果，形成规范。

（8）评审改进结果，寻找新的改进机会，持续改进质量管理体系有效性。

10. 统计技术的作用

统计技术的重要作用在于帮助发现产品或过程有变异或变差，或在有变异或变差的情况下，通过对变异或变差进行测量、描述、分析、解释和建立模型，使之更好地理解变异的性质、程度和原因，进而帮助组织。

（1）寻找最佳的方法以解决现存问题。

（2）提高解决问题的有效性和组织的工作效率。

（3）利用相关数据进行分析作出决策。

（4）持续改进。

在组织中应用统计分析技术作用的实施要点：提高对统计分析技术作用的认识；识别统计分析技术应用的机会；选择并使用适用的统计分析技术。

11. 质量管理体系与优秀模式的关系

组织的优秀模式是国际上经济发达的先进国家的著名的管理模式，如美国的波多里奇奖、欧洲质量奖和日本的戴明奖等评定模式。这些代表了当代质量管理的卓越水平，是在 TQM 基础上的进一步提升。

ISO 9000 族与优秀模式的共同点：①使组织识别其强项和弱项；②都包含对照通用模式进行评价的规定；③都能为持续改进提供基础；④包括外部承认的规定。两者的差别在于其应用范围和要求程度不同，前者提出了质量管理体系和业绩改进指南。对质量管理体系的评价依据是相应的标准，通过评价可确定这些要求是否得到满足。而优秀模式不是质量管理体系标准，它是一种竞争性模式，可评价那些具有最佳业绩的组织。

（二）ISO 9000：2000 相关术语

1. 有关质量的术语

质量（Quality）：一组固有特性满足要求的程度。

要求（Requirement）：明示的、通常隐含的或必须履行的需求或期望。

等级（Grade）：对功能用处相同但质量要求不同的产品、过程或体系所作的分类或分级。

顾客满意（Customer Satisfaction）：顾客对其要求已被满足的程度的感觉。

能力（Capability）：组织、体系或过程实现产品并使其满足要求的本领。

2. 有关管理的术语

体系、管理体系、质量管理体系、质量方针、质量目标管理、最高管理者、质量管理、质量策划、质量控制、质量保证、质量改进、持续改进、有效性、效率。

3. 有关组织的术语

组织、组织结构、基础设施、工作环境、顾客、供方、相关方。

4. 有关过程、产品的术语

过程、产品、项目、设计和开发、程序。

5. 有关特性的术语

特性、质量特性、可信性、可追溯性。

6. 有关合格的术语

合格、不合格、缺陷、预防措施、纠正措施、纠正、返工、降级、返修、报废、让步、偏离许可、放行。

7. 有关文件的术语

信息、文件、规范、质量手册、质量计划、记录。

8. 有关审核的术语

客观证据、检验、试验、验证、确认、鉴定过程、评审。

9. 有关检查的术语

审核、审核方案、审核准则、审核证据、审核发现、审核结论、审核委托方、受审核方、审核员、审核组、技术专家、能力。

10. 有关测量进程、测量保证的术语

测量控制体系、测量过程、计量确认、测量设备、计量特性、计量职能。

2000 版 ISO 9000 标准，使用概念图描述术语之间的相互关系。概念之间的关系有三种主要的联系形式：属种关系、从属关系和关联关系，其图形分别类似树状结构、耙形结构、带箭头的直线。

四、ISO 9000 质量管理体系的建立、实施

（一）基本原则

1. 八项质量管理原则是基础

八项质量管理原则体系了质量管理应遵循的基本原则，包括了质量管理的指导思

想和质量管理的基本方法，提出了组织在质量管理中应处理好与顾客、员工和供方三者之间的关系。八项质量管理原则构成了 2000 版质量管理体系标准的基础，也是质量管理体系建立与实施的基础。

八项质量管理原则是指：以顾客为关注焦点、领导作用、全员参与、过程方法、管理的系统方法、持续改进、基于事实的决策方法、互利的供方关系。

2. 领导的作用

领导者确立本组织统一的宗旨和方向。他们应该创造并保持使员工能充分参与实现组织目标的内部环境。

3. 全员参与

各级人员是组织之本，只有他们的充分参与，才能使他们的才干为组织获益。

4. 注重实效

质量管理体系的建立、实施一定要结合本组织及其产品的特点，重点放在如何结合实际、如何注意实施上来，重在过程、重在结果、重在有效性，既不要脱离现有的那些行之有效的管理方式，也不要不切实际地照抄他人的模式，死板硬套、流于形式。

5. 持续改进

组织总体业绩的持续改进应是组织的一个永恒的目标。

（二）建立 ISO 9000 质量管理体系的程序

1. 准备阶段

（1）统一思想，组织培训

统一思想，组织培训。学习 ISO 9000 族标准，统一思想，提高认识，并进行教育培训。

（2）设立相关机构，组织培训

设立机构，组织落实。根据组织的实际情况成立领导小组和组建质量管理体系建设日常办事机构

2. 质量管理体系总体设计阶段

这一阶段是建立质量管理体系过程中的一个非常重要的步骤。在总体设计时，要结合本组织具体情况，首先要制定组织的质量方针和确定质量目标，然后系统分析质量管理和质量保证的总体要求，统筹规划，提出质量管理体系的总体方案。

该阶段主要工作内容如下：收集资料、制定质量方针、质量管理体系的结构分析、现状调查和分析、质量管理体系总体设计方案的评审。

3. 采取组织技术措施阶段

这一阶段主要工作包括以下几个方面：

（1）顺理组织结构。为使质量管理体系有效运行，必须调查分析组织现有职能部门对质量管理活动所承担的职责及所起的作用，若原来的组织机构设置实践证明效果不佳，则可以通过 ISO 9000 族标准进行调整、重组。

（2）分配与落实质量职能。

（3）配备资源。组织首先应根据自身的宗旨、产品的特点和规模确定所需要的资

源，确定哪些可借用外部资源，哪些应自身具备。

4. 编制质量管理体系文件阶段

这一阶段的主要工作可归纳为以下三个方面：

（1）编制质量管理体系文件明细表。要编制质量管理体系文件的明细表，在明细表中列出需编制的进度要求。

（2）编写指导性文件。在指导性文件中，应明确规定编制或修订编制质量管理体系文件的要求、内容、体例和格式等，以便质量管理体系文件统一协调，达到规范化和标准化的要求。

（3）编制质量管理体系文件的程序。一般先编制质量手册，再编制程序文件、质量计划，最后编制质量记录。

（三）ISO 9000 质量管理体系的实施和改进

1. 质量管理体系的试运行

质量管理体系文件编制完成后，体系将进入试运行阶段。试运行的目的是考验质量管理体系文件的有效性和协调性，并对暴露的问题采取纠正措施和改进措施，以达到进一步完善质量管理体系的目的。

质量管理体系的试运行应包括：质量管理体系文件的发布与宣讲、组织协调、质量监控和信息管理。

信息管理与质量监控和组织协调工作是密切相关的，异常信息经常来自于质量监控，信息处理要依靠组织协调工作。三者的有机结合，是质量管理体系有效运行的保证。

2. 质量管理体系的的评价

质量管理体系评价包括内部审核、管理评审、自我评价。

内部审核是指以组织自己的名义所进行的自我审核，又称为第一方审核。一般包含以下几方面：确定质量管理体系活动是否符合计划安排；确定产品质量活动的结果是否符合计划安排，通过内部审核，确定过程控制是否有效，产品质量是否达到了预定的目标和要求；确定质量管理体系的有效性。通过内部审核，确定组织中运行的质量管理体系是否达到组织的质量目标。

管理评审是"为了确保质量管理体系的适宜性、充分性、有效性和效率，以达到规定的目标所进行的活动"，是由最高管理者就质量方针和目标，对质量管理体系的适宜性、充分性、有效性所进行的正式评价。

自我评价是一种仔细认真的评价。评价的目的是确定组织改进的资金投向，测量组织实现目标的进展；评价的实施者是最高管理者。

3. 质量管理体系的的改进

持续改进是组织永恒的目标。组织全面实施 ISO 9000 标注建立质量管理体系，在运行的过程中，"应利用质量方针、质量目标、审核结果、数据分析纠正和预防及管理评审，持续改进质量管理体系的有效性"。其有两条基本途径：

（1）突破性改进项目，其应包括以下活动：确定改进项目的目标和框架；对现有的过程进行分析，并认清变更的机会；确定并策划过程改进；实施改进；对过程的改进进行验证和确认；对已完成的改进做出评价。

（2）渐进性持续改进项目，它是由组织内人员对现有过程进行步幅较小的持续改进活动，持续改进项目由组织的员工通过参与工作小组来实施改进项目。

本章习题

AS 粉末涂料有限公司正在进行质量管理体系内部审核。技术部主任桌上有一本资料，每一页各是一种颜色，上面有编号。主任介绍说："这是颜色标准。生产的每一批涂料都要作喷涂试验板，将样板与标样进行对比，可以观察涂料颜色的色差，以判断涂料颜色的质量。"该资料平时放在带有玻璃门的资料柜里。该资料上没有标明有效期。主任解释说："从建厂以来就用它，颜色标样很全，今后几年的产品也不会超出这些标样，因此可长期使用，没必要规定期限。"

思考：上述现象符合 ISO 9001 标准的要求吗？

1. ISO 9000：2000 族标准的理论基础是（　　）。

　　A. 预防为主　　　　　　　　　B. 质量第一

　　C. 八项质量管理原则　　　　　D. 全面质量管理

2. 推行（　　）标准是突破绿色壁垒的重要武器。

　　A. ISO 9000　　　　　　　　　B.《质量大纲要求》

　　C. ISO 14000　　　　　　　　D.《检查系统要求》

3. 试述质量管理体系的内涵。

4. 试述 ISO 9000 族标准的构成。

5. 建立和实施质量管理体系的步骤。

第四章 过程能力分析

第一节 过程能力分析的基本概念

一、过程能力的概念

产品设计完毕后，其最终质量主要是取决于该产品的生产过程，生产过程是否满足产品设计的质量特性指标要求，关键在于其过程能力是否达到既定标准。

过程能力（Process Capability）是指处于稳定状态下的过程的实际生产或加工能力。处于稳定生产状态下的过程应具备以下条件：原材料或上一过程的半成品按照标准要求供应；本过程按作业标准实施，并应在影响过程质量的各主要因素无异常的条件下进行；过程完成后，产品检测按标准要求进行。

总之，在与过程实施相关联的前、中、后等各个环节都要标准化，只有在稳定状态下所得到的过程能力才能真正反映出其生产加工的实际能力，对其研究才具有现实意义，非稳定状态下测得的过程能力是没有任何意义的。可见，过程能力是指生产工序在质量上可能达到的水平，是在稳定状态之下质量特性指标波动可能达到的范围，它不同于生产现场实际具有的生产能力。过程能力不仅是判定和控制过程质量的重要指标，也是产品质量设计、工艺方案确定、检验标准确立以及对设备调整等各项生产技术准备工作的重要依据之一。通过对过程能力的调查与了解，可以使生产的各个相关环节有了信息共享的现实基础，从而可以减少流程上的矛盾，有利于企业的节能增效。

过程能力的测定一般是在连续成批生产状态下进行的。过程满足产品质量要求的能力主要表现在：产品质量是否稳定，即在正常环境下，产品的各项质量特性指标的表现是否稳定；产品质量指标是否达到设计的要求。

因此，在确认过程能力可以满足质量要求的条件下，工程能力是以该过程产品质量特性值的波动来表示的，对于这些在正常状态下表现为随机变量的质量特性指标，对其分布特性的描述就可以借用随机变量中的期望、方差及其相关理论来研究，这就是我们通常所说的 3δ 原理。即在过程稳定的生产状态下，质量特性指标的分布在期望值 $\pm 3\delta$ 范围内的概率应该是 99.73%，在 $\pm 3\delta$ 范围之外的概率是 0.27%，即所谓的小概率事件。因此，以质量特性指标期望值 $\pm 3\delta$ 为标准来恒量过程的能力既具有足够的理论依据，也具有良好的经济特性。所以，我们通常用 δ 表示产品质量特性指标数据的离散程度，用 6δ 来测度过程能力。6δ 大表示数据的离散程度大、过程能力差；6δ 小则表示质量特性数据相对集中于期望值附近、过程能力好。为了叙述的方便，将过程能力记为 B，即 $B = 6\delta$。

二、影响过程能力的因素

在产品加工过程中，影响过程能力的主要因素会因为研究对象的不同而不同，综合来说主要还是体现在设备的加工精度、材料的理化性能、操作人员的业务技能与责任心、工艺流程与方法、对质量特性值的检测方法以及所处的环境因素（简称为 5M1E）等。在每一个方面都会存在不可预测的偶然波动，如原材料理化性能指标不均匀性、设备精度或振动引起的误差、操作者情绪不稳引起的动作变异、天气温度的突然升降等都会引起产品质量特性的变异或波动。在通常状况下，这些偶然因素所导致的质量特性变异具有正态分布或近似正态分布的特性。假设六种变异因素所引起的标准差分别为 $\delta1$、$\delta2$、$\delta3$、$\delta4$、$\delta5$ 和 $\delta6$，则他们的综合影响结果是具有正态分布特征的随机变量。

如果各个因素之间相互独立，根据方差的独立可加性，易知合成后的质量特性方差 δ^2 为：$\delta^2 = \delta1 + \delta2 + \delta3 + \delta4 + \delta5 + \delta6$。在实际工作中，除非是为了专门分析各个变异因素对质量影响的大小或程度，通常并不需要单独计算变异因素的方差，而只需要计算综合影响的总方差 δ^2 即可（表4-1）。

表 4-1　　　　　　　　　　　　影响过程能力的各因素

影响因素	主要包括的内容
设备因素	主要包括设备性能、制造精度、运行稳定性以及各个部分间的协调匹配能力等因素
材料因素	主要包括材料的成分、物理性能、化学性能以及相关的理化指标、材料的加工处理方法、相关元器件的质量特性指标等因素
操作者因素	主要包括过程操作者的业务水平、心里素质、质量意识和责任心、管理力度、文化修养等因素
方法因素	主要包括过程流程的安排、协调，各个子过程之间的衔接，具体业务的操作方法、规章制度、技术规范和检验监督制度等
测量因素	主要包括技术参数、性能指标、测量方法、判别标准、测量工具的性能与灵敏度，以及具体的抽样方法等
环境因素	主要指生产作业现场所处的环境质量状况，如气候、温度、湿度、风尘、噪音、振动、照明等与产品质量直接相关的因素

过程能力是 5M1E 影响的综合反映，这里列出的只是一些常见的一般的因素，在实际生产中，这六个因素对于不同的行业、不同企业、不同工序的影响是不同的。一般来说质量要求高的产品对各种相关条件的要求也比较苛刻，在某一个过程条件下可能是微不足道的因素，而在另一个过程下可能是致命的。比如对于锻造或冶炼过程来说烟尘是很常见的现象，但是对于一个精密的电子元件制造过程来说，游离在空气中的一粒浮沉足以导致一块微电子元件短路乃至报废。又如在以手工制作为主的行业里，人的技术水平是一个关键因素，但是对一个标准化程度较高的流水线作业过程来说，

对操作人员的技术水平就会宽松许多。一般称对过程产品质量起关键作用的因素为主导性因素。

三、进行过程能力测定、分析的意义

对过程能力的测定与分析是保证产品质量的基础工作。生产者只有在掌握了过程能力的基本状况以后，才有可能控制生产、加工过程中的各个质量特征指标。这需要从两个方面来考虑：一方面，如果过程能力本身达不到产品设计的要求，那么一定生产不出合格的产品，更谈不上对它进一步进行质量控制；另一方面，如果过程能力过剩，远远超出产品质量的设计要求，这样虽然会使产品更加"精益求精"，但是会增加其生产成本，成本效益比必然要受到影响，这对企业的未来发展没有好处。

对过程能力的测定与分析是提高生产能力的有效手段，通过对过程能力的测试与分析可以发现影响过程能力的关键因素，进而有针对性地改进设备、改善环境、提高工艺水平、严肃操作规程等，来提高过程能力。当过程能力过剩时，也可以通过降低过程能力，提高成本效益比，进而提高产品的竞争能力。

对工程能力的测定与分析可以发现改进产品质量的有效途径。通过过程能力的测定与分析，可以为技术与管理人员提供及时、有效、关键的过程能力数据，不仅对产品设计的改进、管理程序或规程的优化，以及对产品认证与市场营销等提供第一手资料，而且还可以为企业的其他改进提供基础性的保证。

第二节 常用的过程能力指数

一、过程能力指数的概念

在工序质量控制中，研究过程能力是为了分析工序质量状况。但仅有定量化的过程能力不足以判断工序质量状况是否满足要求以及满足的程度，因此，为了达到判定工序质量状态的目的，需要计算过程能力指数。

过程能力指数（Process Capability Indices，简称 PCI）是用来度量一个过程能够满足产品的性能指标要求的程度，是一个无量纲的简单数。

过程能力分析和过程能力指数对于决策者有很重要的参考价值，其作用主要有：

进行质量评价。由于过程能力指数是无量纲的，所以通过过程能力指数可以了解各个供应商的质量水平，也可以通过其对本企业的各个生产单位的质量进行评价比较。

制定营销策略。若销售人员了解了本企业的工程能力指数，当发现某用户所要求的规范较为宽松时，则产品的合格品率一定会大幅的提高，这时即使降价销售也仍然会有可观的利润。这就使得销售人员可以考虑制定最优的销售策略。

优化生产管理。对于生产人员来说，如果他们了解本企业的过程能力指数，就可以预计产品的合格品率，从而调整发料与交货期，以便用最经济的成本去满足客户的需求。

减少废品量。对于企业来说，在一种产品将要进行大批量生产之前，需要得到生

产过程的过程能力指数，以检验生产过程的过程能力是否达到了要求，以避免生产出大量的废品，给企业带来损失。

进行质量控制。对于质量工程师来说，在确定一个生产过程是否需要进行控制之前，需要先计算过程能力指数，来判断该过程是否值得进行控制并避免损失。

优化产品开发。帮助产品开发和过程开发者选择和设计产品过程，为工艺规划制定提供依据、对新设备的采购提出要求。

一个产品的质量特性指标达到质量特性标准就是一个合格的产品。质量特性标准是指工序加工产品必须要达到的质量要求，通常用标准公差（容差）或允许范围等来衡量，一般用符号 T 来表示。

质量标准（T）与过程能力（B）的比值被称为过程能力指数，记之为 C_p，其表达为式（4-1）：

$$CP = \frac{T}{B} = \frac{T}{6\sigma} \tag{4-1}$$

过程能力指数 C_p 值，是用来衡量过程能力大小的数值。过程能力指数越大，说明其过程能力越强，越能满足技术性能指标，甚至还会有一定的能力储备；过程能力指数越小，说明过程加工能力越低，在此环境下不易加工那些对质量性能指标要求较高的产品。从全面质量管理的角度来看，不能认为过程能力指数越高就越好或越低就越不好，从经济性、适用性角度来看，并不是说过程能力指数越大就越好，还要与实际需要及经济效益相匹配，结合生产与需求的各方面来给出综合评价。

二、常用过程能力指数的计算

过程能力指数的计算是在过程稳定的前提下，用过程能力与技术要求相比较，分析过程能力满足技术要求的程度。通常可以用直方图和控制图判断过程的稳定性，并利用直方图和控制图的参数计算过程能力。

（一）计量值的过程能力指数的计算

1. 双侧公差且分布中心和标准中心重合（图 4-1）

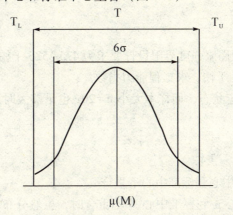

图 4-1　双侧公差且分布中心与标准中心重合

如图 4-1 为双侧公差且分布中心和标准中心重合的情况。此时 C_p 值的计算公式如式（4-2）：

$$CP = \frac{T}{6\sigma} = \frac{T_U - T_L}{6\sigma} \tag{4-2}$$

式中：

T_U —质量标准上线；

T_L —质量标准下线。

由于总体标准差 σ 是未知的，因此往往用 σ 的估计值，则过程能力指数的计算公式为

$$CP = \frac{T_U - T_L}{6\hat{\sigma}}$$

σ 的估计方法有以下两种：

（1）绘制直方图，对过程的稳定性进行判断。当过程稳定时，利用所有样本数据的标准偏差 S 估计总体标准差 σ，其中 S 的计算公式为

$$S = \sqrt{\frac{\Sigma (X - \bar{X})^2}{n - 1}}$$

此时，过程能力指数的计算公式为

$$CP = \frac{T_U - T_L}{6S}$$

（2）绘制控制图。当过程处于统计控制状态时，计算过程能力指数。用子组极差和标准差的均值 $\bar{R}$、$\bar{S}$ 和控制图系数估计总体标准差，估计值分别为 $\bar{R}/d_2$ 和 $\bar{S}/c_4$。此时，过程能力指数的计算公式分别为

$$C_p = \frac{T_U - T_L}{6\frac{\bar{R}}{d_2}}$$

$$C_p = \frac{T_U - T_L}{6\frac{\bar{S}}{c_4}}$$

【例 4-1】某零件的屈服强度界限设计要求为 475～525 千帕，从 200 个样品中测得样本标准差（S）为 6.5 千帕，求工程能力指数。

解：当过程处于稳定状态，而样本大小 n＝200 也足够大时，可以用 S 估计 σ 的过程能力指数

$$C_p = \frac{525 - 475}{6 \times 6.5} = 1.282$$

2. 双侧公差且分布中心和标准中心不重合

当质量特性分布中心 μ 和标准中心 M 不重合时，虽然分布标准差 σ 未变，但却出现了过程能力不足的现象，如图 4-2 所示。

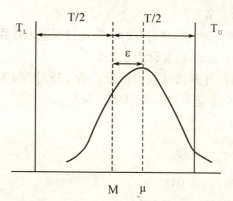

图 4-2　双侧公差且分布中心和标准中心不重合

令 $\varepsilon = |M-\mu|$，这里 ε 为分布中心对标准中心 M 的绝对偏移量。把 ε 对 T/2 的比值称为相对偏移量或偏移系数，记做 K。则

$$K = \frac{\varepsilon}{T/2} = \frac{|M - \mu|}{T/2}$$

又 $M = \dfrac{T_U + T_L}{2}$，$T = T_U - T_L$

所以 $K = \dfrac{\left| \dfrac{1}{2}(T_U + T_L) - \mu \right|}{\dfrac{1}{2}(T_U - T_L)}$ $\qquad\qquad$ (4-3)

由上述公式可知：当 μ 恰好位于标准中心时，$|M-\mu|=0$，则 K=0，这就是分布中心与标准中心重合的理想状态；当 μ 恰好位于标准上限或下限时，即 $\mu = T_U$ 或 $\mu = T_L$，则 K=1；当 μ 位于标准界限之外时，即 $\varepsilon > T/2$，则 K>1。所以 K 值越小越好，K=0 是理想状态。

从图 4-2 可以看出，因为分布中心 μ 和标准中心 M 不重合，所以实际有效的标准范围就不能完全利用。若偏移量为 ε，则分布中心右侧的过程能力指数为

$$C_{P\perp} = \frac{T/2 - \varepsilon}{3\sigma}$$

分布中心左侧的过程能力指数为

$$C_{P\perp} = \frac{T/2 + \varepsilon}{3\sigma}$$

左侧过程能力的增加值补偿不了右侧过程能力的损失，所以在有偏移值时，只能以两者中较小值来计算过程能力指数，这个过程能力指数称为修正过程能力指数，记做 C_{PK}。其计算公式为

$$CPK = \frac{T/2 - \varepsilon}{3\sigma} = \frac{T}{6\sigma}\left(1 - \frac{2\varepsilon}{T}\right)$$

由于 $K = \dfrac{2\varepsilon}{T}$，$CP = \dfrac{T}{6\sigma}$

所以　　$CPK = CP(1 - K)$　　　　　　　　　　　　　　　　　　　　　　　　　(4-4)

当 K=0 时，$C_{PK} = C_P$，即偏移量为 0 时，修正过程能力指数就是一般的过程能力指数；当 K≥1 时，$C_{PK} = 0$，这时 C_P 实际上也为 0。

【例 4-2】设零件的尺寸要求（技术标准）为 φ25 毫米±0.021 毫米，随机抽样后计算样本特性值 $\bar{X}$ = 24.998 毫米，C_P = 1.090，求 C_{PK}。

解：已知 C_P = 1.090

$$M = \frac{(25.021 + 24.979)}{2} = 25$$

$T = (25.021 - 24.979) = 0.042$

$| M - \bar{X} | = (25 - 24.998) = 0.002$

所以

$$CPK = CP(1 - K) = 1.090(1 - \frac{0.002}{0.042/2})$$

$$= 1.090 \times (1 - 0.095) = 0.986$$

3. 单侧公差

技术要求以不大于或不小于某一标准值的形式表示，这种质量标准就是单侧公差。如强度、寿命等就只规定下限的质量特性界限；又如机械加工中的形状位置公差、表面粗糙度、材料中的有害杂质及含量等，只规定上限标准，而对下限标准不作规定。

在只给定单侧标准的情况下，特定值的分布中心与标准的距离决定了过程能力的大小。为了经济的利用过程能力，并把不合格品率控制在 0.3% 左右，按 3σ 分布原理，在单侧标准的情况下，就可用 3σ 作为计算 C_P 值的基础。

（1）只规定上限时，如图 4-3 所示，过程能力指数为

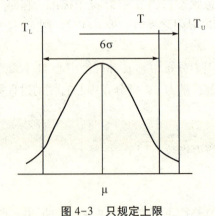

图 4-3　只规定上限

$$C_{P上} = \frac{TU - \mu}{3\sigma} \approx \frac{TU - \bar{X}}{3S}$$　　　　　　　　　　　　　　　　　　(4-5)

注意：当 μ≥T_U 时，则认为 C_P = 0，这时可能出现的不合格品率高达 50%～100%。

（2）只规定下限时，如图 4-4 所示，过程能力指数为

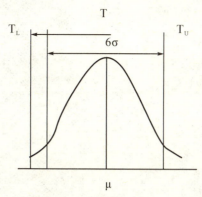

图 4-4　只规定下限

$$C_{P下} = \frac{\mu - TL}{3\sigma} \approx \frac{\bar{X} - TL}{3S} \qquad\qquad (4-6)$$

注意：当 $\mu \leq T_L$ 时，则认为 $C_P = 0$，这时可能出现的不合格品率同样为 50% ~ 100%。

【例 4-3】某一产品所含某一杂质要求最高不能超过 11.8 毫克，样本标准偏差 S 为 0.037 毫克，$\bar{X}$ 为 11.7 毫克，求过程能力指数。

解：

$$C_P = \frac{TU - \bar{X}}{3S}$$

$$= \frac{11.8 - 11.7}{3 \times 0.037}$$

$$= 0.901$$

(二) 计件值的过程能力指数的计算

在生产实践中，往往不是仅以产品的某一质量特性值来衡量产品的质量，而是同时考虑产品的几个质量特性，这样产品的最终质量标志就是"合格"或"不合格"。一批产品的不同合格品率 p 或不合格品数 d，被用来说明该批产品的质量。这时过程能力指数 C_P 的计算不同于以前，它所考虑的技术条件应相应的改为批允许不合格品率上限 p_u 或批不合格品数上限 d_u，是属于类似单侧公差的情况。

（1）以批不合格品数为检验产品质量指标

以不合格产品数来检验产品的质量时，设 d_u 为最大允许不合格品数，取 k 组样本，每组样本的容量为 n，其中不合格品数分别为：r_1，r_2，……，r_k，则样本容量平均不合格品率的值分别为：

$$\bar{n} = \frac{1}{k} \sum_{i=1}^{k} n_i$$

$$\bar{p} = \sum_{i=1}^{k} r_i / \sum_{i=1}^{k} n_i$$

$$\overline{np} = \frac{1}{k} \sum_{i=1}^{k} r_i = \overline{r}$$

则由二项分布得：

$$\mu = \overline{np}, \ \sigma = \sqrt{\overline{np}(1-\overline{p})} \tag{4-7}$$

过程能力指数为：

$$C_P = \frac{d_U - \overline{np}}{3\sqrt{\overline{np}(1-\overline{p})}} \tag{4-8}$$

当 $d_U \leq \overline{np}$ 时，取 $C_p = 0$

其中：d_u 是允许不合格品数上限，$\overline{np} = \overline{r}$ 是样本组平均不合格品数，$\sqrt{\overline{np}(1-\overline{p})}$ 是样本不合格品数的标准差。

注：每组的样本容量最好相等，这样可以减少测量与计算的误差。

（2）以批不合格品率为检验产品质量指标

当以不合格品率 P 检验产品质量，并以 p_μ 作为标准要求时，C_p 值的计算如下：

将式（4-7）的 σ 除以 n 得 $\quad \sigma 1 = \sqrt{\frac{1}{\overline{n}}\overline{p}(1-\overline{p})}$

由于 $p_U = dU/\overline{n}$ ，则过程能力指数为

$$C_P = \frac{p\mu - \overline{p}}{3\sqrt{\dfrac{\overline{p}(1-\overline{p})}{\overline{n}}}} \tag{4-9}$$

可以看出以批不合格品率为检验产品质量指标的过程能力指数 C_p 为式（4-8）分子分母同时除以 n。

当 $p_U \leq \overline{p}$ 时，$C_p = 0$

其中：$p\mu$ 是产品允许不合格品率上限，$\overline{p}$ 是过程平均不合格品率。

【例 4-4】抽取大小 n = 200 的样本 10 个，其中不合格数分别为 6、7、4、8、8、10、9、7、9、10，当允许样本不合格数 $(nP)_\mu$ 为 18 时，求过程能力指数。

解：$\overline{p} = \dfrac{\sum\limits_{i=1}^{k}(np)_i}{kn}$

$\qquad = \dfrac{6+7+4+8+8+10+9+7+9+10}{10 \times 200}$

$\qquad = 0.039$

$\overline{np} = 200 \times 0.039 = 7.8$

$C_P = \dfrac{(np)_\mu - \overline{np}}{3\sqrt{\overline{np}(1-\overline{p})}} = \dfrac{18-7.8}{3\sqrt{7.8 \times (1-0.039)}} = 1.241\ 9$

（三）计点值过程能力指数的计算

有些产品如布、电镀件表面等的质量是以瑕疵点的多少来评价其质量好坏的，一般说来单位面积的瑕疵点服从泊松分布。

在计点值情况下仍相当于单侧的情况，其 CP 值可以用公式 $C_p = (T_U - \mu)/(3\sigma)$ 求得。

当以缺陷数 c 作为检验产品质量的指标，并以 cμ 作为标准要求时，CP 值可以做如下计算：

取样本 k 个，每个样本大小为 n，其中缺陷数为 c1、c2、……、ck，则样本缺陷数的平均值为

$$\bar{c} = \frac{1}{k} \sum_{i=1}^{k} c_i$$

由泊松分布可得

$$\mu = \bar{c}$$

$$\sigma = \sqrt{\bar{c}}$$

则

$$C_P = \frac{c_\mu - \bar{c}}{3\sqrt{\bar{c}}} \tag{4-10}$$

【例 4-5】抽取大小 n = 100 的样本 20 个，其中缺陷数分别为：2、0、1、4、3、4、1、0、3、1、2、2、1、5、3、3、4、1、3、2，当允许样本缺陷数 cμ 为 6 时，求过程能力指数。

解：

$$\bar{c} = \frac{1}{k} \sum_{i=1}^{k} c_i$$

$$= \frac{1}{20} \times (2 + 0 + 1 + 4 + 3 + 4 + 1 + 0 + 3 + 1 + 2 + 2 + 1 + 5 + 3 + 3 + 4 + 1 + 3 + 2)$$

$$= 2.25$$

$$C_P = \frac{c_\mu - \bar{c}}{3\sqrt{\bar{c}}} = \frac{7 - 2.25}{3\sqrt{2.25}} = 1.056$$

三、过程不合格品率的计算

当质量特性的分布呈正态分布时，一定的过程能力指数与一定的不合格品率相对应。例如，当 CP = 1，即 T = 6σ 时，质量特性标准的上下限与 ±3σ 重合。由正态分布的概率函数可知，此时的不合格品率为 0.27%。

（一）分布中心和标准中心重合的情况

首先计算合格品率，由概率分布函数的计算公式可知，在 TL 和 TU 之间的分布函数值就是合格品率，即

$$P(T_L \leq X \leq T_U) = \int_{\frac{T_L - \mu}{\sigma}}^{\frac{T_U - \mu}{\sigma}} \frac{1}{\sqrt{2\pi}} e^{-\frac{t^2}{2}dt}$$

$$= \Phi\left(\frac{T_U - \mu}{\sigma}\right) - \Phi\left(-\frac{T_L - \mu}{\sigma}\right)$$

$$= \Phi\left(\frac{T}{2\sigma}\right) - \Phi\left(-\frac{T}{2\sigma}\right)$$

$$= \Phi(3C_P) - \Phi(-3C_P)$$

$$= 1 - 2\Phi(-3C_P)$$

所以不合格品率为

$$P = 1 - P(T_L \leq X \leq T_U) = 2\Phi(-3C_P) \tag{4-11}$$

由以式（4-11）可以看出，只要知道 CP 值就可以求出该过程的不合格品率。

【例4-6】当 CP=1 时，求相应的不合格品率 P。

解：$P = 2\Phi \times (-3 \times 1)$

$= 2\Phi \times (-3)$

$= 2 \times 0.001\ 35$（查正态分布表）

$= 0.002\ 7$

P = 0.27%

（二）分布中心和标准中心不重合的情况（图4-5）

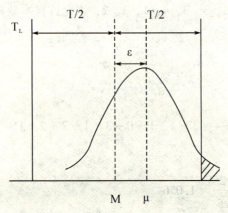

图4-5 分布中心与标准中心不重合

计算合格品率。

$$P(T_L \leq X \leq T_U) = \int_{\frac{T_L - \mu}{\sigma}}^{\frac{T_U - \mu}{\sigma}} \frac{1}{\sqrt{2\pi}} e^{\frac{-t^2}{2}dt}$$

$$= \Phi\left(\frac{T_U - \mu}{\sigma}\right) - \Phi\left(\frac{T_L - \mu}{\sigma}\right)$$

$$= \Phi\left(\frac{T_U - M}{\sigma} - \frac{\mu - M}{\sigma}\right) - \Phi\left(\frac{T_L - M}{\sigma} - \frac{\mu - M}{\sigma}\right)$$

$$= \Phi(\frac{T}{2\sigma} - \frac{\varepsilon}{\sigma}) - \Phi(-\frac{T}{2\sigma} - \frac{\varepsilon}{\sigma})$$

$$= \Phi(3C_P - \frac{\varepsilon}{\sigma}) - \Phi(-3C_P - \frac{\varepsilon}{\sigma})$$

$$= \Phi(3C_P - 3KC_P) - \Phi(-3C_P - 3KC_P)$$

$$= \Phi(3C_P(1 - K)) - \Phi(-3C_P(1 + K))$$

$$= \Phi(3C_{PK}) - \Phi[-3C_P(1 + K)] \tag{4-12}$$

（因为 $K = \dfrac{2\varepsilon}{T} = \dfrac{2\varepsilon}{6\sigma C_P} = \dfrac{\varepsilon}{3\sigma - C_P}$，所以 $\dfrac{\varepsilon}{\sigma} = 3KC_P$ ）

不合格品率 $P = 1 -$ 合格品率 $= 1 - P(T_L \leq X \leq T_U)$

$$= 1 - \Phi(3C_{PK}) + \Phi[-3C_P(1 + K)] \tag{4-13}$$

【例4-7】已知某零件尺寸要求为 50 毫米±1.5 毫米，抽取样本的特征值 $\bar{X} = 50.6$ 毫米，样本标准偏差为 S＝0.5 毫米，求零件的不合格品率 P。

解：$C_P = \dfrac{T}{6S} = \dfrac{51.5 - 48.5}{6 \times 0.5} = 1.0$

$K = \dfrac{2\varepsilon}{T} = \dfrac{2|M - \bar{X}|}{T} = \dfrac{0.6}{1.5} = 0.40$

$P = 1 - \Phi[3 \times 1(1 - 0.4)] + \Phi[-3 \times 1(1 + 0.4)]$

$= 1 - \Phi(3 \times 1 \times 0.6) + \Phi(-3 \times 1.4)$

$= 1 - \Phi(1.8) + \Phi(-4.2)$

$= 1 - 0.964\ 1 + 0.000\ 013\ 35 = 0.035\ 913\ 35$

$\approx 3.59\%$

（三）查表法

以上介绍了根据过程能力指数 CP 和相对偏移量（系数）K 来计算不合格品率的方法。为了应用方变，可根据 CP 和 K 求总体不合格品率的数值表求不合格品率 P（CP-K-P数值表法）

【例4-8】已知某零件尺寸要求为 50 毫米±1.5 毫米。抽取样本求得 $\bar{X} = 50.6$ 毫米，S＝0.5 毫米，求零件的不合格品率 P。

解：查表 4-2，从表中 CP＝1.00，K＝0.40 相交处查出对应的 P 值为 3.59%，这与前面计算出来的数值是完全相同的。故在实际工作中，使用查表法是比较快捷的。

表 4-2 根据过程能力指数 CP 和相对偏移量 K 求总体不合格品率 P 的数值表（%）

CP \ P	K													
	0.00	0.04	0.08	0.12	0.16	0.20	0.24	0.28	0.32	0.36	0.40	0.44	0.48	0.52
0.5	13.36	13.43	13.64	13.999	14.48	15.10	15.86	16.75	17.77	18.92	20.19	21.58	23.09	24.71
0.6	7.19	7.26	7.48	7.85	8.37	9.03	9.85	10.81	11.92	13.18	14.59	16.51	17.85	19.69
0.7	3.57	3.64	3.83	4.16	4.63	5.24	5.99	6.89	7.94	9.16	10.55	12.10	13.84	15.74
0.8	1.64	1.66	1.89	2.09	2.46	2.94	3.55	4.31	5.21	6.28	7.53	8.88	10.62	12.48

表4-2(续)

P＼CP	K													
CP	0.00	0.04	0.08	0.12	0.16	0.20	0.24	0.28	0.32	0.36	0.40	0.44	0.48	0.52
0.9	0.69	0.73	0.83	1.00	1.25	1.60	2.05	2.62	3.34	4.21	5.27	6.53	8.02	9.76
1.0	0.27	0.29	0.35	0.45	0.61	0.84	1.14	1.55	2.07	2.75	3.59	4.65	5.94	7.49
1.1	0.10	0.11	0.14	0.20	0.29	0.42	0.61	0.88	1.24	1.74	2.39	3.23	4.31	9.66
1.2	0.03	0.04	0.05	0.08	0.13	0.20	0.31	0.48	0.72	1.06	1.54	2.19	3.06	4.20
1.3	0.01	0.01	0.02	0.03	0.05	0.09	0.15	0.25	0.42	0.63	0.96	1.45	2.13	3.06
1.4	0.00	0.00	0.01	0.01	0.02	0.04	0.07	0.18	0.22	0.36	0.59	0.98	1.45	2.09
1.5					0.00	0.00	0.01	0.03	0.11	0.20	0.35	0.59	0.96	1.54
1.6					0.00	0.01	0.01	0.03	0.06	0.11	0.20	0.36	0.63	1.07
1.7						0.00	0.01	0.01	0.03	0.06	0.11	0.22	0.40	0.72
1.8							0.00	0.01	0.01	0.03	0.06	0.13	0.25	0.48
1.9								0.00	0.01	0.01	0.03	0.07	0.15	0.31
2.0									0.00	0.01	0.02	0.04	0.09	0.20
2.1										0.00	0.01	0.02	0.05	0.13
2.2											0.00	0.01	0.03	0.08
2.3												0.01	0.03	0.05
2.4												0.00	0.01	0.03
2.5													0.01	0.02
2.6													0.00	0.01
2.7														0.01
2.8														0.00

第三节　过程能力分析前沿——非正态分布

一、非正态分布出现的原因

在生产实践中，许多稳定的过程不一定满足服从正态分布的前提假设。对于一些本身服从正态分布的输出数据而言，如果过程只受随机因素影响，则该过程处于统计控制状态，过程输出一般服从正态分布；而如果过程还受到系统因素的影响时，过程处于统计失控状态，此时过程输出数据不再服从正态分布。

二、非正态分布过程能力分析常用思路

(一) 数据转换

例如 Box-Cox 转换和 Johnson 转换。这两种方法都是将非正态数据转换为正态数据

的行之有效的方法，并且在质量统计软件中得到广泛应用。但这种数据转换过程繁琐，需要对大量的转换系数进行估计，容易产生误差，更重要的是在此基础上进行的过程能力分析不能完全真实反映过程的全部信息。

（二）指数修正

指数修正以 Clements 方法为代表。Clements 方法以 0.135% 和 99.865% 的分位数之差为过程能力，使用 Pearson 曲线拟合过程输出数据的分布形态，相对于 Box-Cox 转换和 Johnson 转换，此方法最大的特点是能极大保留过程信息。但 Pearson 曲线不能拟合所有的过程输出数据，这极大限制了 Clements 方法的使用。

（三）经验分布

利用小概率事件域构造质量特性波动范围，并令此波动范围的发生概率为99.73%。这是由于均值、方差、偏度和峰度能够近似表征数据的分布特征。

本章习题

一、填空题

1. 在工序质量控制中，研究过程能力是为了分析_____。

2. 过程能力指数（Process Capability Indices，简称 PCI）是用来度量一个过程能够满足产品的性能指标要求的程度，是一个_____的简单数。

3. 过程能力指数 C_p 值，是用来衡量_____数值。

4. 过程能力指数的计算是在_____前提下，用过程能力与技术要求相比较，分析过程能力满足技术要求的程度。

二、选择题

1. 下列中不是影响过程能力因素的是（　　）。
　　A. 设备因素　　　　　　　　　　B. 材料因素
　　C. 时间因素　　　　　　　　　　D. 测量因素

2. 过程能力指数越大，说明其过程能力越强，越能满足（　　）性能指标，甚至还会有一定的能力储备。
　　A. 技术　　　　　　　　　　　　B. 工艺
　　C. 产品　　　　　　　　　　　　D. 生产

3. 计量值的过程能力指数的计算分为（　　）情况。
　　A. 2　　　　　　　　　　　　　B. 3
　　C. 4　　　　　　　　　　　　　D. 5

4. （　　）情况属于计点值过程能力指数的计算。
　　A. 强度　　　　　　　　　　　　B. 寿命
　　C. 金属表面粗糙度　　　　　　　D. 布表面瑕疵点

三、判断

1. 过程能力的测定一般是在非连续成批生产状态下进行的。　　　　（　　）

2. 过程能力指数越高就越好或越低就越不好。　　　　　　　　　（　　）

3. 通常可以用直方图和控制图判断过程的稳定性，并利用直方图和控制图的参数计算过程能力。　　　　　　　　　　　　　　　　　　　　（　　）

4. 技术要求以不大于或不小于某一标准值的形式表示，这种质量标准就是双侧公差。

　　　　　　　　　　　　　　　　　　　　　　　　　　　　（　　）

第五章 统计过程控制

统计过程控制（Statistical Process Control，简称 SPC），是为了贯彻预防为主的原则，应用统计技术过程中的各个阶段进行评估和监控，从而满足产品和满足服务要求的均匀性（质量的一致性）。统计过程控制是过程控制的一部分，从内容上来说有两个方面：一是利用控制图分析过程的稳定性，对过程存在的异常因素进行预警；二是通过计算过程能力指数分析稳定的过程能力满足技术要求的程度，并对过程质量进行评价。

质量管理的一项主要工作是通过收集数据、整理数据，找出波动的规律，把正常波动控制在最低限度，消除系统性原因造成的异常波动。把实际测得的质量特征与相关标准进行比较，并对出现的差异与异常现象采取相应措施进行纠正，从而使工序处于控制状态，这一过程就叫做过程质量控制。

第一节 统计过程控制的基本原理

一、质量波动理论

在生产制造过程中，无论把环境和条件控制得多么严格，任何一个过程所生产出来的两件产品都是绝对不可能完全相同的。也就是说，任何一个过程所生产出来的产品，其质量特征值总是存在一定的差异，这种客观差异称为产品质量波动性。

（一）质量因素的分类

影响质量的因素称为质量因素。质量因素可以根据不同的方法分类。

1. 按不同来源分类

按照质量因素的来源不同，可分为：Man（人员）、Machine（设备）、Material（原材料）、Method（方法）、Environments（环境），简称 4M1E。有的还把 Measurement（测量）加上，简称 5M1E。

2. 按影响大小和性质分类

（1）偶然因素

偶然因素又称为随机因素，是指引起质量波动的不可避免的原因，偶然因素对质量变异的影响很难根除。首先，偶然因素影响微小，仅对产品质量产生的影响微小。其次，偶然因素始终存在，即只要一生产，这些因素就始终在起作用。再次，偶然因素对质量特性的影响逐件不同，这是由于偶然因素是随机变化的，因此每件产品受到偶然因素的影响是不同的。最后，偶然因素难以除去，其难度包括在技术上有困难或在经济上不允许。偶然因素的例子很多，比如，原材料的微小差异，操作的微小差异，等等。

（2）异常因素

异常因素又称为系统因素或必然因素，也就是由于生产系统出现异常而从而引起质量变异。与偶然因素相对应，异常因素也有四个特点。首先是影响较大，系统因素发生作用时会引起产品质量特性产生较大的变化，甚至有不合格品的产生。其次是不可预期性，就是说，它是由某种原因所产生的，不是在生产过程中始终存在的。再次，系统因素会使得一系列产品受到同一方向的影响，如质量指标受到的影响都是变大或变小。最后，系统因素并不难排除，这是因为这类因素在技术上不难识别和消除，而在经济上也往往是允许的。系统因素的例子也很多，比如，刀具的严重磨损，违反规定的错误操作，等等。

（二）质量波动性的分类

1. 偶然波动

偶然因素引起产品质量的偶然波动，又称随机波动。一个只表现出偶然波动的过程所产生的值一般都处于中心值得两侧（见表5-1中的A），这样的过程称为处于统计控制状态的过程。偶然波动是由许多原因引起的，而每一个原因只能起很小的作用。由于排除一个单一的原因只会对最终结果起到很小的影响，因此从经济角度考虑，减少偶然波动是非常困难的。

2. 异常波动

异常因素引起产品质量的偶然波动，又称系统波动。异常波动能引起系统性的失效或缺陷。异常波动可能会引起一种趋势（见表5-1中的B），如持续地沿着一个方向或另一个方向变化，这是由于某种因素逐渐加深对过程的影响，像磨损和撕裂，或者是温度的变化等。另一种异常波动的例子是水平的突变（见表5-1中的C），这种类型的变化可能是由于操作人员的变化、使用了新的材料、改变了设备调试等因素导致。异常波动一般由单一的不明原因造成的，而这个原因能引起明显的后果。因此，及时确定异常波动，检验并采取措施消除异常波动的后果是非常重要的。这种措施从经济角度考虑是值得的。

表 5-1　　　　　　　　　　　　　　　波动的形式

实际意义	波动的形式
A. 制造过程处于统计控制状态，引起波动的只有偶然因素	
B. 制造过程具有某种趋势，引起波动的既有偶然因素也有异常因素	

表5-1（续）

实际意义	波动的形式
C. 制造过程的水平发生突变，引起波动的既有偶然因素也有异常因素	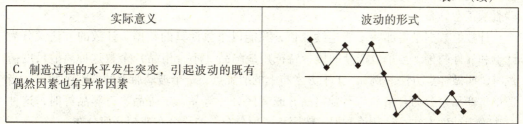

3. 偶然波动与异常波动的比较分析

当一个过程只有偶然波动时会产生最好的结果。在有异常波动发生的情况下，想要减少过程的波动，第一步就是要消除异常波动。偶然波动与异常波动的比较见表 5-2。

表 5-2　　　　　　　　　　　　　　　偶然波动与异常波动

偶然波动	异常波动
含有许多独立的原因 任何一个原因都只能引起很小的波动 偶然波动不能经济地从过程中消除 当只有偶然波动时，过程以最好的方式在运行	含有一个或少数几个独立的原因 任何一个原因都会引起大的波动 异常波动通常能够经济地从过程中消除如果有异常波动存在，过程的允许状态不是最佳的

随着科技的进步，有些偶然因素的影响可以设法减少，基本可以消除。但从偶然因素的整体来看是不可能完全消除的，因此，偶然因素引起产品质量的偶然波动也是不可避免的。必须承认这一客观事实，产品质量的偶然波动影响是微小的，同时又是不可避免的。一般情况下，不必特别处理。

异常因素则不然，它对于产品质量影响巨大，可造成产品质量过大的异常波动，以致产品质量不合格，同时它也不难消除。因此，在生产过程中异常因素是注意的对象。只要发现产品质量有异常波动，就应尽快找出，采取措施加以消除，并纳入标准，保证不再出现。

在实际生产中，产品质量的偶然波动于异常波动总是交织在一起的，加以区分并非易事。经验与理论分析表明，当生产过程中只存在偶然波动时，产品质量将形成典型分布，如果除了偶然波动还有异常波动，产品质量的分布必将偏离原来的典型分析。因此，根据典型分布是否偏离就能判断异常波动是否发生，而典型分布的偏离可由控制图看出，控制图上的控制界限就是区分偶然波动与异常波动的科学界限。控制图就是区分这两类产品质量波动，即区分偶然因素与异常因素这两类质量因素的重要科学方法。

二、几个常用的随机变量

在科学研究和生产实践中，经常遇到各种各样的数据，按照性质和使用目的的不同，可以分为计量值数据（或称连续型数据）和计数值数据（或称离散型数据），针对不同的数据类型采取不同的随机变量表达。

计量值数据是指可以连续取值的数据，又称连续型数据。一般是用量具、仪器进行测量取得，其特点是可以在某一范围内连续取值。在质量管理中会遇到大量的计量值数据，如长度、体积、重量、温度、强度等质量特性的数据，都是计量值数据，大多服从正态分布。

计数值数据是指那些不能连续取值，只能以个数计算的数据。计数的方法又分为计点和计件两种。当单位产品的质量特征用缺陷品（不合格品）个数这种离散尺度衡量时，叫做计点方法。例如，1 平方米布上的瑕疵点；一个玻璃瓶上的气泡个数等。当把单位产品划分为合格品与不合格品，或者区分一等品、二等品、三等品等时，这种方法称为计件方法。计数值数据一般服从二项分布、泊松分布或超几何分布。

（一）计量值数据

正态分布是应用最为广泛的一种连续型概率分布，在计量值型质量特征值的控制和检验中经常被用来描述（或近似描述）质量变化的规律。

1. 正态分布随机变量的定义和性质

设连续型随机变量 x 的概率密度为

$$f(x) = \frac{1}{\sqrt{2\pi}\,\sigma} e^{-\frac{(x-u)^2}{2\sigma^2}} \quad -\infty < x < \infty$$

其中 u>0 为常数，σ>0 为常数，则称 x 服从参数为 u 和 σ 的正态分布，记为 X~N (u，σ^2)。

正态分布随机变量 x 的分布函数为

$$F(x) = \frac{1}{\sqrt{2\pi}\,\sigma} \int_{-\infty}^{x} e^{-\frac{(t-u)^2}{2\sigma^2}} dt$$

值得注意的是，若参数 u=0，σ=1，即 x~N (0，1)，则称 x 为标准正态分布随机变量。

正态分布随机变量 x 的数学期望和方差分别为

Ex=u，Dx=σ^2

实际上，参数 u 作为总体平均值，参数 σ 作为总体标准差，不同的 u、不同的 σ 对应不同的正态分布。正态曲线呈钟形，左右对称，曲线与横轴间的面积总和为 1，如图 5-1 所示。

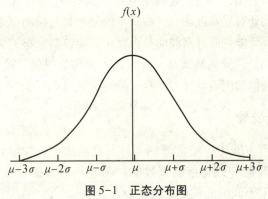

图 5-1 正态分布图

服从正态分布的变量的频数分布完全由 u 和 σ 决定，其特征是：

（1）μ 是正态分布的位置参数，描述正态分布的集中趋势位置。正态分布以 $X = \mu$ 为对称轴，左右完全对称。正态分布的均数、中位数、众数相同，均等于 μ。

（2）σ 用于描述正态分布资料数据分布的离散程度。σ 越大，数据分布越分散，σ 越小，数据分布越集中。σ 也称为是正态分布的形状参数，σ 越大，曲线越扁平，反之，σ 越小，曲线越瘦高。

（3）正态曲线下面的几个代表性的面积说明：全体变量中大约 68.26% 的变量落在 $u \pm \sigma$ 的范围之内；95.46% 的变量落在 $u \pm 2\sigma$ 的范围之内；99.73% 的变量落在 $u \pm 3\sigma$ 范围之内。但是，必须注意，在同样的两个已知范围内，在样本范围内所占的百分比与总体范围内所占的百分比可能不一致。

2. 正态分布的概率分布

习惯上，常将标准正态分布的密度函数记为

$$\varphi(x) = \frac{1}{\sqrt{2\pi}} e^{-\frac{x^2}{2}},\ \Phi(x) = \frac{1}{\sqrt{2\pi}} \int_{-\infty}^{x} e^{-\frac{t^2}{2}} dt$$

标准正态分布的密度函数值和分布函数表有表可查。

对于一般的正态分布，可先将其转化为标准正态分布，然后求相应的概率值。转换依据如下：

设 $X \sim N(u,\ \sigma^2)$，则 $Y = \dfrac{X - u}{\sigma} \sim N(0,\ 1)$

因此，一般正态分布的概率计算公式为：

$$p(x_1 < X \leq x_2) = \Phi(\frac{x_2 - u}{\sigma}) - \Phi(\frac{x_1 - u}{\sigma})$$

$$p(X \leq x) = \Phi(\frac{x - u}{\sigma})$$

$$p(X > x) = 1 - \Phi(\frac{x - u}{\sigma})$$

【例 5-1】公共汽车车门的高度是按男子与车门顶头碰头机会在 0.01 以下来设计的。设男子身高 $X \sim N(170,\ 6^2)$，问车门高度应如何确定？

解：设车门高度为 h 厘米，按设计要求

$P(X < h) \geq 0.99$

下面我们来求满足上式的最小的 h：

因为

$X \sim N(170,\ 6^2)$，$\dfrac{X - 170}{6} \sim N(0,\ 1)$

故

$P(X < h) = \Phi(\dfrac{h - 179}{6}) \geq 0.99$，查表得 $\Phi(2.33) = 0.9901 > 0.99$

所以

$\dfrac{h - 170}{6} = 2.33$

即

$h = 170 + 13.98 \approx 184$

所以设计车门高度为 184 厘米时，可使男子与车门碰头的机会不超过 0.01。

(二) 计数值数据

1. 二项分布

设无限总体不合格率为 p（合格品率 q=1-p）。对其做随机抽样，样本容量为 n。样本中不合格品数 x 为一离散型随机变量，服从二项分布，其恰为 d 的概率为：

$P(x = d) = C_n^d p^d (1 - p)^{n-d}$，其中，d=0，1，2，…… n。

二项分布随机变量 X 的数学期望和方差分别为：

Ex = np

Dx = np (1-p)

二项分布随机变量源于 n 重伯努利（Bernouli）试验或某总体的 n 次还原抽样，适用于计件值型质量特征值的控制与检验问题。

【例 5-2】某射手有 5 发子弹，射击一次命中的概率为 0.9，如果命中了就停止射击，否则一直射击到子弹用完，求耗用子弹数 X 的分布列。

解：X 的所有取值为 1，2，3，4，5。

$P(X = 1) = 0.9$

$P(X = 2) = 0.1 \times 0.9$

$P(X = 3) = 0.1^2 \times 0.9$

$P(X = 4) = 0.1^3 \times 0.9$

"X=5" 表示前四次都没有射中，所以 $P(X = 5) = 0.1^4$，故所求分布列为：

X	1	2	3	4	5
P	0.9	0.1×0.9	0.1²×0.9	0.1³×0.9	0.1⁴

2. 泊松分布

泊松分布是应用最广泛的随机分布之一，常用来描绘稀有事件计数资料的统计规律性。例如，在一定时间内（或一定空间中），各种稀有事件（如事故、灾害、疾病等）要求服务的顾客数、纺纱机上的断头数、产品表面的缺陷数、大地震后的余震数等。泊松分布随机变量在计点值型质量特征值的控制和检验中有重要应用。

设离散型随机变量 X 服从泊松分布，则其取值 k 的概率为：

$$P(X = k) = \frac{\lambda^k e^{-\lambda}}{k!} \quad k=0，1，2，……$$

其中，λ=np，n 为样本容量，p 为不合格率（或缺陷率等）。容易知道，λ=np 实际上是样本中不合格品的平均数（或缺陷等的平均数）。

泊松分布随机变量 X 的数学期望和方差分别为：

EX = λ

DX = λ

理论上泊松分布有可数无限个可能值，但随着 k 值得增大，P（X＝k）迅速变小，有实际意义的是为数有限的较小的几个 k 值。

【例5-3】某塑料薄膜每 10 平方米平均有 5 个瑕疵点。现抽查了 0.7 平方米这种塑料薄膜，试求下列事件的概率：A＝{无瑕疵点}，B＝{恰好有一个瑕疵点}，C＝{最多有一个瑕疵点}。

解：因为该种塑料薄膜每 10 平方米平均有 5 个瑕疵点，故在 0.7 平方米该种塑料薄膜上平均应有 $5 \times \frac{7}{100} = 0.35$ 个瑕疵点。也就是说，0.7 平方米该种塑料薄膜上的瑕疵点数 X 服从参数 $\lambda = 0.35$ 的泊松分布，即

$$P(X = k) = \frac{0.35^k e^{-0.35}}{k!} \quad k = 0, 1, 2, \ldots\ldots$$

所以，所求事件的概率依次为：

$P(A) = P(X = 0) = e^{-0.35} = 0.7047$

$P(B) = P(X = 1) = 0.35 e^{-0.35} = 0.2466$

$P(C) = P(X \le 1) = P(X = 0) + P(X = 1) = 0.9513$

3. 超几何分布

设有限总体由 N 个产品组成，其中有 D 个不合格品。对该总体作不放回随机抽样，样本容量为 n。样本中不合格品数为一离散型随机变量，服从超几何分布，其恰为 d 的概率为：

$$P(X = d) = \frac{C_D^d C_{N-D}^{n-d}}{C_N^n}$$

容易知道，d＝0, 1, 2.…., min（n, D）。数学期望和方差分别为：

EX＝np

$$DX = npq\left(\frac{N - n}{N - 1}\right)$$

其中，$p = \frac{D}{N}$ 为总体不合格品率；$q = 1 - p = \frac{N - D}{N}$ 为总体合格品率。

【例5-4】某批产品共 40 件，其中不合格品有 12 件，现从中任取 9 件，以 X 表示其中不合格品的件数，求 X 的概率分布。

解：9 件样品中不合格品的件数为超几何分布随机变量。

$$P(X = d) = \frac{C_{12}^d C_{28}^{9-d}}{C_{40}^9} \quad (d = 0, 1, 2, \ldots., 9)$$

由于该批产品总体不合格率：

$$p = \frac{12}{40} = 0.3$$

总体合格率：

q＝1－p＝0.7

因此抽取的 9 件样品中合格品的件数平均值（即数学期望）：

$EX = 9 \times 0.3 = 2.7$

方差为：

$$DX = 9 \times 0.3 \times 0.7 \times \frac{40 - 9}{40 - 1} = 1.50$$

标准差为：

$$\sigma = \sqrt{DX} = 1.23。$$

三、小概率事件原理

用控制图识别生产过程的状态，主要是根据样本数据形成的样本点在控制界限中的位置以及变化趋势进行分析和判断，判断工序处于受控状态还是失控状态。

实践证明，加工工序属于稳定状态，大多数计量数据都服从或近似服从正态分布，所以控制界限的原理为正态分布的小概率事件发生的可能。

第二节　质量控制图

一、控制图的概述

（一）控制图的概念和作用

质量控制图是 1928 年由沃特·休哈特（Walter Shewhart）博士率先提出。他指出：每一个方法都存在着变异，都受到时间和空间的影响，即使在理想的条件下获得的一组分析结果，也会存在一定的随机误差。

质量控制图是分析和判断质量过程处于正常波动状态还是异常波动状态的一种有效工具，可用于生产现场的质量统计过程控制，以便质量在生产过程中出现异常波动时及时做出报警。

（二）控制图的原理

1. 3σ 原则

质量控制图可以对工序状态进行分析、预测、判断、监控和改进，实现以预防为主的过程质量管理。控制图的基本模式如图 5-2 所示。工序质量特性值 x 通常为计量值数据，服从正态分布，即 $X \sim N(\mu, \sigma^2)$，根据正态分布的原理可知，按时间顺序抽样的观测数据点散布在控制界限内的概率约为 99.73%，在控制界限外的概率约为 0.27%。若为受控状态，则 μ 和 σ 不随时间变化或者基本不随时间变化，且工序能力充足。对正态分布有：

$$P[(\mu - 3\sigma) < X < (\mu + 3\sigma)] = 0.997\ 3$$

因此，一般根据 3σ 原则确定控制图的控制界限。

设中心线 CL，控制上限为 UCL，控制下限 LCL，则有：

CL = μ

UCL = $\mu + 3\sigma$

LCL = $\mu - 3\sigma$

在生产过程中，一旦发现观测数据点越出控制界线或在控制界限内的散步相互不随机独立，不符合 $X \sim N(\mu, \sigma^2)$ 的统计规律，就应当怀疑生产过程已受到系统性因素干扰，可能已处于失控状态。

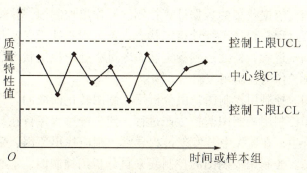

图 5-2　控制图的基本模式

2. 两类错误

利用控制图对生产过程质量状态进行统计推断也可能犯错误。

第一类错误，又称为弃真。若以 3σ 原则确定控制界限，当生产过程处于受控状态，工序能力充足，质量特性值或其统计量服从正态分布时，将有 99.73% 的质量特性值落在控制界限之内，而质量特性值落在控制界限外的概率虽然只有 0.27%，但由于样本的随机性，0.27% 的小概率事件也有可能发生。当这种小概率事件发生时，将会导致"生产过程失控"的错误判断，这种因为虚发信号而造成的错误判断称为第一类错误。第一类错误的概率记做 α，在 3σ 控制图中，α 为 0.27%。

第二类错误又称为取伪，与第一类错误相反，当系统性质量因素影响生产过程而工序质量失控时，由于样本的随机性，仍会有一定比例的质量特性值落在控制界限之内，当这种情况发生时，会产生"生产过程正常"的错误判断。第二类错误的概率记做 β，那么 $1-\beta$ 称为控制图的检出力，应该用正态分布规律来进行计算。

控制图的两类错误都将造成生产过程的混乱和经济损失。改变控制界限能够改变两类错误的概率，但由图 5-3 可观察出，α 和 β 两者是此消彼长的，改变控制界限无法令两者同时减少，不能完全避免两类错误。

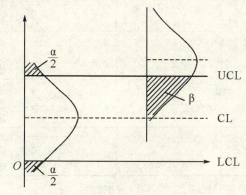

图 5-3　控制图的两类错误

（三）控制图的分类

1. 控制图按不同用途分类

根据不同用途，控制图分成两类，即分析用控制图与控制用控制图。

分析用控制图。依据收集的数据计算控制线、作出控制图，并将数据在控制图上打点，以分析生产过程是否处于统计稳定状态；若过程不处于稳定状态，则须找出原因，采取措施，调整过程，使之达到稳定状态。过程处于稳定状态后，才可将分析用控制图的控制线延长作为控制用控制图。

控制用控制图。控制用控制图是由分析用控制图转化而成的。当判断过程处于统计稳定状态后，用控制用控制图监控生产过程，使生产过程保持在统计稳定状态，预防不合格产品的产生；在监控中若发现过程异常，则应找出原因，采取措施，使过程恢复到原来的状态。控制用控制图的控制线来自分析用控制图，不必随时计算。但当影响过程质量波动的因素发生变化或质量水平已有明显提高时，应及时用分析用控制图计算出新的控制线。

2. 控制图按质量特性值的性质分类

控制图按质量特性值或其统计量的观测数据的性质划分为计量值控制图和计数值控制图。

表5-3是两类共五种常用控制图的介绍。

表5-3 控制图的种类及主要用途

种类	名称	表示符号	控制界限		主要用途
			中心线	控制界限	
计量值控制图	平均值-极差控制图	$\bar{X}-R$	$\bar{X}$ $\bar{R}$	$\bar{X}\pm A_2\bar{R}$ D_4R，D_3R	适用于长度、重量、强度等计量值数据控制
	中位数-极差控制图	$\tilde{X}-R$	$\tilde{\bar{X}}$ $\bar{R}$	$\tilde{X}\pm m_3A_2\bar{R}$	适用范围同上，是现场工人常用的图，但检出能力不如$\bar{x}-R$
	单值-移动极差控制图	$X-R_S$	$\bar{X}$ $\bar{R}_S$	$\bar{X}\pm 2.66\bar{R}_S$ $3.27\bar{R}_S$，0	适用于检验时间远比加工时间短的场合，如车床加工轴等
计数值控制图	不合格品数控制图	np	$\bar{d}=\bar{n}p$	$\bar{d}\pm 3\sqrt{d(1-\bar{p})}$	适用于一般半成品或零部件，要求每次检测的样本大小n要相等
	不合格品率控制图	p	$\bar{p}$	$\bar{p}\pm 3\sqrt{p(1-\bar{p})}$	适用于关键零部件需全数检查的场合，样本大小n可以不等
	缺陷数控制图	C	$\bar{C}$	$\bar{C}\pm 3\sqrt{d(1-\bar{p})}$	适用于控制一般缺陷数的场合，要求每次检测的样本大小n要相等
	单位缺陷数控制图	μ	$\bar{\mu}$	$\bar{\mu}\pm 3\sqrt{\dfrac{p(1-\bar{p})}{\bar{n}}}$	用来控制每单位缺陷数需全数检验的场合，样本大小n可以不相等

注：表中A_2、m_3、D_3、D_4均为控制图系数，可从表5-4中选择。

表 5-4　　　　　　　　　　　　　　控制图参数表

n	A_2	m_3	D_3	D_4	E	d_2	d_3
2	1.88	1	–	0.026 7	2.66	1.128 4	0.853
3	1.023	1.16	–	2.575	1.772	1.692 6	0.888
4	0.729	1.092	–	2.282	1.457	2.058 8	0.88
5	0.577	1.198	–	2.115	1.29	2.325 9	0.864
6	0.483	1.135	–	2.004	1.184	2.534 4	0.848
7	0.41	1.214	0.076	1.924	1.109	2.704 4	0.883
8	0.373	1.16	0.136	1.364	1.054	2.847 2	0.82
9	0.337	1.224	0.784	1.816	1.01	2.970 1	0.808
10	0.308	1.176	0.223	1.777	0.975	3.007 5	0.797

二、控制图的设计

（一）控制图的设计可以分为五个步骤

（1）收集数据。在工序能力充足的情况下，连续采集工序近期数据。一般按采集的时间顺序将数据分为若干组，每组样本容量相同，数据总数不少于100。

（2）确定控制界限。根据表5-3中的算法，计算控制界限，控制界限参数可查表5-4。

（3）绘制控制图。在实际应用中，常为使用控制图的工位预先设计好标准的控制图表格，以便于现场统计填写和绘制控制图。

（4）修正控制界限。在实际采集数据构造样本时，生产过程的受控状态可能会有所变化，个别数据的测试和记录也可能会有差错。因此，需要找出异常点，分析原因。如确系某种系统性原因造成的，则将其剔除。然后根据剩下的那些样本统计量观察值，重新计算控制界限，绘制控制图。

（5）控制图的使用和改进。对于修正后的控制图，在实际使用中应当继续改进，以更好地保证和提高质量控制的能力和水平。

（二）三种常用的计量值控制图

1. 平均值-极差控制图（$\bar{X} - R$ 控制图）

$\bar{X} - R$ 控制图，对于计量数据而言，是最常见、最基本、应用最广泛的控制图。其中 $\bar{X}$ 控制图主要用于观察分布均值随时间的变化，R 控制图用于观察分布的分散情况随时间的变化。另外，$\bar{X}$ 控制图不仅对 μ 的变化具有检定能力，而且对 σ 的变化也具有检定能力；但 R 图对 μ 的变化没有检定能力。同时，应用 $\bar{X}$ 控制图比单独使用 $\bar{X}$ 控制图或 R 图检出过程质量偏移的能力大。

【例5-5】某工厂生产一种零件，零件长度尺寸要求（49.50 ±0.10）毫米，每隔一小时，从生产过程中抽取 5 个零件，测量其长度，共收集 25 个样本，数据如表 5-5 所示。为对该过程实施连续监控，试设计平均值-极差控制图。

表 5-5　　　　　　　　　　　　　　零件长度表

样本号	x_1	x_2	x_3	x_4	x_5	平均值	中位数	极差
1	49.47	49.46	49.52	49.51	49.47	49.486	49.47	0.06
2	49.48	49.53	49.55	49.49	49.53	49.516	49.53	0.07
3	49.5	49.53	49.47	49.52	49.48	49.5	49.5	0.06
4	49.47	49.53	49.5	49.51	49.47	49.496	49.5	0.06
5	49.47	49.55	49.45	49.53	49.56	49.512	49.53	0.11
6	49.45	49.49	49.49	49.53	49.57	49.506	49.49	0.12
7	49.5	49.45	49.49	49.53	49.55	49.504	49.5	0.1
8	49.5	49.5	49.53	49.51	49.47	49.502	49.5	0.06
9	49.5	49.45	49.51	49.57	49.5	49.506	49.5	0.12
10	49.5	49.48	49.57	49.55	49.53	49.526	49.53	0.09
11	49.47	49.44	49.54	49.55	49.5	49.5	49.5	0.11
12	49.49	49.5	49.5	49.52	49.55	49.512	49.5	0.06
13	49.46	49.48	49.53	49.5	49.5	49.494	49.5	0.07
14	49.53	49.57	49.55	49.51	49.47	49.526	49.53	0.1
15	49.45	49.47	49.49	49.52	49.54	49.494	49.49	0.09
16	49.48	49.53	49.5	49.51	49.5	49.504	49.5	0.05
17	49.5	49.48	49.52	49.55	49.5	49.51	49.5	0.07
18	49.5	49.51	49.47	49.53	49.52	49.506	49.51	0.06
19	49.5	49.49	49.52	49.5	49.54	49.51	49.5	0.05
20	49.5	49.52	49.53	49.45	49.51	49.502	49.51	0.08
21	49.52	49.47	49.57	49.5	49.52	49.516	49.52	0.1
22	49.5	49.52	49.49	49.53	49.47	49.502	49.5	0.06
23	49.5	49.47	49.48	49.56	49.5	49.502	49.5	0.09
24	49.48	49.5	49.49	49.53	49.5	49.5	49.5	0.05
25	49.5	49.55	49.57	49.54	49.46	49.524	49.54	0.11
平均						49.506 2	49.506	0.08

解：

各组的均值 $\bar{x}_i$ 与总均值 $\bar{\bar{x}}$。

$$\bar{x}_i = \frac{x_1 + x_2 + \cdots + x_n}{n},$$

其中 n 为每组样本量，本例中 $n = 5$

第一组：

$$\bar{x}_1 = \frac{49.47 + 49.46 + 49.52 + 49.51 + 49.47}{5} = 49.486$$

同理，可计算出其他 24 组均值并填入表 5-5 中。

总均值

$$\bar{x} = \frac{\sum_{i=1}^{k} \bar{x}_i}{k} = \frac{\sum_{i=1}^{25} \bar{x}_i}{25} = 49.5062$$

计算各组极差 R_i 与平均极差 $\bar{R}_i$。

$$R_i = x_{\max} - x_{\min}$$

其中，$x_{\max}$ 为组内最大值，$x_{\min}$ 为组内最小值。

第一组：

$$R_1 = 49.52 - 49.46 = 0.06,$$

同理，可计算出其他 24 组极差并填入表 5-5 中。

平均极差：

$$\bar{R}_i = \frac{\sum_{i=1}^{k} R_i}{k} = \frac{\sum_{i=1}^{25} R_i}{25} = 0.08$$

计算控制图的上下控制限与中心线。

由样本量 $n = 5$，查控制图系数表得 $A_2 = 0.577$，故 $\bar{x}$ 控制图的上下控制限与中心线为：

$$CL_{\bar{x}} = \bar{x} = 49.5044$$

$$UCL_{\bar{x}} = \bar{x} + A_2\bar{R} = 49.5062 + 0.577 \times 0.08 = 49.5505$$

$$LCL_{\bar{x}} = \bar{x} - A_2\bar{R} = 49.5044 - 0.577 \times 0.08 = 49.4620$$

由样本量 $n = 5$，查控制系数表得：$D_3 = 0$，$D_4 = 2.115$，故 R 控制图的上下控制限与中心线为：

$$CL_R = \bar{R} = 0.08$$

$$UCL_R = D_4\bar{R} = 2.115 \times 0.08 = 0.1692$$

$$LCL_R = D_3\bar{R} = 0$$

绘制均值控制图与极差控制图（图 5-4）。

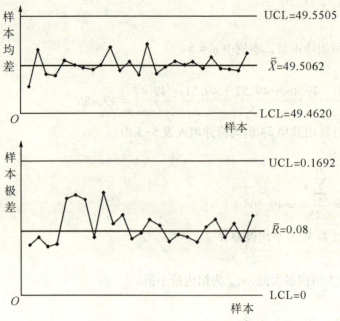

图 5-4 零件长度 $\bar{x} - R$ 控制图

根据控制图的判断准则（后面会有介绍）对 R 控制图和 $\bar{X}$ 控制图分进行分析，可知生产过程处于统计受控状态，因此，将控制图的上下限于中心线向右延长即可用于对生产过程进行连续监控。

2. 中位数–极差控制图（$\tilde{X} - R$ 控制图）

$\tilde{X} - R$ 控制图与 $\bar{X} - R$ 控制图相似，只是用 $\tilde{X}$ 图代替了 $\bar{X}$ 图。由于中位数的计算比均值简单，所以多用于现场需要把测定数据直接打在控制图上的场合。

【例 5-6】利用表 5-5 的数据设计 $\tilde{X} - R$ 控制图。

（1）计算中位数均值。

$$\tilde{\bar{x}} = \frac{\sum_{i=1}^{k} \tilde{x}_i}{k} = \frac{\sum_{i=2}^{25} \tilde{x}_i}{25} 49.506$$

（2）计算控制图的上下控制限和中心线。

由样本量 $n = 5$，查控制图系数表得：参数 $m_3 = 1.198$，A_2、D_3、D_4 同例 5-1，所以：

$$CL_R = \tilde{\bar{x}} = 49.506$$

$$UCL_R = \tilde{\bar{x}} + m_3 A_2 \bar{R} = 49.506 + 1.198 \times 0.577 \times 0.08 = 49.561\,2$$

$$LCL_R = \tilde{\bar{x}} - m_3 A_2 \bar{R} = 49.506 - 1.198 \times 0.577 \times 0.08 = 49.450\,7$$

R 图同例 5-1，从略。

（3）绘制控制图（略）。

（4）控制图分析。

与例 5-1 比较，$\tilde{x}$ 图中上下控制限的间距略大于 $\bar{x}$ 图中上下控制限间距，表明了 $\tilde{x}$ 图的检出力比 $\bar{x}$ 图稍逊，但使用方便是其优点。

3. 单值-移动极差控制图

$X-R_S$ 控制图中，R_S 为移动极差，当样本量为 1 时，可用相邻的两个样本数据之差的绝对值（称为移动极差）来代替极差 R。

$X-R_S$ 控制图多用于下列场合：从过程中只能获得一个测定值；过程比较稳定、产品的一致性较好，不需要测多个值；因费用、时间、产品批量小等限制只能得到一个测定值，而又希望尽快发现并消除异常原因的场合。

$X-R_S$ 控制图的优点是直接将测量值打在图上，判断迅速；缺点是获取的信息少，判断过程变化的灵敏度差，不能直接发现离散的变化。

【例 5-7】某仓库为了实现对生产线原料的准时供给，记录了每次的配送时间，如表 5-6，试设计控制图。

表 5-6 　　　　　　　　　　　　　　　配送时间 　　　　　　　　　　　单位：分

序号	时间	移动极差	序号	时间	移动极差
1	10.5		14	9.7	0.1
2	9.8	0.7	15	9.8	0.1
3	9.6	0.2	16	10	0.2
4	11.4	1.8	17	9.8	0.2
5	9.7	1.7	18	9	0.8
6	9.7	1.7	18	9	0.8
7	11.4	1.7	20	8.9	0.7
8	11.8	0.4	21	9.1	0.2
9	10	1.8	22	10	0.9
10	10.2	0.2	23	11.9	1.9
11	11	0.8	24	10	1.9
12	9.7	1.3	25	10.1	0.1
13	9.8	0.1	合计	263.2	18.4

由于是对每次配送时间进行分析，故采用单值-移动极差控制图。

解：

计算移动极差 R_{si} 及其均值 $\bar{R}_s$ 和配送时间均值，填入表中。

$R_{s2}=\left|x_1-x_2\right|=\left|10.5-9.8\right|=0.7$；其余 23 组同样计算。

$$\bar{R}_s=\frac{R_{S2}+R_{S3}+\cdots+R_{S25}}{25-1}=0.767$$

$$\bar{x} = \frac{x_1 + x_2 + \cdots + x_{25}}{25} = 10.1$$

计算控制图上下控制限和中心线。

单值控制图上下控制限及中心线为：

$$CL_x = \bar{x} = 10.1$$

$$UCL_x = \bar{x} + 2.66\bar{R}_S = 10.1 + 2.66 \times 0.767 = 12.140$$

$$LCL_x = \bar{x} - 2.66\bar{R}_S = 10.1 - 2.66 \times 0.767 = 8.060$$

移动极差控制图上下控制限和中心线为：

$$CL_{R_S} = \bar{R}_S = 0.767$$

$$UCL_{R_S} = D_4\bar{R}_S = 3.267 \times 0.767 = 2.505$$

$$LCL_{R_S} = 0$$

绘制控制图（见图 5-5）。

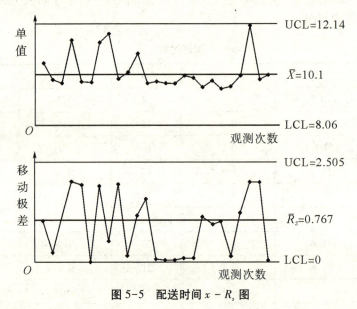

图 5-5　配送时间 $x - R_s$ 图

从单值控制图中可以看到，超过 9 个连续的点出现在中心线同一侧，根据控制图是否处于受控状态的判断原则，可以说明质量过程存在异常因素，而由于是配送过程，这种异常可能是一种向好的变化，应该注意识别，结合配送实际对异常原因进行分析。

（三）两种常用的计数值控制图

1. 不合格品数和不合格品率控制图（np 图与 p 图）

有些产品的质量特性仅能用合格与不合格、通过与不通过来表示，是以"件"为单位来统计不合格数量的。这些数据也是随机变量，但不服从正态分布而是服从二项分布。

根据产品的不合格率与不合格数，可以构造类似 X 图的控制图，这种基于二项分布构造的不合格品数控制图与不合格品率控制图，称为 np 图与 p 图。np 图仅在分批样本量相等的情况下使用；p 图可以用于分批样本量不等的场合。

【例 5-8】生产过程产品检测数据如表 5-7 所示，试设计 np 控制图及 p 控制图。

表 5-7 工序产品检测数据

批次	检验数	不合格数	批次	检验数	不合格数
1	220	17	14	220	14
2	220	18	15	220	20
3	220	18	16	220	21
4	220	21	17	220	17
5	220	18	18	220	15
6	220	13	19	220	18
7	220	17	20	220	19
8	220	19	21	220	22
9	220	11	22	220	17
10	220	14	23	220	9
11	220	16	24	220	15
12	220	12	25	220	18
13	220	10	合计	5 500	409

解：计算平均批不合格数 $\bar{d}$ ，平均批容量 $\bar{n}$ ，平均不合格率 $\bar{p}$ 。

$$\bar{d} = \frac{\sum\limits_{i=1}^{k} d_i}{k} = 16.36$$

$$\bar{n} = \frac{\sum\limits_{i=1}^{k} n_i}{k} = 220$$

$$\bar{p} = \frac{\bar{n}}{\bar{n}} = \frac{16.36}{220} = 0.074\ 36$$

进一步计算得：

$$3\sqrt{\bar{p}(1-\bar{p})} = 0.053\ 06$$

$$3\sqrt{\bar{n}\bar{p}(1-\bar{p})} = 11.674\ 1$$

计算控制图上下控制限和中心线。

对于 p 控制图：

$$CL_p = \bar{p} = 0.743\ 6$$

$$UCL_p = \bar{p} + 3\sqrt{\frac{\bar{p}(1-\bar{p})}{}} = 0.743\ 6 + 0.053\ 06 = 0.127\ 4$$

$$LCL_p = \bar{p} - \sqrt{\frac{\bar{p}(1 - \bar{p})}{}} = 0.743\ 6 - 0.530\ 6 = 0.021\ 3$$

对于 np 控制图：$CL_{np} = \bar{d} = \overline{np} = 16.36$

$$UCL_{np} = \bar{d} + 3\sqrt{\bar{d}(1 - \bar{p})} = 16.36 + 11.674\ 1 = 28.03$$

$$LCL_{np} = \bar{d} - 3\sqrt{\bar{d}(1 - \bar{p})} = 16.36 - 11.674\ 1 = 4.69$$

绘制控制图（np 控制图见图 5-6，p 控制图从略）。

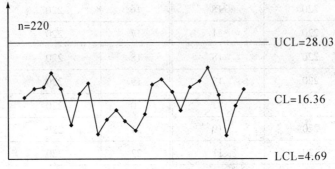

图 5-6　例 5-8 np 控制图

注意，在 np 图和 p 图中，如果控制下限为负数，则取零。对于不合格数控制图的使用来说，要求各批容量相同，如果稍有差异仍可使用，但是如果各批容量差异较大，则需要改用不合格率控制图或设计控制限跟随容量变化的阶梯型不合格数控制图。

2. 缺陷数和单位缺陷数控制图

有些产品是以产品上的缺陷、瑕疵（不合格点）的数量来表示，对缺陷数的控制就形成记点控制图。记点控制图可分为缺陷数控制图（C 图）和单位缺陷数控制图（μ 图）。

【例 5-9】对某产品的同一部位 50 平方厘米进行检验，共检验 25 个产品，25 个产品该部位缺陷见表 5-8，试作 C 控制图和 μ 控制图。

表 5-8　　　　　　　　　　　　缺陷数检验数据　　　　　　　　单位：平方厘米

样本号	样本量	缺陷数	样本号	样本量	缺陷数
1	50	7	14	50	3
2	50	6	15	50	2
3	50	6	16	50	7
4	50	3	17	50	5
5	50	22	18	50	7
6	50	8	19	50	2
7	50	6	20	50	8
8	50	1	21	50	0

表5-8(续)

样本号	样本量	缺陷数	样本号	样本量	缺陷数
9	50	0	22	50	4
10	50	5	23	50	14
11	50	14	24	50	4
12	50	3	25	50	3
13	50	1	合计		141

解：计算平均样本容量 $\bar{n}$、平均缺陷数 $\bar{C}$ 和平均单位缺陷数 $\bar{\mu}$。

$$\bar{n} = \frac{\sum\limits_{i=1}^{k} n_i}{k} = 50$$

$$\bar{C} = \frac{\sum\limits_{i=1}^{k} C_i}{k} = \frac{141}{25} = 5.64$$

$$\bar{\mu} = \frac{\bar{C}}{\bar{n}} = \frac{5.64}{50} = 0.112\,8$$

计算控制图上下控制限和中心线。

对于 C 控制图：

$$CL_c = \bar{C} = 5.64$$

$$UCL_c = \bar{C} + 3\sqrt{\bar{C}} = 5.64 + 3\sqrt{5.64} = 12.76$$

$$LCL_c = \bar{C} - 3\sqrt{\bar{C}} = 5.64 - 3\sqrt{5.64} = -1.48$$

因为缺陷数不能为负数或小数，所以对 C 控制图做如下调整：

$$CL = 5.64, \quad UCL = 13, \quad LCL = 0$$

对于 μ 控制图：$CL_\mu = \bar{\mu} = 0.112\,8$

$$UCL_\mu = \bar{\mu} + 3\sqrt{\frac{\bar{\mu}}{\bar{n}}} = 0.112\,8 + 3\sqrt{\frac{0.112\,8}{50}} = 0.255\,3$$

$$LCL_\mu = \bar{\mu} - 3\sqrt{\frac{\bar{\mu}}{\bar{n}}} = 0.112\,8 - 3\sqrt{\frac{0.112\,8}{50}} = -0.029\,7$$

由于单位缺陷数不能为负值，所以对 μ 控制图作如下调整：

$$CL = 0.112\,8, \quad UCL = 0.255\,3, \quad LCL = 0$$

绘制控制图（C 控制图见图5-7，μ 控制图从略）。

从 C 控制图中可见，有三个样本点落在了控制界限范围外，此时需要查明是何种原因造成这种现象，如果确定是由系统性原因造成的，则应该将这三个样本点剔除，然后重新设计控制图。

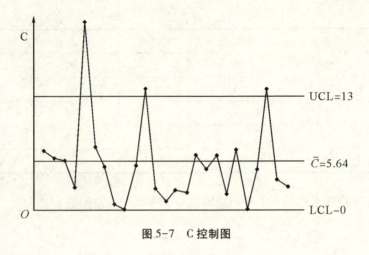

图 5-7　C 控制图

三、控制图的分析与判断

用控制图监视和识别生产过程的质量状态，就是根据样本数据形成的样本点的位置及变化趋势对生产过程的质量进行分析和判断。控制图是在生产过程中，对工序质量进行预防为主、面向生产现场的重要监控工具。

（一）质量过程受控状态的判断

生产过程受控状态的典型表现是同时符合样本点全部处在控制界限内和在控制界限内排列无异常两个条件。原则上，如果不符合上述任何一个条件，就表示生产过程已处于失控状态。

1. 质量波动在控制图上的正常情况

（1）所有的样本点都在控制界限内。

（2）样本点位于中心线两侧的数目大致相同。

（3）离中心线越近样本点越多。在中心线上、下各一个 σ。

（4）样本点散布是独立随机的。

2. 受控状态下小概率出现样本点超出控制界限的情况

（1）连续 25 样本点在控制界线内。

（2）连续 35 样本点中只有 1 个超出界限。

（3）连续 100 样本点中至多 2 个超出界限。

（4）以上情况均属于质量过程处于受控状态。

（二）质量过程失控状态的判断

失控状态下控制图的典型特点是样本点超出控制限，或样本点虽然在控制界限内，但排列不随机，呈现一定的倾向性。出现以下情况则可判断质量过程处于失控状态。

1. 样本点超出控制界限的情况（图 5-8）

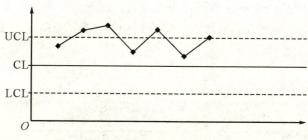

图 5-8 样本点超出控制界限

2. 样本点在界限内散布呈非随机独立现象的情况

（1）多点连续出现在中心线一侧。

将连续出现的样本点用折线相连构成链，链的长度表示在链上样本点的个数。在中心线一侧出现 5 个点链时应注意质量过程发展，出现 6 个点链时应开始做原因调查，出现 7 个点链时就可判断生产过程已经失控，如图 5-9 所示。此外，当出现至少有 10 个样本点位于中心线同一侧的 11 点链，至少有 12 个样本点位于中心线同侧的 14 点链，至少有 14 个样本点位于中心线同侧的 17 点链，以及至少有 16 个样本点位于中心线同侧的 20 点链等情况时，也可判断生产过程已经失控。

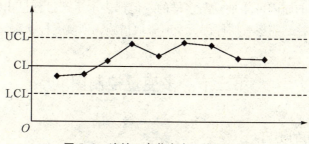

图 5-9 连续 7 点落在中心线同一侧

（2）出现连续 8 点上升或下降的链（图 5-10）。

此准则是针对过程平均值的倾向设计的，在判定过程平均值的较小倾向上要比连续多点落在中心线同一侧更加灵敏。

对于递减的下降倾向，后面的点一定要低于或等面前的点，否则倾向中断，需要重新计算，递增的倾向同样如此。

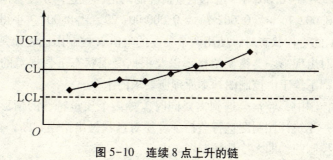

图 5-10 连续 8 点上升的链

（3）多点接近控制界线。

上下控制界限内侧一个 σ 的范围称为警戒区。如 3 点链中至少有 2 点落在警戒区内，7 点链中至少有 3 点落在警戒区内，10 点链中至少有 4 点落在警戒区内，则可判断生产过程失控，如图 5-11 所示。

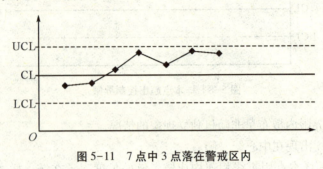

图 5-11　7 点中 3 点落在警戒区内

（4）样本点散布出现下列四种趋势或规律：

①出现周期性变化。

②水平突变。

③水平渐变。

④离散度变大。

上述现象产生的原因可能是复杂多样的，但都表示生产过程已出现系统性因素的干扰，质量过程失控，需要查明原因，及时采取措施，恢复受控状态。

第三节　多变量控制图

一、多变量控制图的提出

在实际生产中，由于通过独立监测两个参数 X_1、X_2 的变化情况来判断过程的受控状态将违背控制图的基本原理。

对单变量控制图，当过程处于受控状态时，X_1 和 X_2 超出其 3σ 控制限的概率，即出现第一类错误的概率都是 0.002 7。但是，若它们都处于受控状态，而且，X_1 和 X_2 同时处于受控状态的概率是（0.997 3）×（0.997 3）= 0.994 607 29，这时出现第一类错误的概率为 1−0.994 6＝0.005 4，是单变量情况的两倍，且这两个变量同时超出控制限的联合概率是（0.002 7）×（0.002 7）= 0.000 007 29，比 0.002 7 小得多，因此，在同时监测 X_1 和 X_2 的受控状态时，使用两个独立的均值 X 控制图已经偏离了常规控制图的基本原理，这时出现第一类错误的概率以及根据受控状态下数据点的状态得到正确分析结论的概率都不等于由控制图基本原理所要求的水平。

在统计过程控制中，经常会遇到需要同时监控多个质量特性的情形，如果对每个质量特性分别用一元统计控制图进行监控，容易对过程做出错误判断，在这种情况下，就需要采用多元控制图，即多变量控制图。

随着变量的个数的增多，这种偏离将会更加严重。一般来说，假设一个工序有 p 个统计独立的参量，如果每一个 x 控制图犯第一类错误的概率都等于 α，则对于联合控制过程来说，第一类错误实际的概率是：

$$\alpha = 1 - (1 - \alpha)^p \tag{5-1}$$

当过程处于受控状态时，所有 p 个参量都同时处于控制限以内的概率为：

$$p\{所有 p 个参数处于控制线以内\} = (1 - \alpha)^p \tag{5-2}$$

显然，即使对于变量个数 p 不是很大的情况，在联合控制过程中的这种偏离也可能是严重的。特别是如果 p 个变量不是相互独立的，在元器件生产中，这种是常见的情况，式（5-1）和式（5-2）就不成立了，也就没有很简单的方法测量这种偏离。

二、多变量控制图的概念

多元质量控制图是实施多元质量控制的重要工具，它是对多个质量特性同时加以管理和控制的一种统计质量管理方法，是一元质量控制图的延伸和推广，在解决问题的思想和处理问题的方法上，带有自身的特点和明显的超越性。多元质量控制图的发展得益于哈罗德·霍特林（1947）的探索性研究工作，提出基于 T^2 统计量的多元控制图，适用于协方差矩阵 Σ 未知的情形，彭姆·嘎尔和彭伊·拉嘎森（1968）提出了基于 χ^2 统计量的二维控制图，适用于协方差矩阵 Σ 已知的情形。

三、多变量控制的基本假设

假设某一生产过程中需要实施统计过程监控的质量特性共有 p 个（p ≥ 2），由这些质量特征共同组成的随机向量，且服从均值向量 $X = (x_1, x_2, x_3, x_4. \cdots\cdots x_p)^T$ 服从均值向量为 u、协方差矩阵 Σ 的 p 维正态分布 $N_p(u, \Sigma)$，只有均值向量 u 和协方差矩阵 Σ 同时保持稳定，才能认为该过程处于统计受控状态。如果其中一个或几个变量的均值、方差以及变量之间的相关关系发生明显的变化，则均值向量 u 和协方差矩阵 Σ 就会产生波动，相应的多元控制图上就会出现失控信号，显示生产过程统计失控。

为了描述方便．假设上述过程的所以样品（具有 p 个质量特征）来自某个特定的 p 维正态分布主体，现从中随机抽取 K 个样本（每个样本称为一个子组），每个样本由 n 个独立的样本组成，则第 i 个样本的第 j 个样品的观测向量为 $X_{ij} = (x_{ij1}, x_{ij2}, x_{ij3}\cdots\cdots x_{ijp})$。如下用 $\overline{X}(k)$ 表示第 i 个样本的 n 个样品的均值向量；用 $\overline{\overline{X}}(k)$ 表示样本的均值向量的均值，简记为 $\overline{\overline{X}}$；用 S_i 表示第 i 个样本的 n 个样本的协方差矩阵；用 $\overline{S}(k)$ 表示 k 个样本的协方差矩阵的均值，简记为 $\overline{S}$。显然有

$$\overline{X}_i = \left(\frac{1}{n}\sum_{j=1}^{n} x_{ij1}, \ \frac{1}{n}\sum_{j=1}^{n} x_{ij2}, \cdots\cdots, \ \frac{1}{n}\sum_{j=1}^{n} x_{ijp}\right)^T$$

$$\overline{X} = \left(\frac{1}{k}\sum_{i=1}^{k} \overline{x}_{i1}, \ \frac{1}{k}\sum_{i=1}^{k} \overline{x}_{i2}, \cdots\cdots, \ \frac{1}{k}\sum_{i=1}^{k} \overline{x}_{ip}\right)^T$$

$$S_i = \frac{1}{n-1}\sum_{j=1}^{n} (x_{ij} - \overline{X}_i)(x_{ij} - \overline{X}_i)^T$$

且

$$\bar{S} = \frac{1}{k} \sum_{i=1}^{k} S_i$$

四、多元均值控制图

多元均值控制图是多元统计过程控制中使用最为广泛的统计控制图，包括总体协方差矩阵 Σ 已知时的多元 χ^2 控制图和总体协方差矩阵 Σ 未知时的多元 T^2 控制图。

1. 多元 χ^2 控制图

当总体的协方差矩阵已知（记为 Σ_0）时，一般采用 χ^2 控制图对均值向量进行监控。这时，使用每个样本均值 $\bar{X_i}(1 \leqslant j \leqslant k)$ 与目标值 μ_0 的 n 倍马氏距离 $\chi_i^2 = n(\bar{X_i} - \mu_0)^T \sum_0^{-1}(\bar{X_i} - \mu_0)$ 作为样本统计量（χ^2 统计量），也即各个样本在控制图上的打点值。可以证明，当实际的分布中心 $\mu = \mu_0$ 时，该统计量服从自由度为 p 的 χ^2 分布，由其建立的控制图称为 χ^2 控制图。给定置信度 $1 - \alpha$，多元 χ^2 控制图的控制上限为

$$UCL = \chi_{1-\alpha}^2(p)$$

针对每个样本，计算相应的样本统计量 $\chi_i^2(1 \leqslant i \leqslant k)$，如果至少存在某个样本（如第 j 个样本）使得 $\chi_j > UCL(1 \leqslant j \leqslant k)$ 成立，则可以认为该生产过程失控，否则认为过程受控。

2. 多元 T^2 控制图

当总体的协方差矩阵 Σ 未知时，需要利用有限的样本信息对 Σ 进行估计。定义 T_i^2 统计量为 $T_i^2 = n(\bar{X_i} - \mu_0)^T S_i^{-1}(\bar{X_i} - \mu_0)$，当实际分布中心为 μ_0 时，统计量 $\frac{n-p}{p(n-1)}T_i^2$ 服从第一自由度为 p、第二自由度为 n-p 的 F 分布。

如果分布中心 μ 也是未知的且每个样本的协方差矩阵 $S_i(1 \leqslant i \leqslant k)$ 存在波动，则用各个样本均值向量 $\bar{X_i}$ 的均值 $\bar{X}$ 代替总体均值 μ，用各个样本的协方差矩阵 S_i 的均值 $\bar{S}$ 代替协方差矩阵 Σ，并定义 $T_i^2 = n(\bar{X_i} - \bar{X})^T \bar{S}^{-1}(\bar{X_i} - \bar{X})$ 作为第 i 个样本的打点值。给定置信度 $1 - \alpha$，多元 T^2 控制图的控制上限为

$$UCL = \frac{p(n-1)}{n-p}F_{1-\alpha}(p, n-p)$$

针对每个样本，计算相应的样本统计量 $T_i^2(1 \leqslant i \leqslant k)$，如果至少存在某个样本（如第 j 个样本）使得 $T_j^2 > UCL(1 \leqslant j \leqslant k)$ 成立，则可以认为该生产过程失控，否则认为过程受控。

多元 T^2 控制图的优点是能够较为全面地考察各个变量之间的相关性，并在变量相关的条件下给出置信度 $1 - \alpha$；缺点是控制图显示异常后，无法直接知道是哪个或哪些变量引起的异常。

第四节　研究前沿

质量和安全是生产过程的命脉，也是倍受企业和专家学者关注的重要研究课题。近 20 年来，统计过程控制取得了长足的发展和进步，随着传感器、计算机和自动化技术的发展，大量的过程数据被采集和保存下来。如何从数据中提取有用信息来保证产品的质量和过程的安全是近年来统计过程控制的研究热点，研究方向从早期的针对单变量的质量控制扩大到针对多变量的过程性能监控，研究对象从离散制造业扩展到连续过程和间歇过程。统计过程控制的研究和应用领域已涉及石油化工、钢铁制造、采矿、机械加工、电子元件、注塑、制药、食品加工、环境以及金融等领域。然而，统计过程控制还面临着一些问题亟待解决，这些问题可能引导统计过程控制近期的发展方向。

非线性过程的研究。实际过程均具有非线性特征，对于非线性较弱的过程，应用线性算法即可实现监控。然而，随着过程复杂性的增加，系统的非线性特征更加明显，如混合过程、网络控制系统等，应用线性算法不仅增加模型阶次，还会造成错误的决策。目前非线性算法较少，且大部分非线性算法是在线性算法基础上进行的改进，因此非线性算法的研究非常必要。

故障预报的研究。目前故障检测方法是在故障达到一定程度以后进行报警。对于缓慢变化的故障，在超出控制限之前，过程的变化趋势是明显的，因此可以根据变化趋势预报故障的发生。故障预报能够在故障处于萌芽状态时进行报警，大大改善监控性能。然而，统计过程控制在故障预报方面的研究还很少。

故障诊断的研究。仅仅检测到故障是不够的，故障诊断是消除故障的关键。相对于故障检测算法，故障诊断算法仅有贡献图法、费舍尔判别等方法。对于并发故障的研究也比较少。判断故障源需要较多的过程知识和经验，因此基于知识的方法有可能成为统计过程控制的结合对象。此外，各种模式分类技术从类的角度出发，有利于故障的分类，也有可能在统计过程控制领域找到用武之地。

自适应算法的研究。许多生产过程并不是静态的。由于原料性质的改变、外界环境的变化、过程负荷的改变、设备的磨损等因素，导致工业过程的操作条件是有变动的，而传统的多变量统计方法假定在所考虑的时间尺度上，数据都是静态不变的。所以，有必要对传统的算法做进一步改进以克服系统的非静态特性。有学者提出通过更新数据的归一化参数的方法来适应均值和方差的变化。另外一种是采用递归的方法，这些基于递归的方法其基本原理是将新的测量数据以一定的权值包含到待处理的数据矩阵中，这些权值一般是指数减小。也就是说，随着过程的进行，历史数据对当前数据矩阵的影响是逐渐减少的。因此自适应算法的研究具有重要意义。

非参数方法。关于相对小的数据集中，最大化所需信息，已经提出了很多 SPC 方法。伴随着工业化的发展和现代技术的应用，对很多行业来说，获得大量数据已非难事，这也是运用 SPC 方法所必须的。在大量数据的环境下，非参数方法是一个发展方向。此外，当具有大量数据时，为防止探测出实际应用并不重要的小的不稳定性，应避免采用标准方法。

拓广统计过程控制的范围。为了更好地理解波动，应该扩大SPC的范围，包括各种各样的方法，而不仅仅是控制图。应该考虑多阶段的生产过程和测量过程，尽管在该方向有了一些研究成果，但还不够。在当前的制造环境中，往往在每个制造单位都要进行多次测量，这就需要提供能充分利用这些信息的方法。例如，在自动化制造过程中，可以很容易地从最终检验中发现的缺陷追溯到装配过程的早期阶段。

多数SPC方法集中在监控过程的均值（或均值向量），从过程改进的观点来看，监控过程的波动（方差）更重要。在监控过程波动方面已有不少研究成果，但仍有大量工作可做，特别是多变量问题。另外，在监控过程波动的早期研究结果中，很少强调减少波动的探测。

多元控制图中失控信号的诊断仍是一个难题，更多的工作也许需要可视化的示图方法。

现代工业正从属性数据的应用转移到计量数据的应用。涉及属性数据方面仍有一些亟待解决的问题，特别是当不合格率很低情况下的质量控制问题。

控制图设计和经济模型的发展趋势是结合统计约束。结合过程改进的经济模型的开发将是重要的发展方向。

应用程序的开发。如果没有适当的程序，就不可能利用许多新的方法。随着企业网络的建立，开发适合企业特点的SPC应用软件也是一个热点。

案例研究。这将为学术界和工业界提供相互结合、取长补短的机会，也将展示应用统计质量控制的成效。

吸收其他领域的研究成果，为SPC所用。如在统计过程控制引入神经网络技术、模糊数学，乃至经济学、财经学等学科的成果。

过程监控技术统计方法的研究，使得最有用的数学结果更加接近质量实践。

案例分析

为了实现企业"国内一流、国际先进"的要求，上海烟草集团责任有限公司从2000年开始引入统计过程控制（SPC）方法，并于2003年率先在上海卷烟厂开始实施卷烟制造流程西格玛水平测评和六西格玛管理改进。近五年来企业通过对SPC应用的深化与创新，结合先进的信息化技术，实现制造过程的自动数据分析、智能报警、提示调整等功能，形成对制造过程的智能化控制，并根据生产与管理的不同需求，建立了具有不同层级的立体化结构的生产过程管理模式。

上海卷烟厂通过不断的研究与实践，在整个生产流程中实施和推广SPC的应用。自2010年底开始，在制丝、卷包及成型等生产现场陆续安装了SPC控制系统，使生产各环节的过程能力获得稳定提高。

上海卷烟厂还通过自主研发，建立了一套完整的制造过程SPC控制系统，并将系统运用至卷烟制造过程的各个过程中。工作人员在中控室及现场都能方便使用SPC控制系统，实时、同步、清晰地掌握各个过程的实际情况，使整个生产过程透明化、清晰化。SPC 控制系统可以根据不同的制造过程，进行不同过程的控制图的切换，其中左侧部分为过程的关键质量特性的控制图，右侧为关键过程特性的控制图，如图 5-12 所示。实际制造过程中可以同时对这两组关键控制特性进行监控，而且出现异常时，能够及时判断质量特性的异常是由于何种过程特性的异常造成的，实现对制造过程的实时监控。

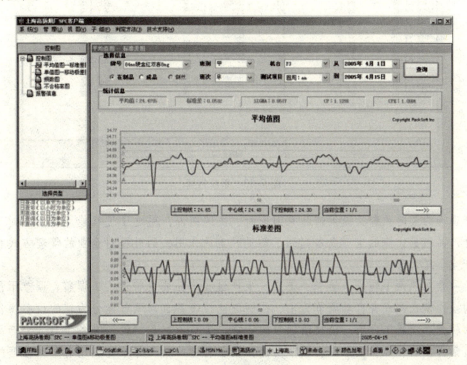

图 5-12　控制点控制图

当控制图上有异常出现时，系统自动进行判异，出现异常的点会在对应的控制图中使用红色进行标识。同时，进行自动的报警、自动提示与记录，如图 5-13 所示。

在异常提示与记录区域中，详细记录了异常发生时间、工段、关键控制参数点、异常类型及异常数据值等信息，例如，在 2011 年 8 月 18 日 8 时 13 分，切烘丝工段的热风温度出现异常，其发生了判异准则 2，即出现了连续 9 点中心线同一侧现场，其第一个异常点的值为 119.729。详细的数据记录为现场原因的分析提供了充足的参考和依据。系统还提供了方便的历史数据的查询功能，能反映出关键指标较长时间跨度上的变化情况，帮助发现长期趋势性的变化趋势。

SPC 系统提供的动态信息，不但能及时发现异常，触发异常报警，还可提供现场故障原因的辅助诊断。

通过 SPC 的运用，尤其是在各牌号卷烟生产过程中的推广，上海卷烟厂的整个生产水平获得了长足的提高和进步，各牌号均获得较高的过程能力，并能够保持过程具有良好的稳定性。

上海卷烟厂通过 SPC 方法的创新应用，实现了卷烟制造过程的智能化控制，通过

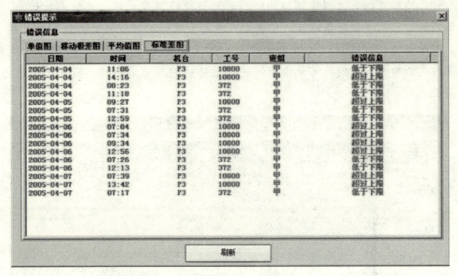

图 5-13 系统报警

生产现场的及时预警、提供辅助原因诊断、快速纠偏，促进了过程能力提升，对工厂提升产品质量、降低生产成本起到了举足轻重的作用，同时也对企业的管理方式和理念产生了深远影响。

一是实现两个转变。转变一是实现生产过程产品质量特性人工调整、调节干预为主的操作模式向设备自动调节为主、控制图监控设备自动调节能力为辅的设备操作模式的转变。随着工厂新一轮技改项目的实施，工厂所配备的设备具备了对部分产品关键质量特性的在线检测与自动调节功能，设备制造的精度与原先相比有了大幅度的提升。以往单纯依靠人工检测、调整的操作习惯与模式已经与之不相适应，因此实现这一转变对生产过程的稳定受控具有十分重要的现实意义。转变二是将原先以控制点为单位的过程质量数据监控、分析、应用模式，转变为以控制点、控制流程以及控制系统三层次复合联动的过程质量数据监控、分析、应用模式。此种转变就是将原先工厂相对孤立的质量数据分析模式通过多层次控制图的建立与应用，为管理层提供更为全面的、指导性更强的质量数据支持。因此此种转变将对工厂数据应用分析能力与管理水平的提升起到切实有效的推动作用。

二是应用效果上取得突破。早在 2000 年上海卷烟厂在对稳定生产过程、提升产品质量相关工作进行深入思考与审视的基础上，开始尝试将 SPC 统计技术运用于生产实践。在多年 SPC 统计工具的应用过程中，针对制丝、卷接工序中的部分关键指标、质量特性值，虽然都设计并使用相关控制图，但由于种种原因这些控制图仅仅停留于过程指标的趋势监控，并没有发挥 SPC 方法的控制作用，相应的应用效果也无法与过程评价取得紧密联系。近年来，通过 SPC 方法的深入应用，工厂将现场用控制图应用效果与相关质量特性过程能力以及制造过程西格玛水平的提升建立指标联动评价机制，从而使控制图实际应用的效果能从过程能力与西格玛水平指标上得到切实的反映与体现。

三是注重标准化转化。随着 SPC 方法创新应用的深入探索，企业更清晰地认识到 SPC 方法应用工作对于企业整体来说是一项系统工程。该工程既涉及控制图的定制、判异准则、异常处理方法的建立等方面工作，更涉及为配套 SPC 方法应用所带来的操作规程、维修模式以及数据分析应用评价等一系列方式、方法的调整与重建，因此与之配套的标准化工作的层层推进对控制图切实应用起到至关重要的作用。对 SPC 方法的实施过程中，需要注重成果的标准化转化工作，经过归纳与总结，建立了厂级的《卷烟制造过程 SPC 实施导则》与《卷烟制造过程 SPC 实施指南》，进一步规范了 SPC 在卷烟制造行业的实施方法，也为进一步深入推广运用奠定了基础。

资料来源：上海烟草集团有限公司. 统计过程控制（SPC）管理的应用实践——上海烟草集团有限责任公司案例［J］. 上海质量，2013，（1）：52-54.

本章习题

1. 简述质量控制的基本原理。
2. 控制图的控制界限是根据什么原理确定的？
3. 如何根据控制图判断质量过程的状态？
4. 质量控制图按特性值分为哪几种类型？每种类型适用于什么场合？
5. 某加工厂的设计某质量特征值为 35（质量单位），在生产过程中按时间顺序随机抽取 $n = 10$ 的 10 组样本，测得其质量数据如表 5-9 所示。试制作 $\bar{X} - S$ 控制图，并判断是否存在异常因素。

表 5-9　　　　　　　　　　质量数据表

样本	X_1	X_2	X_3	X_4	X_5	X_6	X_7	X_8	X_9	X_{10}
1	36.9	37.3	37.0	37.6	36.3	36.1	36.7	36.6	36.4	36.9
2	35.6	37.2	36.5	35.7	36.0	36.4	35.7	35.9	36.8	37.0
3	36.4	35.4	36.6	36.4	35.0	35.5	35.9	36.8	35.6	34.1
4	35.5	36.6	36.7	36.4	36.7	37.4	37.0	37.6	36.7	36.7
5	36.8	35.3	36.0	35.6	35.9	35.4	36.6	36.3	35.0	35.0
6	35.7	34.0	36.6	36.0	35.9	35.7	35.6	36.2	37.6	35.6
7	36.9	36.1	34.0	34.9	36.3	35.1	36.8	34.4	35.9	37.7
8	37.8	36.7	35.6	36.4	36.7	36.5	35.7	36.3	37.0	35.7
9	35.1	35.7	36.3	36.2	35.0	35.5	36.6	35.3	34.9	36.3
10	36.3	36.9	37.9	37.1	35.3	35.3	35.8	35.5	36.4	35.9

第六章 抽样检验

第一节 抽样检验的概念

一、抽样调查基本概念

抽样是按照规定的抽样方案和程序从一批产品或一个过程中抽取一部分单位产品组成样本，根据对样本的检验结果来判断产品批或过程是否合格的活动。在生产实践中，工序与工序、库房与车间、生产者与使用者之间进行产品交接时，要把产品划分为批。一个产品批都是由一定数量的单位产品构成的。抽样检验就是从产品批里抽取一部分产品进行检验，然后根据样本中不合格品数或质量特性的规定界限，来判断整批产品是否合格。经过抽样检验判为合格的产品批，不等于批中每个产品都合格；经过抽样检验判为不合格的产品批，不等于批中全部产品都不合格。

二、批质量判断过程

批质量是指检验批的质量。计数抽样检验批质量有批中不合格单位产品所占的比重，即批不合格品率，或者批中每百个单位产品平均包含的不合格品数以及批中每百个单位产品平均包含的不合格数。

（一）批不合格品率

批不合格品率 P 定义为批中不合格单位产品所占的比例，即

$$p = \frac{D}{N}$$

式中，N——批量；

D——批中的不合格数。

（二）批不合格品百分数

批不合格品百分数定义为批的不合格品数除以批量再乘以 100，即

$$100p = \frac{D}{N} \times 100\%$$

通常将不合格品百分数看做批不合格品率的百分数表示。

（三）过程平均

定时期或一定量产品范围内的过程水平的平均值，它是过程处于稳定状态下的质

量水平。在抽样检验中常将其解释为"一系列连续提交批的平均不合格品率"。"过程"是总体的概念，过程平均不能计算，但可以根据过去抽样检验的数据来估计过程平均。假设从 k 批产品中顺序抽取大小分别为 n_1，n_2，…，n_k 的 k 个样本，其中出现的不合格品数分别为 d_1，d_2，…，dk。如果 d_1/n_1，d_2/n_2，…，d_k/n_k 之间没有显著差异，则过程平均计算公式为

$$\bar{p} = \frac{d_1 + d_2 + \cdots + d_k}{n_1 + n_2 + \cdots + n_k} \times 100\%$$

式中，$\bar{p}$ ——样本的平均不合格率，它是过程平均不合格率的一个估计值。

第二节　抽样特性曲线

一、OC 曲线的概念

1. OC 曲线用途

OC 曲线反映了一种抽样方案的特性，由它可以判别抽样方案的优劣。

【例 6-1】某批产品 N = 20，各项数据见表 6-1。用抽样方案为（1 | 0）来验收，试作出该方案的 OC 曲线。

表 6-1　　　　　　　　　　　　　　　抽样方案举例

批中的不合格品数	不合格品率（%）	接收概率	批中的合格品数	不合格品率（%）	接收概率	批中的不合格品数	不合格品率（%）	接收概率
0	0	1.00	7	35	0.65	14	70	0.30
1	5	0.95	8	40	0.60	15	75	0.25
2	10	0.90	9	45	0.55	16	80	0.20
3	15	0.85	10	50	0.50	17	85	0.15
4	20	0.80	11	55	0.45	18	90	0.10
5	25	0.75	12	60	0.40	19	95	0.05
6	30	0.70	13	65	0.35	20	100	0

由上列数据可做出该方案的 OC 曲线，如图 6-1 所示。

该方案的 OC 曲线是直线，取一特殊点 p = 50%，此时的接收概率 L = 0.5，即接收与拒收的可能性相等，显然这样的方案在实践中是行不通的。

2. 理想的 OC 曲线

所谓理想的 OC 曲线应具有如下特征：当产品的不合格率小于规定值 P_0 时，以概率 1 接收；当产品的不合格品率大于规定值 P_0 时，以概率 1 拒收，即如图 6-2 所示。

但是可以用一简单例子说明理想 OC 曲线的不存在。例如一批产品 N = 1 000，p = 0.001 设抽样方案为（1 | 0），则我们无法找到接收概率等于 1 的点，即使改变方案为（2 | 0），（5 | 0）……，由此可见要实现上述理想的 OC 曲线是不可能的。

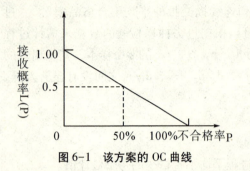

图 6-1　该方案的 OC 曲线

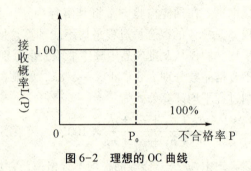

图 6-2　理想的 OC 曲线

既然理想的 OC 曲线不存在，在实践中是否可以设计抽样特性比较好的 OC 曲线呢？回答是肯定的，它可以通过设计适当的抽样特性函数 L（P）来实现优良的 OC 曲线，其应具有图 6-3 所示的形状特征。

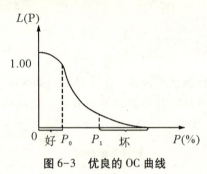

图 6-3　优良的 OC 曲线

二、抽样特性函数

抽样特性函数是作出 OC 曲线的依据：下面讨论不同情形下抽样特性函数的求法。

1. 总体为有限时

设一批产品批量为 N，抽样方案是（n | c），该批产品的不合格品率为 p，求抽样特性函数 L（p）。

因批量为 N，不合格率为 p，故批中不合格品总数应为 Np，记为 D = Np。从 N 个中抽取 n 个样本，其中正好包含 d 个不合格品的概率为：

$$P\{x=d\} = \frac{\binom{D}{d}\binom{N-D}{n-d}}{\binom{N}{n}}$$

当采用方案（n | c）抽样时，只要样本中的不合格品数不超过 c，则认为该批产品是合格的而被接收，即 d = o，1，2……c 都是允许的，由此我们可以列出该方案的抽样特性函数 L（p）：

$$L(p) = \frac{\binom{D}{d}\binom{N-D}{n}}{\binom{N}{n}} + \frac{\binom{D}{1}\binom{N-D}{n-1}}{\binom{N}{n}} + \cdots\cdots + \frac{\binom{D}{c}\binom{N-D}{n-c}}{\binom{N}{n}} = \sum_{d=0}^{c} \frac{\binom{D}{d}\binom{N-D}{n-d}}{\binom{N}{n}}$$

计算函数值时，可借助于超几何分布 H（N，n，p，d）或阶乘对数表，当 n/N ＜ 0.1 时，也可以用二项分布求近似值值。

2. 总体为无限时

当总体为无限时，从中抽取一个产品后，可以认为对总体没有多大的影响，这时 L（p）的计算如下：

设有一批产品（N→∞），其不合格品率为 p，如从产品中随机地抽取 n 个产品中恰好有 d 个不合格品的概率是

$$P\{x=d\} = \binom{n}{d} p^d q^{n-d} = \binom{n}{d} p^d (1-p)^{n-d}$$

设抽样方案为（n | c），它的抽样特性函数为：

$$L(P) = \binom{n}{0} p^0 q^n + \binom{n}{1} p^1 q^{n-1} + \cdots\cdots + \binom{n}{c} p^c q^{n-c} = \sum_{d=0}^{c} \binom{n}{d} p^d q^{n-d}$$

三、影响 OC 曲线的因素

批量大小 N、样本量 n 和合格判断数 c 对 OC 曲线的影响是不同的。

抽样方案不变，批量大小 N 不同对 OC 曲线的影响，如图 6-4 所示。

合格判断数不变，样本量 n 不同对 OC 曲线的影响，如图 6-5 所示。

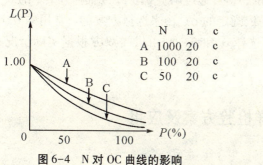

图 6-4 N 对 OC 曲线的影响

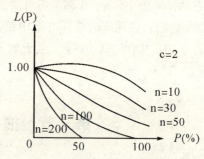

图 6-5 n 对 OC 曲线的影响

样本大小不变，合格判断数变化时对 OC 曲线的影响，如图 6-6 所示。

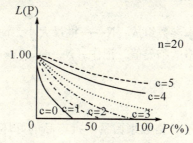

图 6-6 c 对 OC 曲线的影响

由以上三图可以看到，批量 N 对 OC 曲线的影响不大，而样本量 n 及合格判断数 c 是影响 OC 曲线的两个主要因素。

四、抽样检验的两种判断错误

从前面接收概率的计算中，如按某一抽样方案验收，产品批的不合格品率为 P，其接收概率为 $o<L(p)<1$（$p\neq100\%$或 0），如果我们确定 p_0 为合格质量水平（即当产品批的不合格品率 $p<p_0$，即认为是合格的），则其接收概率为 $L(p_0)$ 而非 100%，这时有 $1-L(p_0)$ 的错判率，记为 α。如果错判发生，生产者合格的产品将会被退回，所以 α 对生产者不利，故称其为 Producer's Risk，如图 6-7 所示。

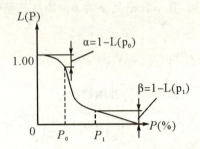

图 6-7　抽样检验的两种错误判断错误

如我们设定不合格品率 p_1 为不合格批的质量水平（当产品批的不合格率 $P<p_1$ 时，即认为是不合格的），很显然，一般情况下，$L(p_1)\neq0$，记之为 $\beta=L(p_1$，如果错判发生，顾客将接收不合格的产品），因此 β 对顾客不利，故称 Consumer's Risk。

在抽样检验中，α、β 都是不可避免的，但可通过调整 p_0、p_1 或抽样方案中的 n 与 c 来改变它们。在现成的抽样方案中都是依既定的 α、β 来选择方案的。常用的 α、β 数值有 0.01、0.05、0.10 等。至于如何选择 α 和 β，则由供需双方根据实际情况来商定。

第三节　抽样检验方案及应用

一、抽样检验方案

（一）抽样方案的组成

一个抽样方案由三个基本参数组成：N——批量大小，n——样本量，c——不合格产品数或产品质量特性不合格的临界值，记作（N，n，c）。

（二）抽样方案的分类

1. 按质量特性分类

计量型抽样方案——以不合格数来衡量一批产品的好坏，在抽样方案中，是以不合格产品数作为判别界限的，记作（n，c）。

计量型抽样方案——以产品的某一质量特征来衡量一批产品的好坏，在抽样方案中，是以质量特性的某一限值作为判别界限的，记作（n，$\bar{x}_L$ 或 $\bar{x}_U$ 或 $\bar{x}_L$ 和 $\bar{x}_U$）。

2. 按样本个数划分

按抽取样本的个数可分为：一次抽样、二次抽样、多次抽样和序贯抽样。

3. 按调整和非调整分类

调整型抽样方案——根据产品质量的变化，随时调整抽样方案，如美国 MIL-STD-105D、日本 JIS-9015 及我国 GB/T 2828.1 都属于调整型，他们规定如原来采用正常抽样方案，当产品质量变坏时，改用加严抽样方案，当产品质量比正常时有所提高时，可采用放宽抽样方案。

标准型抽样方案——此种方案的特点是对于某批产品可自由选取两种错判的概率 α 与 β，与调整型相比，要达到同样的质量要求，它需要抽取的产品较多，Dodge-Romig 方案属于标准型。

二、抽样检验方法应用

（一）计数抽样检查的程序

1. 基本术语

（1）单位产品

为实施抽样检查的需要而划分的基本单位称为单位产品。例如一个齿轮、一台电视机、一双鞋、一个发电机组等。它与采购、销售、生产和装运所规定的单位产品可以一致，也可以不一致。

（2）样本和样本单位

从检查批中抽取用于检查的单位产品称为样本单位。而样本单位的全体则称为样本。而样本大小则是指样本中所包含的样本单位数量。

（3）接收质量限（AQL）

当一个连续系列批被提交验收抽样时，可允许的最差过程平均质量水平为接收质量限，用符号 AQL 表示。

（4）检查和检查水平（IL）

用测量、试验或其他方法，把单位产品与技术要求对比的过程称为检查。检查有正常检查、加严检查和放宽检查等。

当过程平均接近 AQL 时所进行的检查，称为正常检查。

当过程平均显著劣于 AQL 时所进行的检查，称为加严检查。

当过程平均显著优于 AQL 时所进行的检查，称为放宽检查。

由放宽检查判为不合格的批，重新进行判断时所进行的检查称为特宽检查。

（5）抽样检查方案

样本大小或样本大小系列和判定数组结合在一起，称为抽样方案。而判定数组是指由合格判定数和不合格判定数或合格判定数系列和不合格判定数系列结合在一起。

抽样方案有一次、二次和五次抽样方案。一次抽样方案是指由样本大小 n 和判定数组（A_c，R_e）结合在一起组成的抽样方案。

A_c为合格判定数。判定批合格时，样本中所含不合格品（d）的最大数称为合格判定数，又称接收数（$d \leqslant A_c$）。

R_e为不合格判定数，是判定批不合格时，样本中所含不合格品（d）的最小数，又称拒收数（$d \geqslant R_e$）。

二次抽样方案是指由第一样本大小 n_1，第二样本大小 n_2 和判定数组（A_{c1}，A_{c2}，R_{e1}，R_{e2}）结合在一起组成的抽样方案。

五次抽样方案则是指由第一样本大小 n_1，第二样本大小 n_2，…第五样本大小 n5 和判定数组（A_1，A_2，A_3，A_4，A_5，R_1，R_2，R_3，R_4，R_5）结合在一起组成的抽样方案。

2. GB/T 2828.1 的应用范围

GB/T 2828.1 只适用于技术抽样的场合，主要用于连续批的逐批检查，但也可用于孤立批的检查，其抽样方案主要适用于下列检验/检查范围：

（1）最终产品；

（2）原材料和零部件；

（3）在制品和库存产品；

（4）外购或外协产品；

（5）维修操作；

（6）记录或数据；

（7）管理程序等。

凡有供需双方发生产品验收检验/检查场合，均可应用。

3. GB/T 2828.1 的应用程序

GB/T 2828.1 的应用程序如表6-2所示。

表 6-2　　　　　　　　　　计数抽样方法程序（GB/T 2828.1）

抽检程序	逐批检查计数抽检方案	
	适用于连续批	适用于孤独批
1	规定单位产品的技术要求	规定双方的风险质量
2	规定不合格的分类	规定抽样方案类型
3	规定接收质量限	选择抽样方案
4	规定检查水平	抽样取样本
5	组成与提出检查批	检查样本
6	规定检查的严格度	判断批质量
7	选择抽样方案类型	做出处理
8	检索抽样方案	
9	抽取样本	
10	检查样本	
11	判断逐批检查合格或不合格	
12	逐批检查后的处置	

4. 应用 GB/T 2828.1 的五个要素

应用 GB/T 2828.1 确定适当的抽样方案，必须事先确定好五个要素，即批量（N）、接收质量限（AQL）、检查水平（IL）、检查次数和严格度。

（1）批量（N）

GB/T 2828.1 根据实践经验和经济因素，规定批量分为 15 档。如 2~8 为第一档，9~15 为第二档，16~25 为第三档……一直到 ≥500 001 第 15 档为止（详见表 6-8）。

（2）接受质量限（AQL）

GB/T 2828.1 中把 AQL 从 0.010 至 1 000 按 R_5 优先数系分为 26 级，其公比大约为 1.5，详见 GB/T 2828.1 抽样方案表（图 6-8、图 6-9、图 6-10）。

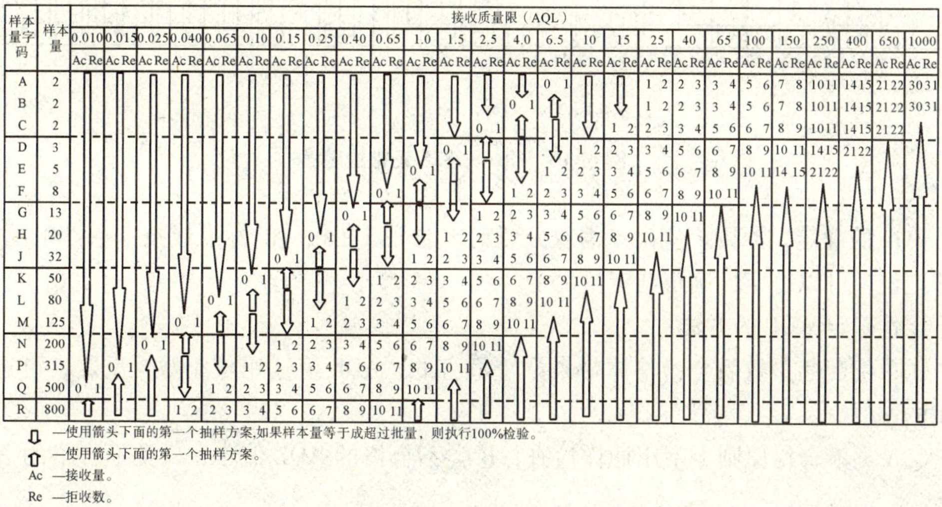

⇩ —使用箭头下面的第一个抽样方案,如果样本量等于或超过批量,则执行100%检验。
⇧ —使用箭头下面的第一个抽样方案。
Ac —接收量。
Re —拒收数。

图 6-8　GB/T 2828 放宽检验

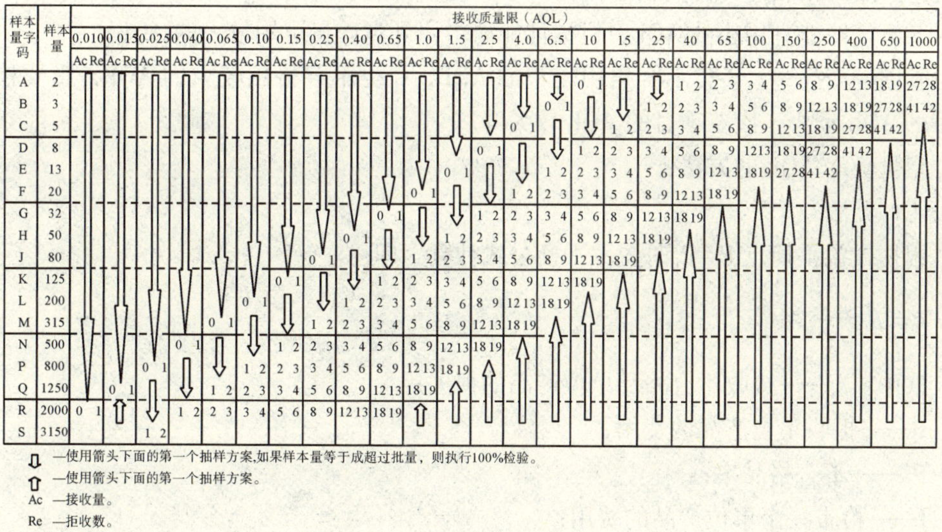

⇩ —使用箭头下面的第一个抽样方案,如果样本量等于或超过批量,则执行100%检验。
⇧ —使用箭头下面的第一个抽样方案。
Ac —接收量。
Re —拒收数。

图 6-9　GB/T 2828 加严检验

样本量字码	样本量	接收质量限（AQL）																									
		0.010	0.015	0.025	0.040	0.065	0.10	0.15	0.25	0.40	0.65	1.0	1.5	2.5	4.0	6.5	10	15	25	40	65	100	150	250	400	650	1000
		Ac Re	Ac Re	Ac Re	Ac Re	Ac Re	Ac Re	Ac Re	Ac Re	Ac Re	Ac Re	Ac Re	Ac Re	Ac Re	Ac Re	Ac Re	Ac Re	Ac Re	Ac Re	Ac Re	Ac Re	Ac Re	Ac Re	Ac Re	Ac Re	Ac Re	Ac Re
A	2	⇩	⇩	⇩	⇩	⇩	⇩	⇩	⇩	⇩	⇩	⇩	⇩	⇩	⇩	0 1	⇩	⇩	1 2	2 3	3 4	5 6	7 8	10 11	14 15	21 22	30 31
B	3	⇩	⇩	⇩	⇩	⇩	⇩	⇩	⇩	⇩	⇩	⇩	⇩	⇩	0 1	⇧	⇩	1 2	2 3	3 4	5 6	7 8	10 11	14 15	21 22	30 31	44 45
C	5	⇩	⇩	⇩	⇩	⇩	⇩	⇩	⇩	⇩	⇩	⇩	⇩	0 1	⇧	⇩	1 2	2 3	3 4	5 6	7 8	10 11	14 15	21 22	30 31	44 45	⇧
D	8	⇩	⇩	⇩	⇩	⇩	⇩	⇩	⇩	⇩	⇩	⇩	0 1	⇧	⇩	1 2	2 3	3 4	5 6	7 8	10 11	14 15	21 22	30 31	44 45	⇧	⇧
E	13	⇩	⇩	⇩	⇩	⇩	⇩	⇩	⇩	⇩	⇩	0 1	⇧	⇩	1 2	2 3	3 4	5 6	7 8	10 11	14 15	21 22	30 31	44 45	⇧	⇧	⇧
F	20	⇩	⇩	⇩	⇩	⇩	⇩	⇩	⇩	⇩	0 1	⇧	⇩	1 2	2 3	3 4	5 6	7 8	10 11	14 15	21 22	⇧	⇧	⇧	⇧	⇧	⇧
G	32	⇩	⇩	⇩	⇩	⇩	⇩	⇩	⇩	0 1	⇧	⇩	1 2	2 3	3 4	5 6	7 8	10 11	14 15	21 22	⇧	⇧	⇧	⇧	⇧	⇧	⇧
H	50	⇩	⇩	⇩	⇩	⇩	⇩	⇩	0 1	⇧	⇩	1 2	2 3	3 4	5 6	7 8	10 11	14 15	21 22	⇧	⇧	⇧	⇧	⇧	⇧	⇧	⇧
J	80	⇩	⇩	⇩	⇩	⇩	⇩	0 1	⇧	⇩	1 2	2 3	3 4	5 6	7 8	10 11	14 15	21 22	⇧	⇧	⇧	⇧	⇧	⇧	⇧	⇧	⇧
K	125	⇩	⇩	⇩	⇩	⇩	0 1	⇧	⇩	1 2	2 3	3 4	5 6	7 8	10 11	14 15	21 22	⇧	⇧	⇧	⇧	⇧	⇧	⇧	⇧	⇧	⇧
L	200	⇩	⇩	⇩	⇩	0 1	⇧	⇩	1 2	2 3	3 4	5 6	7 8	10 11	14 15	21 22	⇧	⇧	⇧	⇧	⇧	⇧	⇧	⇧	⇧	⇧	⇧
M	315	⇩	⇩	⇩	0 1	⇧	⇩	1 2	2 3	3 4	5 6	7 8	10 11	14 15	21 22	⇧	⇧	⇧	⇧	⇧	⇧	⇧	⇧	⇧	⇧	⇧	⇧
N	500	⇩	⇩	0 1	⇧	⇩	1 2	2 3	3 4	5 6	7 8	10 11	14 15	21 22	⇧	⇧	⇧	⇧	⇧	⇧	⇧	⇧	⇧	⇧	⇧	⇧	⇧
P	800	⇩	0 1	⇧	⇩	1 2	2 3	3 4	5 6	7 8	10 11	14 15	21 22	⇧	⇧	⇧	⇧	⇧	⇧	⇧	⇧	⇧	⇧	⇧	⇧	⇧	⇧
Q	1250	0 1	⇧	⇩	1 2	2 3	3 4	5 6	7 8	10 11	14 15	21 22	⇧	⇧	⇧	⇧	⇧	⇧	⇧	⇧	⇧	⇧	⇧	⇧	⇧	⇧	⇧
R	2000	⇧	⇧	1 2	2 3	3 4	5 6	7 8	10 11	14 15	21 22	⇧	⇧	⇧	⇧	⇧	⇧	⇧	⇧	⇧	⇧	⇧	⇧	⇧	⇧	⇧	⇧

⇩ —使用箭头下面的第一个抽样方案,如果样本量等于成超过批量，则执行100%检验。

⇧ —使用箭头下面的第一个抽样方案。

Ac —接收量。

Re —拒收数。

图 6-10　GB/T 2828 正常检验

AQL 的确定，原则上应由产需双方商定，也可以在相应的标准或技术条件中规定。具体地说，可以有定性确定与定量确定。

定性确定 AQL 的方法：

①单位产品失效后会给整体带来严重危害的，AQL 值选用较小数，反之，可选用较大的；

②A 类不合格原则上不用抽样检查，B 类不合格的 AQL 值小，C 类不合格的 AQL 值大；

③产品检查项目少时，宜选用较小的 AQL，检查项目多宜选用较大的 AQL；

④产品价格较高时，用较小的 AQL，反之，可用较大的 AQL；

⑤电气性能宜用小的 AQL，机械性能居中，外观质量可用较大的 AQL；

⑥同一产品中，B 类不合格用较小的 AQL，C 类不合格用较大的 AQL，重要检验项目的 AQL 较小，次要项目的 AQL 较大等。

定量确定 AQL 的方法：

①计算法

根据损益平衡点 $P=P_b$时盈亏平衡公式计算。即：

$$A=R=\frac{I}{P_b}+c$$

式中：A——接收不合格品单位产品的损失；

R——拒收单位产品的费用；

P_b——不合格品率；

I——检查一个单位产品的费用；

C——将一个不合格品代之以一件合格品的费用。

还可得出：

$$P_b = \frac{I}{A - c}$$

再根据计算出来的 P_b 求出相应的质量平衡点 KP_b，找出对应的 AQL，即：

$$KP_b = \frac{P_b}{AQL}$$

②统计平均法

通过统计过程平均不合格品率 $\overline{P}$，了解本单位的生产能力。如某单位某年的各月样本不合格品率统计见表 6-3。

表 6-3   各月样本不合格品率统计

月份	1	2	3	4	5	6	7	8	9	10	11	12
P_i（%）	0.79	0.83	0.85	0.85	0.92	0.93	0.81	0.82	0.78	0.90	0.97	0.94

表 6-3 中 11 月的 P 最大为 0.97，则取 AQL=1，即绝大多数可高概率通过。

③因素图解法

先将 AQL 值的确定因素分解成四个指标，每个指标又分成三种程度不同的情况加以区分。

发现可能忽略的缺陷的方法：

a. 简单、容易地发现；

b. 经过一般检查才能发现；

c. 经拆卸等较复杂的手段才能发现。

排除这些缺陷所需的成本或消耗：

a. 不花或极少花费成本与时间消耗；

b. 中等的成本和时间消耗；

c. 长时间、高成本、损失较大。

缺陷一旦产生后在本企业带来的后果：

a. 可以容忍；

b. 需返修，某些情况下需拆卸产品本身；

c. 要换件（即需报损某些零部件），影响交货期。

有缺陷的产品一旦销售出去以后带来的后果：

a. 用户不满；

b. 用户要求索赔；

c. 制造厂信誉损失。

当确定了上述四种指标中的某一情况以后，如图 6-11 中，按小图所示次序依次查找，即可查得合格质量水平 AQL 值。

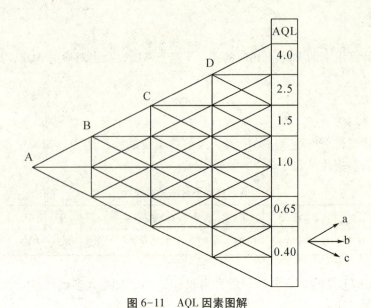

图 6-11 AQL 因素图解

④经验判定法

如按产品的使用要求，可参照表 6-4 中 AQL 值。

如按产品性能，可参照表 6-5 确定 AQL 值。

如按检验项目多少确定 AQL 可参照表 6-6。

表 6-4

使用要求	特高	高	中等	低
AQL	≤0.1	0.15~0.65	1.0~2.5	≥4.0
实例	导弹、卫星、飞船等	飞机、舰艇、主要工业品	一般车船、重要工业品	生活用品

表 6-5

性能	电气	机械	外观
AQL	0.4~0.65	1.0~1.5	2.5~4.0

表 6-6

检验项目数		1~2	3~4	5~7	8~11	12~19	20~48	>48
AQL	重要	0.25	0.40	0.60	1.0	1.5	2.5	4.0
	一般	0.05, 0.10	1.5	2.5	4.0	≥6.5		

（3）检查水平（IL）

所谓检查水平就是按抽样方案的判断能力而拟定的不同样本大小。显然样本大小 n 大些，其判断能力就大些。因此，如检验费用较低，就可把 n 选大些。

GB/T 2828.1 对检查水平分为一般检查水平和特殊检查水平两类。

一般检查水平用于没有特别要求的场合它又分为Ⅰ、Ⅱ、Ⅲ级，一般如无特殊说明，则先选取第Ⅱ级检查水平。

特殊检查水平用于希望样本大小 n 较少的场合。GB/T 2828.1 规定有 S—1、S—2、S—3、S—4 共四级，一般用于检查费用极高场合，如破坏性检查，寿命试验，产品的单价又较昂贵。其中 S—1、S—2 又适用于加工条件较好，交验批内质量较均匀的状况，而 S—3、S—4 则适用于交验批内质量均匀性较差的场合。

选择检查水平一般遵循下列一些原则：

①当没有特殊规定时，首先选用一般检查水平Ⅱ级；

②为了保证 AQL，使劣于 AQL 的产品批尽可能少地漏过去，宜用高的检查水平，以保护消费者利益；

③检查费用较低时，宜用高水平，使抽检样本多些，误判就少些；

④产品质量不够稳定，有较大波动时，宜用高的检查水平；

⑤检查是破坏性的或严重降低产品性能的，可采用低检查水平；

⑥产品质量较稳定时可用低水平。

总之，检查水平的选定涉及技术、经济等各方面因素，必须综合研究，才能合理选定。

（4）选定抽检样本次数

GB/T 2828.1 规定抽取样本的次数为三种，即一次、二次和五次。

一次抽检方案最简单，也很容易掌握，但它的样本 n 较大，所以其总的抽检量反而大一些。

二次和五次抽检方案较复杂些，需要有较高的管理水平才能很好实施，每次抽取的样本大小 n 较小，但每次抽取样本大小都相同，并且在产品质量很好或很差时，用不着抽满规定次数即可判定合格与否，所以，总的抽检量反而会小些。

当检查水平相同时，一次、二次与五次抽检方案的判断结果基本相同。

三种抽检方案的抽取样本大小是不同的，所以它们之间一般存在着下列关系：

$n_1 : n_2 : n_5 = 1 : 0.63 : 0.25$

$2n_2 = 1.26n_1$

$5n_3 = 1.25n_1$

（5）抽验方案的严格度

抽检方案的严格度是指采用抽检方案的宽严程度。GB/T 2828.1 规定了三种宽严程度，即正常检查、加严检查和放宽检查。

正常检查适用于当过程平均质量状况接近 AQL 时；

加严检查适用于当过程平均质量状况明显地比 AQL 劣时；

放宽检查适用于当过程平均质量状况明显地比 AQL 优时。

如无特殊规定，一般均先用正常检查。

从正常检查转到加严检查。连续 5 批或少于 5 批中有 2 批是不接收时，则从下一批检查转到加严检查。

从加严检查到正常检查。当进行加严检查后，如质量好转，连续五批均合格，则从下一批转到正常检查。

从正常检查到放宽检查。从正常检查转为放宽检查，要全部满足以下三个条件：

①当前的转移得分至少是 30 分。按 GB/T 2828.1 规定，在正常检验/检查开始时，应将转移得分定位 0，而在检验每个后继的批后更新转移得分，规则如表6-7 所示。

表 6-7   转移得分计算表

一次抽样方案	二次和多次抽样方案
接收数≥2 时，如 AQL 加严一级后该批被接收，则得 3 分，否则为 0 分	如该批在检验第一样本后被接收则得 3 分，否则为 0 分
接收数为 0 或 1 时，该批接收则得 2 分，否则为 0 分	使用多次抽样方案时，如该批在检验第一样本或第二样本后被接收得 3 分，否则为 0 分

②生产正常；质量稳定。

③主管质量部门同意转到放宽检查。

从放宽检查到正常检查。在进行放宽检查时，如出现下列任一情况，则从下批起又转为正常检查。

①一批不被接受；

②生产不稳定或延迟；

③认为恢复正常检验正当的其他情况。

如在初次加严检验的一系列连续批中未接收批的累计数达到 5 批，应及时停止检验，直到供方采取改进措施，并认为有效时，才能恢复加严检验。

5. GB/T 2828.1 的应用示例

【例6-1】已知提交检验的产品，每批批量 N=1 000，采用检查水平 II 和一次正常检查方案，检查主要性能指标 a、b、c 三个项目，现确定 a 参数 AQL=1.0，b 参数的 AQL=0.1，c 参数的 AQL=0.01，试用 GB/T 2828.1 进行抽样检查。

解：由 N=1 000，检查水平 II，查表6-8 样本大小字码表为 J。

表 6-8 样本大小字码表

批量范围	特殊检查水平				一般检查水平		
	S-1	S-2	S-3	S-4	I	II	III
2~8	A	A	A	A	A	A	B
9~15	A	A	A	A	A	B	C
16~25	A	A	B	B	B	C	D
26~50	A	B	B	C	C	D	E
51~90	B	B	C	C	C	E	F
91~150	B	B	C	D	D	F	G
151~280	B	C	D	E	E	G	H
281~500	B	C	D	E	F	H	J
501~1 200	C	C	E	F	G	J	K
1 201~3 200	C	D	E	G	H	K	L
3 201~10 000	C	D	F	G	J	L	M
10 001~35 000	C	D	F	H	K	M	N
35 001~150 000	D	E	G	J	L	N	P
150 001~500 000	D	E	G	J	M	P	Q
≥500 001	D	E	H	K	N	Q	R

根据 J，查 GB/T 2828.1 中正常一次抽样方案表，查知样本大小 n=80。当 a 参数 AQL=1.0，判定数组为 [2，3]。当 b 参数 AQL=0.1，判定数组为 [0，1]，但因查时为箭头向下（↓）才找到的 [0，1]，因此 n=125。当 c 参数的 AQL=0.01，同理判定数组为 [0，1]，n=125。

这样 a、b、c 三个参数所查 n 不等，要分别进行判断：

当 AQL=0.01，n_c=125，所以 n_c>N 则说明对 c 参数要全数检查，判定数组扔用 [0，1]，说明只要有一个不合格品则拒收。因此，应首先检验 c 参数。

若 AQL=0.01 检查 c 参数合格后，再从 N 中随机抽取 n_b=125 个样品进行 b 参数检查，判定数组也仍用 [0，1]。如 AQL=0.1 时，检查 b 参数仍为合格批，再从 125 个产品中随机抽取 n_a=80 进行 a 参数检查，判定数组为 [2，3]，若只有 2 个不合格品就接收，若出现 3 个不合格品则拒收。

若标准规定 a、b、c 三个参数检查顺序不能变更，也可先抽 n_a=80 检查，a 参数合格后再补抽 n_2=n_b－n_c=45，检查 b 参数也合格，再全数检查 c 参数。

上述两种检查方法中，只要 a、b、c 三个参数中有一个参数的检查未通过，都应停止检查，可以判该批产品为不合格。

6. GB/T 2828.1 的特点

GB/T 2828.1 具有下列十个特点。

（1）它等同采用国际标准 ISO 2859.1：1999《计数抽样检验程序 第 1 部分，按接收质量限（AQL）检索的逐批检验抽样计划》。

（2）它是调整型计数抽样方法，可按转移规则调整抽样方案的宽严程度。

（3）它具有 7 个检验水平，26 个 AQL 值可在 15 个批量（N）范围中获取 17 个样本量（n）。

（4）AQL 值和样本量（n）分别采用优先系数 R_5 和 R_{10} 系列。

（5）可满足一次、二次和五次三种计数抽样方法。

（6）批量（N）和样本量（n）之间的关系建立在综合考虑风险和经济要求基础上，并没有严格的计算关系。

（7）它的主表结构简单匀称，使用方便。

（8）生产风险不固定。

（9）已确定了不合格批的处理方法。

（10）使用方法要求的质量用 AQL 表示，从长远来看可保证其长期的平均质量。

（二）计量抽样检查的程序

1. 程序基本术语

（1）规格限

规定的用以判定单位产品或服务计量质量特征是否合格的界限值。

规定的合格计量质量特征最大值为上规格限（U）；规定的合格计量质量特征最小值是下规格限（L）。

仅对上或下规格限规定了可接收质量水平的规格限称为单侧规格限；同时对上或下规格限规定了可接收质量本平的规格限是双侧规格限。

对上、下规格限分别规定了可接收质量水平的双侧规格限是分立双侧规格限。对上、下规格限规定了一个总的可接收质量水平双侧规格限为综合双侧规格限。

（2）s 法和 σ 法

利用样本平均值和样本标准差来判断批是否接收的方法叫 S 法。利用样本平均值和过程标准差来判断批是否接收的方法称 σ 法。

（3）上、下质量统计量

上规格限、样本均值和样本标准差（或过程标准差）的函数是上质量统计量，符号为 Q_U。

$$Q_U = \frac{U-\overline{X}}{s} \text{ 或 } Q_U = \frac{U-\overline{X}}{\sigma}$$

式中：$\overline{X}$ 样本均值；s——样本标准差；σ——过程标准差。

下规格限，样本均值和样本标准差（或过程标准差）的函数是下质量统计量，符号为 Q_L。

$$Q_L = \frac{\overline{X}-L}{s} \text{ 或 } Q_L = \frac{\overline{X}-L}{\sigma}$$

通过比较 Q_U 或 Q_L 和接收常数，可用于判定批的可接收性。

（4）可接收质量水平（AQL）

为了进行抽样检查，而对一系列连续提交批，认为满意的过程平均最低质量水平，符号为 AQL。

（5）接受常数（K）

由可接受质量水平和样本大小所确定的用于判断批是否接受的常数。它给出了可接收批的上质量统计量和（或）下质量统计量的最小值。符号分为 k、k_u 和 k_L。

（6）最大样本标准差（MSSD）和最大过程标准差（MPSD）

按综合双层规格限进行计量抽样检验时，可接收批的样本标准差的最大值为最大样本标准差，符号为 MSSD。

按综合双侧规格限进行抽样检验时，可接收批的过程标准差的最大值是最大过程标准差，符号为 MPSD。

第七章 质量经济性分析

第一节 质量的经济特性

一、质量经济性的概述

（一）质量经济性的含义

1. 质量经济性的定义

所谓产品质量的经济性，就是追求产品在整个生命周期内，给生产者、消费者（或用户）以及整个社会带来的总损失最小。

质量经济性主要是通过对产品质量与投入、产出之间的关系分析，对质量管理进行经济性分析和经济效益评价，以达到满足顾客需求的同时为企业创造最佳的经济效益，即从经济性角度出发，应用成本收益分析方法，对不同的质量水平和不同的质量管理改进措施进行分析和评价，从中挑选出既满足顾客需求又花费较低成本的质量管理方案。

质量经济性强调产品不仅要满足适用性要求，还应该讲求经济性，也就是说要讲求成本低，要研究产品质量同成本变化的关系。质量与费用的最佳选择，受到许多内部和外部因素的影响，一方面要保证产品的质量好，使用户满意；另一方面要保证支付的费用尽可能低。这就是质量与经济的协调，是质量经济性的表现。在计算和考虑成本时，不能只讲企业的制造成本，还要考虑产品的使用成本，即从满足整个社会需要出发，用最少的社会劳动消耗，取得最好的社会经济效果。

2. 质量经济管理的发展

1951 年，美国质量管理专家朱兰（J. M. Juran）博士在《朱兰质量手册》中首先提出质量经济性的概念。朱兰认为"因废品而导致的成本很高，犹如一座金矿，可对其进行大力开采"，形象地将其比喻为"矿中黄金"。朱兰还指出，企业所能察觉的质量损失只是冰山浮在水面上的一角，大部分隐患和损失都在水面之下未暴露出来，此即著名的"水下冰山观点"。

之后，许多质量管理专家也致力于质量成本管理方面的研究与实践。1960 年，供职于美国通用电气公司的费里曼（H. Freeman）发表论文《如何应用质量成本》，1961 年，时任美国通用电气公司质量经理的费根鲍姆在《全面质量管理》一书中指出"全面质量管理是为了能够在最经济的水平上，在充分满足顾客要求的条件下，进行市场研究、设计、生产和服务，把企业各部门的研制质量、维持质量和提高质量的活动结合在一起，成为一个有效的体系"。费里曼和费根鲍姆提出了完整的质量成本分类法，即把质量成本分为预防成本、鉴定成本、内部损失成本和外部损失成本四大类。1964年，美国空军合同要求提出《质量成本分析实用手册》。1967年，由美国质量管理协会（ASQC）编写的《质量成本——是什么和如何做》在企业质量成本管理中得到了最广泛的应用。20世纪80年代，ASQC相继发布了有关质量成本削减、供应商质量成本管理等指南。目前，已在世界范围内广泛开展质量经济管理的理论研究与实际应用工作。

（二）产品质量经济性分析原则

（1）必须把企业自身的效益同顾客利益和社会效益结合起来考虑。

（2）必须明确目标函数。产品质量的经济性分析是一种定量分析方法。因此，必须先明确期望达到的目标。目标不同，分析的结果也会不同。就企业而言，一般常以利润最大或成本最低作为质量优化的目标函数。

（3）必须明确比较对象。在分析中，比较对象问题往往受到忽视。然而，比较对象不同，分析的结论也可能有很大的差异。因此，企业在进行产品质量经济分析时，必须弄清楚比较对象是什么。

（4）必须明确比较条件。企业的内外部条件，往往构成质量经济分析中目标函数的约束条件，如市场需求、生产能力、资金供应等。但这些条件有的是刚性的，一时不能改变的，而有的则具有一定的弹性。他们对经济分析有着不同的影响。

（5）必须明确比较范围。比较的时间范围和空间范围如何，对经济分析的结果也有很大的影响。时间范围主要是分长期还是短期。第一，应估计一段时间内社会、市场、技术等因素的发展及其影响；第二，还应考虑到货币资金的时间价值。空间范围则主要是指是从部门的角度考虑还是从全企业的角度考虑，即局部与整体的关系。在经济分析中，应当坚持整体优化的原则，在整体优化的前提下考虑局部优化问题。

（三）产品质量经济性分析步骤

企业开展质量经济分析的一般步骤如下：

（1）确定采用的分析指标。

①质量指标，包括合格品率、返修率、交货期、保修期、可靠性、维修性等。

②经济指标，包括利润、销售成本、原材料费用、广告费用、市场占有率、售价、成本利润率等。

（2）明确质量改进的方向。分析企业不同时期的质量指标、效益指标的变化状况和趋势，研究企业质量成本和效益的现状，并与同行业的先进水平及顾客需求相比较，从中发现本企业产品质量存在的问题，明确质量改进的方向。

（3）提出改进方案。根据产品质量存在的问题及改进方向，提出各种可行的改进方案。

（4）进行方案比选。对提出的各种质量改进方案，按选定的评价方法和指标，运用质量经济分析方法进行分析评估，以确定最佳改进方案。

（5）控制质量成本。就选定的最佳方案确定目标成本和目标利润，并进行控制。

控制时按 PDCA 循环和实施情况进行必要的调整，以保证目标的实现。

（6）组织实施。将选定的方案落实到各有关部门，组织各部门制订具体实施方案，以确保其实现。

二、质量水平及其经济性

在确定产品的质量水平时，除满足国家规定的有关技术方针、政策等之外，其原则是尽量为企业带来更多的利润。企业的利润一般决定于产品的价格与产品成本的差额，而成本和价格往往又决定于产品的质量水平，这就是所谓的最佳质量水平。因此，最佳质量水平绝非最高质量水平。图 7-1 表示了价格、成本、利润和质量水平的一般关系。由图中可以看出，质量水平为 M 时，利润为最高，也就是最佳质量水平。质量水平低于 A 或者高于 B 时，都将产生亏损，a、b 两点即为盈亏点。

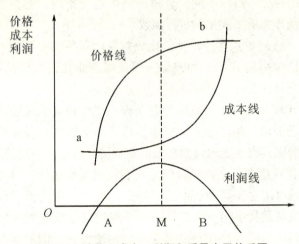

图 7-1　价格、成本、利润和质量水平关系图

实际上，企业并非都选择最佳质量水平 M 为目标，通常是在 a、b 两点之间的某个质量水平。这要根据市场需求和企业的技术水平、设备能力以及销售渠道等因素综合考虑。

三、提高质量经济性的途径

质量经济性是质量管理中的重要课题，质量经济性的目的就是追求产品在整个生命周期内，给生产者、消费者以及整个社会带来的总损失最小。提高质量经济性，最有效的途径就是提高产品的寿命周期的经济性，产品的寿命周期包括三个时期：开发设计过程、生产制造过程和使用过程。

（一）提高产品设计和开发过程的质量经济性

在产品的设计和开发中，不仅要注意技术问题，而且也要注意它的经济性，做到技术和经济的统一。

1. 做好市场需求的预测

由于产品的质量水平与市场需求有紧密的联系，因此要对产品在市场上的需求量及变化规律进行科学的预测。每一个产品从进入市场到最后退出市场，都有一个发展过程，可以分为导入期、增长期、成熟期和衰退期四个阶段。一般要进行市场调查，了解产品的目标市场，顾客关心的是产品的适用性及使用费用，因此在产品的开发和设计阶段必须考虑产品的使用费用。

2. 进行可行性分析

设计中要有完善的技术和经济指标，要对总体方案进行可行性分析，做到技术上先进、经济上合理、生产上可行，综合考虑质量的社会经济效益。

3. 注意产品质量和价格的匹配

质量和价格有时是矛盾的，要提高质量往往会增加成本，成本增加又会引起价格的提高。如果成本增加不恰当，导致价格过高，超过社会的一般购买力，产品就会滞销。反之，产品质量低劣，即时价格再低，也会没有人购买。因此，质价匹配是一个十分重要的问题，不能盲目追求先进性，忽视经济性。

4. 重视零部件功能的匹配

产品的某一个零部件失效又无法替换，而其他部件尽管运行正常，最后也不得不整机丢弃或销毁，给消费者或顾客带来经济上的损失。因此，在产品设计时，最好将易损零件的寿命和整机寿命或修理周期设计成整数倍的关系。

(二) 提高生产过程的经济性

在生产过程中维持质量特性分布的中心值，缩小质量特性的波动性，归根结底在于实施统计过程控制，改善 5M1E。

1. 员技能提高

质量管理人员与企业人事部门合作，共同制订与生产过程有关的各类人员的培训方案。实施特殊作业、检验、计量等人员的执证上岗制度，提高其专业技能。

2. 机器设备的更新与维护保养

质量管理人员与设备管理部门合作，协助制订机器设备的购置、改良、租赁计划，参与设备维护保养制度的制定。

3. 原辅材料的采购

质量管理人员与物资供应部门合作，参与供应商评级与关键材料的评标等活动，监控各种原辅材料、外协配套件的选购。

4. 工艺方案的选择

质量管理人员与技术管理部门合作，参与工艺计划的技术经济评价，审核工艺路线、工艺规程是否与产品质量要求相符合。

5. 检测系统的建立与完善

质量管理人员与计量管理部门合作，协助制订计量器具的购置和检定计划，参与计量器具的周期检验。

6. 作业环境的建立

质量管理人员与生产管理部门合作，协助制定工作环境标准，参与现场管理，推进 6σ 活动。

（三）提高产品使用过程的质量经济性

产品寿命周期费用不仅与设计和制造成本有关，还与使用成本有关。因此，要努力提高产品使用过程的质量经济性。产品使用过程的经济性，是指产品的使用寿命期间的总费用。使用过程的费用主要包括两部分内容：

（1）产品使用中，由于质量故障带来的损失费用。对可修复性产品一般是停工带来的损失，而对不可修复的产品，如宇宙飞行、卫星通讯、海底电缆等，则会带来重大的经济损失。

（2）产品在试用期间的运行费用，运行费用包括使用中的人员费用、维修服务费、运转动力费、消耗性的零配件及原料使用费等。

质量问题其实也是经济问题，质量相同，消耗的资源价值约少，经济性就越好，资源消耗价值约多，经济性就越差，因此，在产品开发、制造以及使用过程中，都应该讲求质量经济性。

第二节　质量成本构成分析

一、质量成本的含义

ISO 标准对质量成本的定义是："为了确保和保证满意的质量而发生的费用以及没有达到满意的质量所造成的损失。"一个组织为了提高其产品质量，就必须开展质量管理活动，所有这些活动都必须支付一定的费用。质量成本就是指要将产品质量保证在规定的质量水平上所需的费用。

每个企业都要进行成本管理和核算。企业中常见的成本类型有生产成本、销售成本、运输成本、设计成本等，这些成本也可分为可变成本和固定成本。但是，质量成本不同于其他成本概念，它有特定的含义。曾有许多错误的观念，认为一切与保持和提高质量直接或间接有关的费用，都应计入质量成本，结果导致管理上的混乱，成本项目设置很不规范，使企业之间缺乏可比性。

二、质量成本构成

（一）按成本的经济用途分类

质量成本是由两部分构成的，即运行质量成本和外部质量保证成本。而内部运行质量成本包括：预防成本、鉴定成本、内部故障成本、外部故障成本，其构成如图 7-2 所示。

1. 内部运行质量成本

运行质量成本指质量体系运行后，为达到和保持所规定的质量水平所支付的费用。运行质量成本是一个组织质量成本研究的主要对象。内部运行质量成本包括预防成本、鉴定成本、内部损失成本和外部损失成本四部分。

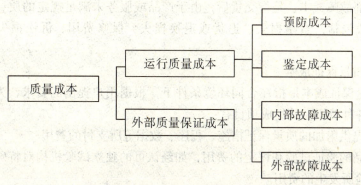

图 7-2 质量成本的构成图

（1）预防成本，是指致力于预防产生故障或不合格品所需的各项费用。大致包括：

质量培训费：质量管理理论和质量控制方法与技术的培训费。

质量工作费：企业质量体系中为预防发生故障、保证和控制产品质量所需的各项费用。

顾客调查费：为了掌握顾客的需求所开展的相关调查研究和分析所支出的费用。

质量评审费：产品开发和服务设计的评审费用。

质量奖励费：对质量管理做出突出贡献的组织和个人的奖励费用。

供应商评价费：为实施供应链管理而对供方进行的评价活动所支出的费用。

工资及附加费：质量管理专业人员的工资及附加费用。

其他预防费：除上述所列费用外，其他用于预防产品发生故障和不合格的各项费用。

（2）鉴定成本，是指评定产品是满足规定质量要求所需的费用，鉴定、试验、检查和验证方面的成本。一般包括：

计量服务费用：用于计量有关的费用，包括检验、试验以及过程监测时所用到的仪器、仪表的校准和维护费用。

检验费用：进货检验、工序检验、成品检验等发生的费用。

工资及附加费：专职检验、计量人员的工资及其他附加费用。

材料费用：用于质量测试或试验的材料的费用。

其他鉴定费用：与鉴定有关的外包费用等。

（3）内部故障成本，是指在交货前产品或服务未满足规定要求所发生的费用。一般包括：

废品损失：产成品、半成品、在制品因达不到要求且无法修复或在经济上不值得修复造成报废所损失的费用。

返工或返修损失：为修复不合格品使之达到质量要求或预期使用要求所支付的费用。

质量降级损失：因产品质量达不到规定的质量所损失的费用。

其他内部故障费用：因质量问题发生的停工损失和质量事故处理费等。

（4）外部故障成本，是指交货后，由于产品或服务未满足规定的质量要求所发生的费用。一般包括：索赔损失、退货或退换损失、保修费用、诉讼损失费、降价损失等。

2. 外部质量保证成本

外部质量保证成本是指在合同环境条件下，根据用户提出的要求，为提供客观证据所支付的各种费用。其组成项目有：

（1）为提供附加的质量保证措施、程序、数据等所支付的费用。

（2）产品的验证试验和评定的费用，如经认可的独立试验机构对特殊的安全性能进行检测试验所发生的费用。

（3）为满足用户要求，进行质量体系认证所发生的费用。

（二）质量成本特性曲线与质量成本优化

1. 质量成本特性曲线

质量成本各组成部分之间具有一定的相关性，如图7-3所示，图中三条曲线分别为预防和鉴定成本、内外部故障成本之和以及质量总成本。当预防成本和鉴定成本增加时，内外部故障成本就会下降，因此，质量总成本曲线就呈 U 型。由图 7-3 可以看出，内外部故障成本随质量水平的提高而降低；预防和鉴定成本随质量水平的增加而提高。

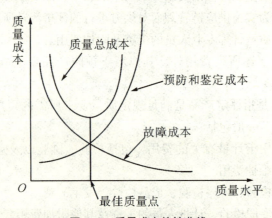

图 7-3　质量成本特性曲线

如图 7-3，质量总成本曲线从左往右看，最左边预防和鉴定费用比较少，导致产品合格品率较低，产品质量水平较低，内部和外部故障成本较大，质量总成本也很大，且随着预防成本和鉴定成本的逐渐增加，产品质量水平随之提高，内外部故障成本减少，总成本也随之降低。但如果预防和鉴定成本继续增加，内外部损失成本不断降低，但此时的质量总成本是不断增加的。在质量水平不断增加的过程中，质量总成本曲线有一个最低点，此最低点所对应的质量水平为最佳质量水平。

2. 质量成本优化

为了便于分析质量总成本的变化规律，将图 7-3 中质量总成本曲线最低点处局部放大，放大的图如图 7-4 所示。

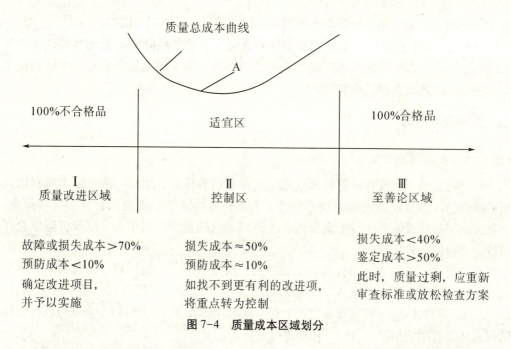

图中把 A 点处附近的曲线划分为 I、II、III 等三个区域，它们分别对应着质量成本各项费用的不同比例。

（1）I 区是质量损失成本较大的区域，一般来说，内外部损失成本占质量总成本的 70%，而预防成本不足 10% 的属于这个区域。这时，损失成本是影响达到最佳质量成本的主要因素。因此质量管理工作的重点应放在加强质量预防措施，加强质量检验，以提高质量水平，降低内外部损失成本，这个区域称为质量改进区。

（2）II 区是质量成本处于最佳水平的区域。这时内外损失成本约占总成本的 50%，而预防成本达总成本的 10%。如果用户对这种质量水平表示满意，认为已达到要求，而进一步改善质量又不能给企业带来新的经济效益，则这时的质量管理的重点应是维持或控制现有的质量水平，是总成本处于最低点 A 附近的区域，这个区域称为质量控制区。

（3）III 区是鉴定成本较大的区域。鉴定成本成为影响质量总成本的主要因素。这时质量管理的重点在于分析现有的标准，降低质量标准中过严的部分，减少检验程序和提高检验工作效率，使质量总成本趋于最低点 A，这个区域称为质量至善区或质量过剩区。

根据上述的分析，可以大致地归纳出质量成本达到优化的几项措施：

（1）处于最佳点 A 的左面时，即当质量总成本处于质量改进区时，应增加预防费用，采取质量改进措施，以降低质量总成本；当处于质量最佳区时，应维持现有的质量措施，控制住质量水平的最佳状态。若处于最佳点 A 的右面，即处于质量过剩区时，则应撤消原有的过严质量要求措施，减少一部分鉴定和预防费用，使质量总成本退回到最低点 A 处。

（2）增加预防成本，可在一定程度上降低鉴定成本。

（3）增加鉴定成本，可降低外部损失，但可能增加内部损失成本。

另外还要注意的是，为了实现质量成本优化，不能单独降低质量成本构成中的每项成本，还应考虑各项成本之间的相互关系。因此，为了确定某项质量成本的最佳水平，还应考虑其他成本所处的情况。

三、质量成本核算

（一）质量成本科目设置

我国的质量成本核算目前尚未正式纳入会计核算体系，因此，质量成本项目的设置必须符合财务会计及成本的规范要求，不能打乱国家统一规定的会计制度和原则。质量成本项目的设置必须便于质量成本还原到相应的会计科目中去，以保证国家会计制度、原则的一致性。

质量成本一般分为三级科目。一级科目：质量成本。二级科目：预防成本、鉴定成本、内部故障（损失）成本、外部故障（损失）成本。三级科目：质量成本细目。国家标准 GB/T 13339-91《质量成本管理导则》中推荐了 21 个科目，企业可依据实际情况及质量费用的用途、目的、性质进行增减。

不同企业生产经营特点不同，具体成本项目也不同。从目前世界各国及国内各行业对质量成本项目的设置情况来看，质量成本二级科目内容的设置基本相同。在设置具体质量成本项目，即三级科目时，要考虑便于核算并使科目的设置和现行会计核算制度相适应，便与实施。

表 7-1 和表 7-2 列出了国内外几种具有代表性的质量成本项目设置。

表 7-1　　　　　　　　　国内质量成本项目名称对比表

	有色冶金企业	电缆企业	机械企业	机械部门行业	航空仪表企业
预防成本	1. 培训费 2. 质量工作费 3. 产品评审费 4. 质量情报费 5. 质量攻关费 6. 质量奖励费 7. 改进包装费 8. 技术服务费	1. 质量培训费 2. 质量管理办公及业务活动费 3. 新产品评审费 4. 质量管理人员工资等费用 5. 固定资产折旧及大修理费用 6. 工序能力研究费 7. 质量奖励费 8. 提高和改进措施费	1. 培训费 2. 质量工作费 3. 产品评审费 4. 质量奖励费 5. 工资及附加费 6. 质量改进措施费	1. 质量培训费 2. 质量审核费 3. 新产品评审费 4. 质量改进费 5. 工序能力研究费 6. 其他	1. 质量培训费 2. 质量管理人员工资 3. 新产品评审活动费 4. 质量管理资料费 5. 质量管理会议费 6. 质量奖励费 7. 质量改进措施费 8. 质量宣传教育费 9. 差旅费（因质量）

表7-1(续)

	有色冶金企业	电缆企业	机械企业	机械部门行业	航空仪表企业
鉴定成本	1. 原材料检验费 2. 工序检验费 3. 半成品检验费 4. 成品检验费 5. 存货复检费 6. 检测手段维修费	1. 进货检验和试验费 2. 新产品质量鉴定费 3. 半成品及成品检验和试验费 4. 检验、试验办公费 5. 检测房屋设备折旧及大修理费 6. 检测设备、仪器维修费 7. 检验试验人员工资奖励费用	1. 检测试验费 2. 零件工序检验费 3. 特殊检验费 4. 成品检验费 5. 目标坚定费 6. 检测设备评检费 7. 工资费用	1. 进货检验费 2. 工序检验费 3. 材料、样品试验费 4. 出厂检验费 5. 设备精度检验费	1. 原材料入厂检验费 2. 工序检验费 3. 元器件入厂检验费 4. 产品验收定检费 5. 元器件筛选费 6. 设备仪器管理费
内部故障成本	1. 中间废品 2. 最终废品 3. 残料 4. 二级品折价损失 5. 返工费用 6. 停工损失费 7. 事故处理费	1. 材料报废及处理损失 2. 半成品、在制品、成品报废损失 3. 超工艺损耗损失 4. 降级和处理损失 5. 返修和复试损失 6. 停工损失 7. 分析处理费用	1. 返检、复检费 2. 废品损失 3. 车间三包损失 4. 产品降级损失 5. 工作失误损失 6. 停工损失 7. 事故分析处理	1. 返修损失 2. 废品损失费 3. 筛选损失费 4. 降级损失费 5. 停工损失费	1. 产品提交失败损失 2. 综合废品损失 3. 产品定检失败损失 4. 产品这家损失 5. 其他
外部故障成本	1. 索赔处理费 2. 退货损失 3. 折价损失 4. 返修损失费	1. 保修费用 2. 退货损失费 3. 折价损失及索赔费 4. 申诉费用	1. 索赔损失 2. 退货损失 3. 折价损失 4. 保修损失 5. 用户建议费	1. 索赔费 2. 退货损失费 3. 折价损失费 4. 保修费	1. 索赔损失 2. 退货损失 3. 返修费用 4. 事故处理费 5. 其他

表 7-2   国外质量成本项目名称对比表

	美国 （费根鲍姆）	美国 （丹尼尔·M. 伦德瓦尔）	瑞典 （兰纳特· 桑德霍姆）	法国 （让·马丽· 戈格）	日本 （市川龙三氏）
预防成本	1. 质量计划工作费用 2. 新产品的审查评定费用 3. 培训费用 4. 工序控制费用 5. 收集和分析质量数据的费用 6. 质量报告费	1. 质量计划工作费用 2. 新产品评审费用 3. 培训费用 4. 工序控制费用 5. 收集和分析质量数据的费用 6. 汇报质量的费用 7. 质量改进计划执行费用	1. 质量方面的行政管理费 2. 新产品评审费 3. 质量管理培训费 4. 工序控制费 5. 数据收集分析费 6. 推进质量管理费 7. 供应商评价费	1. 审查设计 2. 计划和质量管理 3. 质量管理教育 4. 质量调查 5. 采购质量计划	1. 质量管理计划 2. 质量管理技术 3. 质量管理教育 4. 质量管理事务
鉴定成本	1. 进货检验费 2. 零件检验与试验费 3. 成品检验与试验费 4. 测试手段维护保养费 5. 检验材料的消耗或劳务费 6. 检测设备的保管费	1. 来料检验 2. 检验和试验费用 3. 保证试验设备精确性的费用 4. 耗用的材料和劳务 5. 存货估价费用	1. 来料检验 2. 工序检验 3. 检测手段维护标准费 4. 成品检验费 5. 质量审核费 6. 特殊检验费	1. 进货检验 2. 制造过程中的检验和试验 3. 维护和校准 4. 确定试制产品的合格性	1. 验收检验 2. 工序检查 3. 产品检查 4. 试验 5. 再审 6. PM（维护保养）
内部故障成本	1. 废品损失 2. 返工损失 3. 复检费用 4. 停工损失 5. 降低产量损失 6. 处理费用	1. 废品损失 2. 返工损失 3. 复试费用 4. 停工损失 5. 产量损失 6. 处理费用	1. 废品损失 2. 返工损失 3. 复检费用 4. 降级损失 5. 减产损害 6. 处理费用 7. 废品分析费用	1. 废品 2. 修理 3. 保证 4. 拒收进货 5. 不合格品的处理	1. 出厂前的不良品（报废、修整、外协中不良设计变更） 2. 无偿服务 3. 不良品对策
外部故障成本	1. 处理用户申诉费 2. 退货损失 3. 保修费 4. 折价损失 5. 违反产品责任法所造成的损失	1. 申诉管理费 2. 退货损失 3. 保修费用 4. 折让费用	1. 受理顾客申诉费 2. 退货 3. 保修费用 4. 折扣损失		

（二）质量成本核算方法

质量成本核算的实质就是对企业质量费用的投入与质量效益的产出进行核算。目前，国内外企业对质量成本核算主要采用三种基本方法，分别是统计核算方法、会计核算方法、会计与统计核算方法。

1. 统计核算方法

统计核算法就是采用货币、实物量、工时等多种计量单位，收集和整理在经济活动中能够反映经济现象特征和规律性的数据资料，运用一系列的统计指标和统计图表，运用统计调查的方法取得资料，并通过对统计数据的分组、整理获得所要求的各种信息，以揭示质量经济性的基本规律。

2. 会计核算方法

会计核算方法采用货币作为统一度量；采用设置账户、复式记账、填制凭证、登记账簿、成本计算和分析、编制会计报表等一列专门方法，对质量管理全过程进行连续、系统、全面和综合的记录和反映；严格地以审核无误的凭证为依据，质量成本资料必须准确、完整，整个核算过程与现行成本核算类似。

3. 会计与统计相结合的核算方法

会计与统计相结合的核算方法是根据质量成本数据的来源不同，而采取灵活的处理方法。其特点是：采用货币、实物、工时等多种计量工具；采取统计调查、会计记账等方法收集数据；方式灵活机动，资料力求完整。

在核算过程中，应将上述三中核算方法协调使用，使之互补，形成质量成本核算体系。质量成本是一种专项成本，具有现行财务成本的一些特征，但它更是一种经营管理成本，其出发点和归宿点都是为质量经营管理服务。因此，它不可能拘泥于现行财务成本核算的规章制度，而应体现自己的特殊性。所以，质量成本核算方法的理想选择是：以货币计量为主，适当辅之以实物计量、工时计量及其他指标，如合格品率、社会贡献率等；主要通过会计专门方法来获取质量成本资料，但在具体运用这些专门方法时，可根据具体情况灵活处理，如对有些数据的收集不必设置原始凭证，也不必进行复式记账，账簿记录也可大大简化。质量成本的归集和分配应灵活多样。对那些用会计方法获得的信息，力求准确、完整；而对通过统计手段、业务手段获取的资料，原则上只要求基本准确，也不要求以原始凭证作为获取信息的必备依据。

四、质量成本管理

（一）质量成本管理的含义

质量成本管理就是对质量成本进行预测、计划、分析、控制与考核等一系列有组织的活动。质量成本管理的目的是通过核算质量成本，考察不良质量对企业经济效益总的影响，为质量改进确立方向，最终降低质量成本。质量成本的预测、计划、分析、控制、考核是质量成本管理的主要环节。它们相互衔接，构成质量成本的闭环管理系统。

随着社会经济的发展和科学技术的进步，人们对产品质量的要求越来越高，这往往会给企业带来在保证产品质量上所支付的费用增加。但如果企业能加强质量成本的管理，就可恶意在改进产品质量的同时，降低产品成本，做到物美价廉，使企业既能满足顾客的需要，又能取得应有的经济效益。因此，大力开展质量成本工作，对提高产品质量和提高经济效益都有很重要的意义。

（二）质量成本管理的内容

1. 质量成本的预测与计划

（1）质量成本预测

为了编制质量成本计划，首先需要对质量成本进行预测，即根据企业的历史资料、质量方针目标、国内外同行业的质量成本水平、产品的质量要求和用户的特殊要求等，通过分析各种质量要素与质量成本的变化关系，对计划期的质量成本做出估计。这些质量成本的预测资料将是编制质量成本计划的基础，也为质量改进计划的制订提供了依据。

质量成本预测工作的程序如下：

①调查和收集信息资料。主要包括：用户资料、竞争对手资料、企业资料、宏观政策等。

②对收集的资料进行整理。对收集到的数据、资料、信息进行汇总、分析、判断，并组织有关部门和人员对数据和信息进行系统的评审、研究和确认，提出正式报告，作为领导决策的依据。

③提出质量改进措施计划。根据上述数据、资料和信息，确定预测期的质量成本结构和水平，编制质量成本计划，并提出相应的质量改进措施。

质量成本的预测主要可以采用经验判断法、计算分析法和比例预算法。此三种方法各有其特点，企业在预测时，根据实际情况可结合使用。

（2）质量成本计划

质量成本计划是在预测的基础上，针对质量与成本的依存关系，用货币形式确定生产符合性产品质量要求时，在质量上所需的费用计划。质量成本计划的内容包括：主要产品单位质量成本计划；全部产品成本计划；质量费用计划；质量成本构成比例计划；质量改进措施计划。

质量成本计划的工作程序如下：

①进行市场调查和预测，收集有关质量成本的数据；

②确定企业要达到的质量成本目标；

③编制具体的质量成本计划；

④质量成本计划分解与反馈；

⑤批准计划，组织实施。

2. 质量成本的分析与报告

（1）质量成本分析

质量成本分析的目的，是通过质量成本核算所提供的数据信息，对质量成本的形成、变动运营进行分析和评价，以找出影响质量成本的关键因素和管理上的薄弱环节。

质量成本分析的内容主要包括：质量总成本分析和质量成本构成分析。

①质量成本总额分析。计算本期质量成本总额，并与上期质量成本总额进行比较，以了解其变动情况，进而找出变化原因和发展趋势。

②质量成本构成分析。分别计算预防成本、鉴定成本、内部故障成本以及外部故

障成本各占运行质量成本的比率，运行质量成本和外部保证质量成本各占质量成本总额的比率。通过这些比率分析运行质量成本的项目构成是否合理，以便寻求降低质量成本的途径，并探寻适宜的质量成本水平。

质量成本分析方法主要有：指标分析法、质量成本趋势分析法、排列图分析法和灵敏度分析法。

①指标分析法。指标分析法主要包括质量成本目标指标、质量成本结构指标和质量成本相关指标。

质量成本目标指标，指在一定时期内质量成本总额及四大构成项目（预防、将定、内部故障、外部故障）的增减值或增减率。

质量成本结构指标，指预防成本、鉴定成本、内部故障成本、外部故障成本各占质量总成本的比例。

质量成本相关指标，指质量成本与其他有关经济指标的比值，这些指标主要包括：

$$百元商品产值的质量成本 = \frac{质量成本总额}{商品产值总额} \times 100$$

$$百元销售收入的质量成本 = \frac{质量成本总额}{销售收入总额} \times 100$$

$$百元总成本的质量成本 = \frac{质量成本总额}{产品成本总额} \times 100$$

$$百元利润的质量总成本 = \frac{质量成本总额}{产品销售总利润} \times 100$$

②质量成本趋势分析法。趋势分析就是要掌握质量成本在一定时期内的变动趋势。其中又可分短期趋势与长期趋势两类，短期的如一年内各月变动趋势，长期的如五年以上每年的变动趋势，分别如图 7-5 和图 7-6。

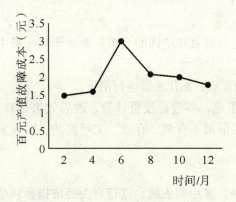

图 7-5　某年百元产值故障成本趋势图

图 7-6　某公司 2010—2015 年外部故障成本占质量成本的比例趋势图

③排列图分析法。排列图分析就是应用全面质量管理中的排列图原理对质量成本进行分析的一种方法。采用排列图进行分析，不仅可以找出主要矛盾，而且可以层层深入，连续进行追踪分析，以便最终找出真正的问题。

④灵敏度分析法。灵敏度分析就是指把质量成本四大项目的投入与产出在一定时

间内的变化效果或特定的质量改进效果，用灵敏度 α 表示如下：

$$\alpha = \frac{\text{计划期内外部故障成本之和} - \text{基期相应值}}{\text{计划期预防成本与鉴定成本之和} - \text{基期相应值}}$$

（2）质量成本报告

质量成本报告是根据质量成本分析的结果，向领导及有关部门汇报时所做的书面陈述，以作为制定质量方针目标、评价质量体系的有效性和进行质量改进的依据。质量成本报告也是企业质量管理部门和财会部门对质量成本管理活动或某一典型事件进行调查、分析、建议的总结性文件。质量成本报告的形式一般包括：报表式、图示式、陈述式和综合式等。

质量成本报告的主要内容包括：

①质量成本计划执行和完成的情况与基期的对比分析；

②质量成本四个组成项目构成比例变化的分析；

③质量成本与相关经济指标的效益对比分析；

④典型事例及重点问题的分析与解决措施；

⑤效益判断的评价和建议。

质量成本分析与报告案例：

某兵器厂质量成本分析报告

兵器工业某厂的质量成本分析是作为企业经济活动分析的组成部分，在季、月度里随生产成本同时进行分析，为检查计划和改进管理，提供确切具体的信息。

1. 开展分析的准备工作

对于分析的准备，他们认为，无论进行任何类别方式的分析，都必须事先占有素材、数据。要充分利用数据进行全面分析，从中找出问题所在，引起人们重视。为了提高分析价值，推动管理，必须做好以下工作：

（1）注重平时的素材数据的收集。

（2）重视会计结果，要进行一般性的对比，基数和结构的分析。要善于从一般中发现数据反常，抓住反常现象，再作调查。

（3）对专题分析，要根据要求确定分析侧重点，抓住关键进行剖析。

（4）对影响质量的主要原因，寻求改进措施，要进行投资计算，改后效果计算，借以充实分析内容。同时，注意分析形式，要形象、直观、有效、文字简洁、图表兼用，要真正使分析达到论虚说实，有的放矢。

2. 分析方法及形式

以 2012 年 3 月份分析为例，在月度分析中，多用列表法，进行有关经济指标和结构的比重比率分析，也可进一步从质量成本的形成责任区域分析，找出发生的主要单位、主要产品或零件。

（1）质量成本与产值等指标的比例分析

经过质量成本与产品总成本比例分析发现（见表 7-3），质量成本占总成本的5.97%，比上一年同期（5.25%）上升了 0.72%。

表 7-3　　　　　　　　质量成本与产值等指标的比例分析表（2012 年 3 月）

资料 （3 月实际）	工业产值完成	实现销售收入	全部商品总成本	质量成本
	294 万元	333.80 万元	349.95 万元	20.89 万元
比例计划	质量成本与工业总产值比		质量成本与销售收入比	
	（20.89/294）×100% = 7.11%		（20.89/333.8）×100% = 6.26%	
	质量成本与总成本比		内部损失占销售收入比	
	（20.89/349.95）×100% = 5.97%		（9.27/333.8）×100% = 2.77%	
	内部损失占产值之比			
	（9.27/294）×100% = 3.15%			

（2）质量成本要素分析

经过结构分析，发现内部损失占总质量成本的 44.36%（见表 7-4），比计划的 37.5% 超过 6.86%，超过三年来任何时期的比值。

表 7-4　　　　　　　　质量成本要素分析资料表（2012 年 3 月）

在项内 的地位	成本要素	金额（元）	结构比（%）		备注
			占本项比例	占总质量 成本的比例	
	一、预防费用	26 886.71	100.00	12.87	
2	1. 质量工作费	7 537.20	28.03	3.61	
1	2. 质量培训费	9 696.03	36.06	4.64	6
6	3. 质量奖励费	835.00	3.11	0.40	
3	4. 产品评审费	4 112.00	15.29	1.97	
4	5. 质量措施费	3 305.48	12.29	1.58	
5	6. 工资及附加费	1 401.00	5.21	0.67	
	二、鉴定费用	53 008.70	100.00	25.37	
	1. 检测试验费	5 409.08	10.20	2.59	
	2. 特殊试验费	13 296.24	25.08	6.36	4
	3. 检测设备折旧	3 709.87	7.00	1.78	
	4. 办公费	1 132.66	2.14	0.54	
	5. 工资及附加费	29 460.85	55.58	14.10	2
	三、内部损失	92 681.91	100.00	44.36	
	1. 废品损失	79 800.99	86.10	38.19	1
	2. 返修损失	4 041.35	4.36	1.93	
	3. 停工损失	1 349.36	1.46	0.65	

質量管理

表7-4(续)

| 在项内的地位 | 成本要素 | 金额（元） | 结构比（%） | | 备注 |
			占本项比例	占总质量成本的比例	
	4. 事故分析处理	6 633.77	7.16	3.18	
	5. 产品降级损失	856.44	0.92	0.41	
	四、外部损失	36 354.78	100.00	17.40	
	1. 索赔费用	0.00	0.00	0.00	
	2. 退货损失	0.00	0.00	0.00	
	3. 保修费	25 854.78	71.12	12.37	3
	4. 诉讼费	0.00	0.00	0.00	
	5. 产品降价损失	10 500.00	28.88	5.03	5
合计		208 932.10	100.00		

（3）内部损失区域分析

从责任区域分析，找到四车间、二十一车间为内部损失的主要单位（见表7-5），约占内部总损失（9.27万元）的72.2%（见图7-7）。因此进一步检查该单位废品单，并针对问题提出控制措施。

表7-5　　　　内部损失区域分析工作表　　　（单位：元）

单位	内部其他损失	废品损失	合计	备注
一车间	322.00	3 876.20	4 198.20	
二车间	117.16	1 508.88	1 626.04	
三车间	30.09	455.34	485.43	
四车间	6 666.43	37 479.47	44 145.90	
五车间	230.00	5 714.64	5 944.64	
六车间	322.30	364.26	686.56	
七车间	0.00	4 262.49	4 262.49	
八车间	93.00	91.37	184.37	
二十一车间	3 041.52	19 873.92	22 915.44	
二十五车间	0.00	5 502.77	5 502.77	
二十六车间	248.14	550.83	798.97	
下料工段	0.00	13.06	13.06	
辅助车间	279.20	107.76	386.96	
经营部门	1 531.08	0.00	1 531.08	
合计	12 880.92	79 800.99	92 681.91	92 681.91

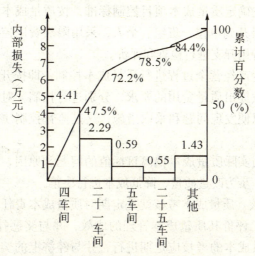

图 7-7 各车间部门内部损失排列图

3. 发现问题的处理

分析不是企业管理的目的，利用分析资料，达到提高质量，改进管理，才是核算分析工作的根本目的。因此，本着"算为管用"的原则，先把分析发现的主要矛盾，及时的送给厂主管领导，同时抄送质管部门；然后是抓住主要问题，协助管理部门进一步了解情况，提出积极可行的改进措施，并给予适当的经费支持，促其实现。

例如，2012 年 3 月，经过分析发现，四车间报废冰箱损失 4.24 万元，占厂冰箱废损的 57%，当月蒸发器报废 1 073 件，损失 2.26 万元，废品率达 12.34%，占该产品的 60.28%。主要原因是操作工艺执行不严，责任性差。他们将这一严重情况及时反馈给领导和质办，并建议实行工序内控指标，凡合格率达 85% 以上给予优质奖，每张材料加奖一元。于是，质办制定了内控经奖办法，并坚持上岗检查。执行第一个月，废品由 3 月份 1 073 件下降到 113 件。

又如，在两年前从质量成本计算中发现，冰箱箱体发泡工序物耗超定额 2.8 千克的 45%，且约有 20% 出现箱体填充不实，因此报废损失很大。经质量成本 QC 小组进一步调查了解，进行分析，找出其主要原因是人工配料不准，搅拌不均；其次是一台一配料，只能多配，但配多了凝固后不能再用，等等，既影响质量，又增大消耗。归结一点是工艺落后，因此，积极组织进口发泡机的调运、安装调试工作，并做好模具的检修，使该工程提前了三个半月投产。这一措施取得的效果是，质量合格品率上升到 95% 以上，物耗降到定额 2.8 千克，按月产 2 000 台计算，仅发泡材料就节约 14.25 万元。

4. 质量成本的控制与考核

（1）质量成本控制。质量成本控制是以降低成本为目标，把影响质量总成本的各个质量成本项目控制在计划范围内的一种管活动。质量成本控制是以质量计划所制定的目标为依据，通过各种手段以达到预期效果。

质量成本控制贯穿质量形成的全过程，进行质量成本控制的一般步骤如下：

①事前控制。事先确定质量成本项目控制标准，按质量成本计划所定的目标作为控制的依据，分解、展开到单位、班组、个人，采用限额费用控制等方法作为各单位控制的标准，以便对费用开支进行检查和评价。

②事中控制。按生产经营全过程进行质量成本控制，即按开发、设计、采购、制造、销售服务几个阶段提出质量费用的要求，分别进行控制，对日常发生的费用对照计划进行检查对比，以便发现问题和采取措施，这是监督控制质量成本目标的重点和有效的控制手段。

③事后控制。查明实际质量成本偏离目标值的问题和原因，在此基础上提出切实可行的措施，以便进一步为改进质量、降低成本进行决策。

（2）质量成本考核。质量成本考核就是定期对质量成本责任单位和个人考核其质量成本指标完成情况，评价其质量成本管理的成效，并与奖惩挂钩已达到鼓励鞭策、共同提高的目的。质量成本的考核应定期进行，并与经济上的奖惩办法相结合，这样充分发挥它的作用。

建立科学完善的质量成本指标考核体系，是企业质量成本管理的基础。实践证明，企业建立质量成本指标考核体系应该坚持四个原则：全面性原则、系统性原则、有效性原则和科学性原则。在进行质量成本考核时，应注意可控质量成本和不可控质量成本的划分，质量成本按其是否可控，可划分为可控质量成本和不可控质量成本；凡质量成本的发生属于某一部门或个人权责范围内，而且能够加以控制的，叫这个部门或个人的可控质量成本；反之，质量成本的发生不属于某一部门或个人权责范围内，而且不能加以控制的，叫这个部门或个人的不可控质量成本。区分可控质量成本和不可控质量成本，目的在于明确质量成本责任部门或责任者的经济责任，以正确评价其工作绩效，同时，责任者只有明确自己的控制任务，才能实现自我控制。

为了对质量成本进行控制和考核，企业应建立质量成本责任制，即在将质量成本指标分解落实到各有关部门和个人时，应明确他们的责任、权利，形成统一领导、部门归类、分级管理的质量成本管理系统。

五、质量损失

（一）质量特性波动及其损失

1. 质量特性及其波动

（1）质量特性分类

田口玄一对质量特性在一般分类的基础上作了某些调整，分为计量特性和计数特性，如图 7-8 所示。

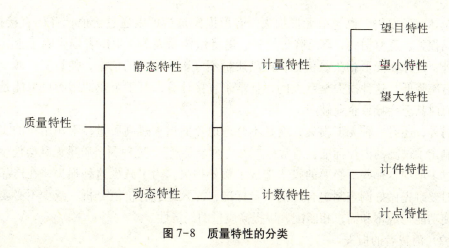

图 7-8　质量特性的分类

这里主要对计量特性进行描述。

望目特性。设目标值为 m，质量特性 y 围绕目标值 m 波动，希望波动愈小愈好，y 就被称为望目特性。例如，加工某一轴件图纸规定 φ10±0.05（毫米），加工的轴件的实际直径尺寸 y 就是望目特性，其目标值 m＝10（毫米）。

望小特性。不取负值，希望质量特性 y 愈小愈好，波动愈小愈好，则 y 被称望小特性。比如测量误差、合金所含的杂质、轴件的不圆度等就属于望小特性。

望大特性。不取负值，希望质量特性 y 愈大愈好，波动愈小愈好，则 y 被称为望大特性。比如零件的强度、灯泡的寿命等均为望大特性。

（2）质量特性波动

产品在贮存或使用过程中，随着时间的推移，发生材料老化变质、磨损等现象，引起产品功能的波动，我们称这种产品由于使用环境、时间因素、生产条件等影响，产品质量特性 y 偏离目标值 m，产生波动。引起产品质量特性波动的原因称为干扰源，主要有以下三种类型：

外干扰。使用条件和环境条件（如温度、湿度、位置、输入电压、磁场、操作者等）的变化引起产品功能的波动，我们称这种使用条件和环境条件的变化为外干扰，也称为外噪声。

内干扰。材料老化现象为内干扰，也称为内噪声。

随机干扰（产品间干扰）。在生产制造过程中，由于机器、材料、加工方法、操作者、计测方法和环境（简称 5MIE）等生产条件的微小变化，引起产品质量特性的波动，我们称这种在生产制造过程中出现的功能波动为产品间波动。

2. 质量特性波动的损失

质量损失通常是指产品由于质量不满足规定要求，对生产者、使用者和社会造成的全部损失之和。质量损失存在于产品的设计、制造、销售、使用直至报废的全过程中，涉及生产者、使用者和社会利益。

（1）生产者的损失

生产者的质量损失包括因质量不符合要求，在出厂前和出厂后两方面的损失。其中既包括有形损失，也包括无形损失。有形损失是指可以通过价值计算的直接损失，如废品损失、返修损失、降级降价损失、退货赔偿损失等。生产者损失除了上述有形损失外，还存在无形损失，例如，产品质量不好影响企业的信誉，使订货量减少，市场占有率降低。这种损失是巨大的，且难于直接计算，对于企业的影响也可能是致命的，有时甚至会导致企业破产。

另外，还有一种无形损失，就是不合理地片面追求过高质量，不顾用户的实际需要，制定了过高的内控标准，通常称之为"剩余质量"。这种剩余质量无疑会使生产者成本过多增加，那些不必要的投入造成了额外损失。为了减少这种损失，在产品开发设计时要事先做好调查制定合理的质量标准，深入地进行价值分析，减少不必要的功能，使功能与成本和需求相匹配，以提高质量的经济性。

（2）消费者的损失

消费者损失是指产品在使用过程中，由于质量缺陷而使消费者蒙受的各种损失。如使用过程中造成人身健康、生命和财产的损失；耗能、耗物的增加；人力的浪费；造成停用、停工、停产、误期或增加大量维修费用等，都属于消费者的质量损失。同时，消费者损失也有无形损失和机会损失。例如，功能不匹配就是最典型的一种。仪器某个组件失效又无法更换，而仪器的其他部分功能正常，最终也不得不整机废弃，给消费者或用户造成经济损失。这些都是产品的各组成部分功能不匹配的缘故。

（3）社会的损失

生产者损失和消费者损失，广义上来说都属于社会损失。反之，社会损失最终也构成对个人和环境的损害。这里所说的社会损失主要是指由于产品缺陷对社会造成的公害和污染，对环境的破坏和对社会资源的浪费，以及对社会秩序、社会安定造成的不良影响。

（二）质量损失函数

日本质量管理学家田口玄一认为产品质量与质量损失密切相关，质量损失是指产品在整个生命周期的过程中，由于质量不满足规定的要求，对生产者、使用者和社会所造成的全部损失之和。田口玄一用货币单位来对产品质量进行度量，质量损失越大，产品质量越差；反之，质量损失越小，产品质量越好。

田口玄一认为系统产生的质量损失是由于质量特性 Y 偏离设计目标值（用 m 表示）造成的，有偏离就会有损失。田口玄一提出了质量损失函数的概念，质量损失函数为：

$$L(Y) = K(Y - m)^2$$

质量损失函数曲线如图 7-9 所示，图中 Δ 为偏差。从图 7-9 可以看出，质量特性值波动所造成的损失与偏离目标值 m 的偏差平方成正比。不仅不合格品会造成损失，即使是合格品也会造成损失，质量特性值偏离目标值越远，造成的损失越大。

当偏差超过 Δ 时，就偏离了制造公差，就应进行返修。质量损失函数的提出使得可从技术和经济两个方面对产品的设计和制造过程质量进行分析，它为质量的技术经济性分析提供一种有效的方法，是质量的含义进一步拓展。

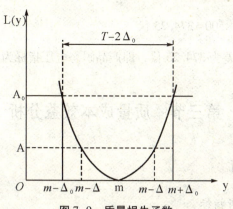

图 7-9 质量损失函数

【例 7-1】某电视机电源电路的直流输出电压 Y 的目标值为 m=115 伏，使用规格界限为 115±5 伏，超过此界限必须返修，其返修费用为 300 元。试确定其质量损失函数表达式。

解：由题目得

$300 = K (Y-m)^2$

$Y-m = 5$

$300 = 5^2 K$

则：

$K = 12$

则：其质量损失函数为：

$L (Y) = 12 (Y-m)^2$

（三）制造公差和使用规格的关系

设 Δ 为制造公差要求，Δ_0 为使用规格要求。同时设质量特性超过制造公差时的损失为 A，超过使用规格范围时的损失为 A_0，则：

$A = K\Delta^2$

$A_0 = K\Delta_0^2$

根据以上两式，得

$$\Delta = \sqrt{\frac{A}{A_0}}\Delta_0$$

因返修费用一定小于质量波动超过使用规格所造成的损失，即 $A < A_0$，根据上式得 $\Delta < \Delta_0$，即制造公差要求比使用规格要求更为严格。

【例 7-2】一燃器用压电晶体点火器的主要功性能指标是瞬态电压，其目标值为 13 000 伏，功能界限为 $\triangle_0 = 500$ 伏，丧失功能带来的损失为 5 元。产品不合格只能作废处理，其损失为 2.8 元，求该产品的出厂容差。

解：

$$\Delta = \sqrt{\frac{A}{A_0}}\Delta_0 = \sqrt{\frac{2.8}{5}} \times 500 = 374.25 \ 伏$$

则该产品的出厂容差为 374.25 伏，即产品瞬态电压指标为为 13 000±374V。

第三节　质量成本效益分析

一、质量成本效益分析

（一）质量成本效益分析指标

质量成本效益分析就是通过分析质量成本与有关指标的关系，以便从一个侧面大体反映质量经营的状况及其对质量经济效益的影响，借以说明企业进行质量成本核算和管理、开发质量成本的重要性。具体指标如下：

产值质量成本率＝质量成本总额÷企业总产值×100%

销售收入质量成本率＝质量成本总额÷销售收入总额×100%

销售利润质量成本率＝质量成本总额÷销售利润总额×100%

产品成本质量成本率＝质量成本总额÷产品成本总额×100%

质量成本利润率＝销售利润总额÷质量成本总额×100%

推行质量成本后故障成本降低率＝（推行前故障成本−推行后故障成本）÷推行前故障成本×100%

推行质量成本后废品损失降低率＝（推行前废品净损失−推行后废品净损失）÷推行前废品净损失×100%

（二）质量、成本、效益三者之间的关系

应该辩证地看质量、成本、效益三者的关系。一方面，质量的提高会导致成本的增加，如果这个增加量不合理，盲目投入，就很有可能使质量成本过大，质量成本支出不经济合理，进而导致利润下降；另一方面，质量的成本如果增加合理，则通过质量的提高，使产品价格得以提升，同时产品市场占有率扩大，企业的利润自然就会上升。

一定水平的质量是建立在相应的质量成本基础之上的，单纯片面地追求产品的"高质量"势必造成高成本、高消耗，给组织的经济效益带来不良影响。反之，盲目地强调经济效益，降低质量成本必将导致产品质量水平下降，最终影响组织的经济效益。因此，必须综合考虑质量成本与经济效益之间的关系，制定出合理的质量特性，才能有利于组织经营目标的实现。从经济效益的角度出发，确定质量成本的原则是在保证满足规定的产品质量水平的前提下，使组织获得最大的利润。

随着质量成本的增加，产品的质量水平逐渐提高。这是因为随着预防费用、鉴定费用的增加，组织内部质量教育与培训、质量管理、质量改进、质量评审、检验与试验等与质量有关的工作得到了进一步的加强，提高产品质量的手段进一步完善，使得

产品的质量水平得到逐渐提高。

随着质量成本的增加，开始时，由于产品的质量水平逐渐提高，产品的使用价值也得到提高，产品对顾客的吸引力越来越大，相应地，组织的经济效益也得到提高。但是，当质量成本增加到一定的程度，产品的成本也必将随着增加。如果产品的销售价格保持不变，那么产品的销售利润将会下降。如果提高产品的销售价格，那么产品对顾客的吸引力会越来越小，产品的销售额就会降低，必然导致组织经济效益的降低。

增加预防费用可以提高产品质量，从而减少内部损失费用和外部损失费用，也会在一定程度上减少鉴定费用，反之将相反。但是预防费用并非越高越好，一般来说，当质量水平达到一定程度，如果要进一步提高产品质量或降低损失费用，组织将需要支付高昂的预防费用，这样质量总成本反而会增加。因此，要在质量总成本最佳的前提下确定一个合适的预防费用比例，使其在相应的质量成本水平下达到最佳值。

对于很多公司来说，不良质量的成本是非常可观的。这种成本包括能明确计入成本的（如检验、试验活动、废品、返工和投诉等），和未能明确计入成本的（如发生在经理、设计人员、采购人员、监督者、销售人员等身上的）两大部分。如果质量上出现了失败，企业不得不耗费大量的时间和精力重新计划、改变设计、召开协调会议等。这些成本加起来占销售额很高的比例。

决定一种产品销售成功的因素是多种多样的。它们包括市场条件、产品的特点及通过广告而树立的形象、用户的社会文化背景和信贷工具。除垄断和产品短缺外，在所有的条件中最主要的因素是产品质量，这是许多用户所体会到的。依靠强大的媒介宣传攻势，任何产品的需求都可以创造出来，对这一观点虽然不少人有争议，但就产品的产出和首次销售而言，是有可能的。但是，重复和持续地销售却只能依赖于合理的成本和良好的产品质量。

只有质量、效益上去了，企业的竞争实力才能根本提升，才有能力培育市场、坚守市场、拓展市场。没有高质量的服务和卓越的绩效，企业就不具备长期的市场竞争优势，就会失去应有的生命力。提高质量，会使企业在提高经济效益方面有很大的进步。

二、质量与效益的协调平衡

（一）质量成本效能

在质量和成本两者之间究竟该如何平衡，以保证获得一定的利润？这个问题的关键在于质量资本投入量的多少。企业若要在提高质量的同时增加收益，就必须合理安排质量资本投入结构，核算出一个最佳的资本投入方案。要根据质量、在这个质量最佳结合点上，企业所增加的投入成本与质量所带来的收益是相适宜的，其运行状态也是最佳的。

为了便于我们对质量的经济性管理，实现质量与效益的协调平衡，需要引入成本效能的概念。

成本效能指的是企业通过成本耗费所形成的价值与所付出的成本的比值。这是衡量成本使用效果的指标，其计算公式为：

$$成本效能 = \frac{产品价值}{产品成本}$$

成本效能也是成本的一种状态，它通过对企业的成本剖析，将成本划分为基本成本和效能成本。基本成本是企业为生产一种产品或提供某种服务通常所需的成本，具有普遍性和通用性。而效能成本虽然使单位产品成本在基础上有所增加但它却能通过增加少量成本支出形成更大的价值，具有新颖性和独特性，往往能体现出个性化的产品或服务。

成本效能更应注重成本支出与其创造价值的比较分析，从另一角度讲，效能成本是一种外延扩大化了的质量成本。

由于任何组织的资源都是有限的，因此需要在质量、成本和效益之间进行预测、权衡、比较和分析。也就是说使质量与成本的关系处于适宜状态，以最恰当的质量成本投入，争取最理想的质量经济效果，发挥最好的质量成本效能。

（二）质量与效益的协调平衡

1. 尽可能减少成本支出

从单纯地降低成本向尽可能少的成本支出来获得更大的产品价值转变，以成本支出的使用效果来指导质量决策，这是成本管理的高级状态。

2. 对产品多方面进行改善

随着买方市场的形成及竞争的日益激烈，消费者购买产品的关注度也逐渐趋向全面化和多元化，即更加关注产品的外包装、品牌、质量、功能、售后服务等各个方面，相应地，企业的生产也应在市场调查的基础上，针对市场需求和企业的资源状况，对产品和服务的外观、质量、品种等提出要求，并对销量、价格、收益等进行预测，对成本进行估算，研究质量成本增减与收益增减的关系，确定有利于提高质量效益的最佳方案。

第四节　研究前沿

20 世纪 50 年代初期，人们便开始了对质量经济性的研究与探讨。1951 年，朱兰博士在著作《朱兰质量手册》中首次提出了质量经济性的概念，将发生在不良品上的质量成本比喻为有待挖掘的"矿中黄金"，并把可见的不良品比喻为"水上冰山"，但因当时美国工业发展势头良好，并未面临巨大的成本竞争压力，朱兰博士的思想并没有得到足够的重视。随着竞争的不断加剧，企业界逐渐认识到成本对于竞争的重要性，质量成本理论作为降低成本的有效工具开始得到重视，早期的质量经济性理论主要围绕质量成本展开。1956 年，美国著名质量管理专家费根鲍姆博士在其著作《全面质量管理》中，首先运用质量成本概念来分析质量的经济性问题。他在书中系统论述了质量成本概念，并把质量成本划分为"预防成本""鉴定成本""内部故障成本"和"外部故障成本"四个项目，在此基础上，他建立了著名的最佳质量成本模型。

质量成本管理理论是市场竞争的产物。近些年来，随着知识经济的发展及生产力的不断提高，质量经济性分析与成本管理出现了新的发展。

一、质量成本战略

传统的质量成本管理虽对控制质量成本有一定的作用和效果，但在市场竞争激烈及新的制造环境等条件下，缺陷已经显现，如传统质量成本管理的视野范围较为狭窄，且传统质量成本管理的目标局限于成本，缺乏战略眼光，从长期来看，不利于企业核心竞争力的形成。基于此，战略质量成本管理的重要性及其价值被更多的企业所认知，并将战略质量成本管理作为重要的质量成本管理文化。

战略质量成本管理是企业为了获得和保持长期的竞争优势而进行的质量成本分析与管理，其目的是适应企业越来越复杂多变的生存和竞争环境。战略质量成本管理作为战略管理在质量成本领域的延伸，是以"战略定位"和"价值链分析"为主要内容的质量成本管理的新思想，具有外向性、长期性和全局性的特点。

1. 战略定位分析

战略定位是指企业在质量成本管理中，打算采取什么样的竞争战略去实现竞争优势的一种管理方法。美国迈克尔·波特提出了三种竞争战略，即成本领先战略、差异化战略和重点集中战略，企业应该根据具体情况，选择适宜的质量成本战略，以获取竞争优势。

在质量成本管理中，推行成本领先战略，就是指企业通过加强内部质量成本控制，在建设投产、研究开发、生产、销售、服务等环节，把质量成本降到最低限度，主要是面对行业中的竞争压力，增强企业讨价还价的能力和竞争能力。

在质量成本管理中，推行差异化战略，主要是提供与众不同的产品质量和服务，满足顾客特殊需求，形成竞争优势战略。如在设计、品牌形象、技术特点、售后服务等方面，独树一帜，具有其独特的质量特点。

在质量成本管理中，推行重点集中战略，就是指企业把质量成本管理的重点放在一个特定的目标市场上，为特定的地区或特定购买群体提供特定质量的特殊产品或服务。一般采用这种战略质量成本管理的企业，基本上是特殊的差别化企业或成本领先企业。

2. 价值链分析

价值链视角将企业视为最终满足顾客需要而设计的一系列作业的集合体。价值链分析通过识别、利用企业内外部的联系，培植企业的核心竞争力，在质量成本管理中，价值链分析主要可从内部价值链和外部价值链分析两方面入手。

内部价值链分析。按照作业成本管理的观点，产品是由一系列作业集合而成的，各项作业形成作业链，作业链的形成同时也是价值链的形成过程。因此，内部价值链分析的目的，在于区分价值链中的增值作业和非增值作业。质量成本中，内部和外部缺陷作业及其相关成本都属于非增值作业，应予以彻底消除；而预防作业则可视为增值作业，予以保留。

外部价值链分析。外部价值链是指从原材料到最终用户对产成品进行处置等一系列相互联系的创造价值的作业集合。

战略质量管理强调的是知己知彼，以了解竞争对手的情况获得竞争优势，即既要知道上游供应商的情况又要清楚下游客户与经销商的情况，并协调好与他们的关系，同时，更需要对竞争对手的基本状况进行分析与研究，分析利用上下游价值链关系的可能性。通过对上游供应商的分析，与上游供应商协调，达成长期的合作关系，可保证企业检验成本中材料检验费用的大幅度下降，把握质量成本优势。

二、全面质量成本管理

当今的经济环境要求质量成本管理重新构建，世界范围的竞争压力，服务产业的增长，以及信息和生产技术的进步已经改变了经济的性质，并引起了众多企业经营业务的方式发生了显著的改变。面对复杂多变的经济环境，传统质量成本管理方法已力不从心，近些年来，全面质量成本管理已越来越受到企业的重视。

全面质量成本管理是指质量成本管理各环节的全面管理、全过程的成本管理、全方位的成本管理、全员成本管理。

1. 质量成本管理的全面管理

质量成本管理的环节包括质量成本的预测、计划、实施、控制、考核等，实行全面成本管理，从管理环节来说，就是要全面地开展这些工作，并且贯穿生产技术经营过程的始终，只有这样，才能更加及时、有效地挖掘降低质量成本的潜力。

2. 全过程的质量成本管理

实行全面质量成本管理，是对影响产品质量成本形成的全过程进行管理，按照这一要求，不仅应该对正式投产的原材料供应、生产进行成本管理，而且应该在设计阶段就对设计、工艺制定和专用设备购建等方面进行成本管理。

3. 全方位的质量成本管理

从管理对象来说，不但应该核算与管理成本，而且应注重成本经营，搞好技术决策。

4 全员成本管理

就是对企业内部各单位全体员工进行质量成本管理，不仅对会计人员进行成本管理，而且各生产车间、班组以及设计、技术、供应、生产、销售、行政职能部门人员等全体员工都要参加质量成本管理，充分调动企业内部全体员工关心和参加质量成本管理的积极性。

较传统质量成本管理而言，全面质量成本管理带来了成本管理方式的重大变革。成本管理的职能由财务部门单一的管理，转向企业各部门参加的全面管理；成本管理的范围由生产过程，物资供应过程转向从产品设计开发至售后服务的全过程；成本管理的目标由单一成本计划转向计划与责任；成本管理的重点由事后核算转向事前和事中控制；隐性质量成本的控制成为全面质量成本管理的重要内容；全面质量成本管理引发企业管理层的观念和思维方式的更新。

三、基于顾客满意的质量成本控制

随着知识经济的发展及生产力的不断提高，人们对产品的需求已从单一技术性发展到了技术经济性并扩展到了精神领域，并且满足精神需求的产品所占的比例已经大大超过了满足生理需求所占的比例，这就使得质量观发生了很大的变化，最终形成了"顾客满意"为核心的全新质量观。各企业也纷纷将"顾客满意"运用到质量成本控制中去。

一些研究者从质量成本理论出发，探讨了关于顾客满意水平的质量成本的内容和特性，并在此基础上分析了企业在质量改进方面具有不停态度和行为的原因，他们认为，顾客满意条件下的质量成本模型更适合于解释整个企业的产品及服务的质量决策。基于顾客满意的质量成本控制，以顾客满意为导向，使质量成本改善的方向更加明确、更加有针对性，将质量成本作为联结企业价值与顾客价值的中介，在实现顾客价值最大化的前提下实现企业价值最大化有助于去也战略的实施与竞争力的提高。

以顾客满意的程度作为衡量企业产品质量的标准，质量无缺陷必须为前提条件。顾客满意度往往是事前期待与产品实际状况的比较结果，对于某一种产品而言，顾客事前期待的产品质量由产品质量和服务质量两部分构成，在一定市场环境下，顾客总的事前期待并非无限制的增加，而是有一定限度的，这使得在顾客满意的目标下，产品质量与服务质量具有互补性。在基于顾客满意的质量成本控制时，应该建立顾客满意度测评体系，将顾客划分外部顾客和内部顾客，进行顾客满意度分析与质量成本控制分析。

通过外部顾客满意度测评报告，企业可以得知相关产品或服务在理念满意、视觉满意、行为满意等各方面的满意度，对于给企业带来巨大经济效益的顾客满意度低的指标，挖掘其深层原因，从而有效的实施质量成本控制。

对于内部顾客，首先企业要清楚的明白，内部顾客既是生产外部顾客满意产品的直接参与者，也是质量成本控制的直接管理者。在一些跨国企业对顾客服务的研究中发现，员工满意度与企业盈余之间是一个价值链关系，因此，企业对内部顾客满意度应该引起足够的重视，忽视这一点必然影响到企业的质量成本。

四、信息系统在质量成本管理中的应用

随着现代信息技术的发展，计算机作为辅助企业管理工具的应用越来越广泛，加上企业质量成本管理活动产生了大量的质量信息数据，对这些数据的分析整理计划控制方面提出了更高的要求。因此，计算机辅助手段在质量成本管理领域的应用已经成为推动企业质量改进、提高经济效益的必然趋势。

近些年来，随着我国经济的不断发展，企业为了实现低成本高效益，在管理中越来越多地运用质量成本信息系统，在这样的前提下，质量成本信息系统的用途越来越大。因此建立一个质量成本信息系统对于一个企业来说是非常重要的，它不仅可以降低质量成本，与企业的其他管理系统相结合还可以使企业实现管理的电子化，从而提高企业的效率。

计算机辅助质量成本管理系统是运用计算机实现质量成本数据的采集、分析、处理、传递的自动化，实现质量成本数据核算、质量成本分析、质量成本控制、质量成本计划。其根本目的在于有效地支持企业全面实施质量成本管理，支持企业完善质量成本体系，促进质量成本体系的有效运作，向企业各层次的决策者提供快速而正确的各类质量成本信息，支出决策者适时做出决策并迅速传递决策指令，有效支持企业实现过程质量的及时控制，支持企业持续发展过程中的质量成控制。

计算机辅助质量成本管理系统的主要功能模块包括质量成本核算系统、质量成本分析系统、质量成本控制系统、质量成本计划系统，其功能分别是实现质量成本的核算、分析、控制与计划，各子系统分别负责不同的任务。质量成本核算系统负责把质量成本的数据按照质量分析系统提供的质量成本数据要求进行核算，核算方案由质量成本管理系统提供。将得到的质量活动费用的实际发生值传递给质量成本控制系统；质量控制系统将得到的质量活动费用实际发生值进行审核，反馈到质量成本管理系统中。比照质量成本计划系统提供的控制目标，得到控制报告返回计划系统，同时，也要把控制报告传递给质量成本分析系统进行使用；质量成本计划系统给整个成本管理系统提供决策方案。质量成本管理系统完成各子系统的连接以及数据的传递。同时设置有文档归纳及打印的功能，方便各数据流动过程中的各种表单的输出，方便管理。

21 世纪是一个信息技术高速发展的世纪，企业应该充分抓住这个大好形势，不断地发展和完善质量成本管理信息系统。可以这么说，在高速发达的信息社会里，质量成本管理信息系统是实现质量成本管理信息化的唯一出路。

案例分析

大连三洋制冷有限公司的质量成本管理

大连三洋制冷有限公司（以下简称大连三洋制冷）是国际一流的双效溴化锂吸收式中央空调专业制造企业，是中日合资高科技企业。其制冷的所有产品占国内市场的30%以上，并以其高质量大批量出口日本。1992 年成立以来，企业迅速成长为行业的领先者。然而，在行业进入成熟期后，企业的增长势头受到抑制。2002 年，为进一步提高管理水平，大连三洋制冷在生产过程中逐渐加强了对质量成本的管理与控制。

一、大连三洋制冷实施质量成本法的原因分析

2002 年，大连三洋制冷引进日本丰田的精益生产方式后，对现场中的库存、制造过多（早）、等待、搬运、加工等七种浪费的存在有了比较清醒的认识，并且在实际工作中努力加以消除。但是随着活动的深入，很多由相关的管理工作引起的浪费难以度量，其所可能造成的损失不易衡量。这些问题如果得不到有效的解决，将阻碍活动深入持久地进行。

大连三洋制冷早在 1996 年就在中央空调行业率先通过了 ISO 9001 质量管理体系认证，在质量管理上取得了非常好的成绩。但是，一些质量损失难以从财务核算的角度，对质量体系的有效性进行测量，而在企业的日常管理活动中又存在着许多无效的管理，使企业的经营管理难以得到持续改进。为此，需要一种新的工具来发现这些质量成本

的浪费，在经过反复比较后，三洋制冷选择了质量成本法来解决这一问题。

二、大连三洋制冷实施质量成本管理的做法

1. 实施前注重培训，提高参与人员素质

大连三洋制冷为了搞好质量成本工作，成立了以副总经理为组长的推进机构，各部门主管和推进人作为组员，成为工作推动的主力军。此外，对全体员工进行培训，使全员具备必要的知识储备，在此基础上进行了许多的改善工作，推动质量成本工作有序进行，取得了比较突出的成绩。

2. 明确职责，落实到位。

开展质量成本管理，必须建立以质量责任制为核心的经济责任制，明确每个职工在质量工作中的具体任务、职责和权限。切实做到人人有专责、事事有人管、办事有标准、工作有检查、考核有奖罚。

首先，企业质量成本目标与质量目标有机衔接，质量成本目标应是质量目标的重要内容；其次，在管理职责和有关质量体系文件中，规范每个职工的任务、职责和权限，明确考核标准并坚持严格考核，真正体现质量经济性和质量成本的思想；再次，根据企业实际确定了适宜的质量成本科目，健全质量成本管理制度；最后，建立以质量管理部门为中心的质量信息反馈管理系统，理顺质量信息流通渠道，及时收集、分析、处理和传递有关质量信息，供企业领导决策时参考。

3. 在实施成熟后，将质量成本制度化

大连三洋制冷在质量成本法实施成熟后，把业务流程程序化，并将相关内容纳入到 ISO 9001 体系中，对文件进行了相应的修订，使质量成本管理制度化并且依据企业的实际情况适时更新与完善，做到以实践来完善理论，而不是拿理论框架来束缚企业自身，做到了理论与实践相结合，并在实践中不断完善补充相关理论。

资料来源：田华秀. 质量成本案例分析 [J]. 商情，2011，（36）.

思考题：

1. 结合案例，说明企业实施质量成本管理的重要性。

2. 说明大连三洋制冷实施质量成本管理，取得成功的关键所在。

3. 为了让公司更好地实行质量成本管理，请提出可行性的建议。

本章习题

1. 试解释什么是质量成本。

2. 简述质量成本的构成。

3. 预防成本、鉴定成本、内部损失成本和外部损失成本分别包含哪些内容？

4. 内部运行质量成本包括哪些内容？

5. 简述质量成本特性曲线的特征。

6. 利用质量成本特性曲线说明如何确定最佳质量水平？

7. 分别说明质量改进区、质量控制区和质量至善区的特征。

8. 分别说明当质量水平处于质量改进区、质量控制区和质量至善区时，质量管理的重点。

9. 简述质量成本科目的设置。

10. 把质量成本划分为显性质量成本和隐性质量成本的依据是什么?

11. 简述质量成本分析包括哪些内容?

12. 简述质量成本分析方法。

13. 简述质量成本报告的主要内容。

14. 简述质量特性波动对生产者所造成的损失。

15. 简述质量特性波动对顾客所造成的损失。

16. 简述质量特性波动对社会所造成的损失。

17. 结合实例,说明提高产品生产过程质量经济性的途径。

18. 什么是质量损失函数?

19. 试利用质量损失函数说明制造公差比使用规格更加严格。

20. 某电视机电源电路的直流输出电压 Y 的目标值为 $m=115$ 伏,使用规格界限为 115 ± 5 伏,超过此界限的功能损失为 $A_0=300$ 元。

(1) 试确定损失函数表达式。

(2) 已知不合格时的返修费用 $A=80$ 元,求制造公差。

(3) 如果产品的直流输出电压 $Y=112$ 伏,能否放行该产品。

第八章　六西格玛管理

第一节　六西格玛管理的概述

一、六西格玛管理的含义及特点

（一）六西格玛管理的含义

西格玛是希腊字母 σ 的译音，在统计学上用来表示标准差值，用以描述总体中的个体离平均值的偏离程度，也用于衡量质量特性值在工艺流程中的变化，企业也借用西格玛的级别来衡量在生产或商业流程管理方面的表现。传统的质量管理对产品质量特性的要求一般为 3σ，即产品的合格率达到 99.73%，如果某项工作每 100 万次出错机会中实际出现错误为 66 807 次。如果某项工作每 100 万次出错机会中实际出现错误只有 3.4 次，就认为这项工作达到了 6σ 水平。6σ 质量水准的缺陷率大约减少到 3σ 质量水准的 1/20 000。由此看出，6σ 是一个近乎完美的质量水准。"6σ"中的"6"代表 6 种管理含义：用来经营一项生意的战略；各种各样的行业中形成的用来加快改进步伐的经营管理系统；一系列的过程，它将选择的方法、技术、实际行动联系在一起；由管理原理、统计技术、全身心投入的员工一起精心构造的系统；用来解决问题和消除偏差的工具；一种企业文化。

六西格玛管理被定义为："获得和保持企业在经营上的成功并将其经营业绩最大化的综合管理体系和发展战略，是使企业获得快速增长的经营方式。"六西格玛管理不只是技术方法的引用，而是全新的质量管理模式。

（二）六西格玛管理的特点

1. 以顾客为关注焦点

获得高的顾客满意度是企业所追求的主要目标，然而顾客只有在其需求得到充分理解并获得满足后，才会满意和忠诚。以前有很多企业仅是一次性或短时间的收集顾客的要求或期望，而忽略了顾客的需求是动态变化的，从而达不到高的顾客满意度。在 6σ 管理中，以顾客关注为中心，如：6σ 管理的绩效评估就是从顾客开始的，6σ 管理的改进程度是用其对顾客满意度和价值的影响来确定的，即一切以顾客满意和创造顾客价值为中心。

2. 基于数据和事实驱动的管理方法

6σ 管理把"基于事实管理"的理念提到了一个更高的层次。6σ 管理法的命名已经说明了 6σ 法与数据和数理统计技术有着密不可分的关系。6σ 管理方法明确了衡量企业业绩的尺度，然后应用统计数据和分析方法来建立对关键变量的理解和获得优化结果。

3. 聚焦于流程改进

在 6σ 管理中，流程是采取改进行动的主要对象。设计产品和服务，度量业绩，改进效率和顾客满意度，甚至经营企业等都是流程。流程在 6σ 管理中是成功的关键。精通流程不仅是必要的，而且是在给顾客提供价值时建立竞争有事的有效方法。一切活动都是流程，所有的流程都有变异，6σ 管理帮助人们有效减少过程的变异。

4. 有预见的积极管理

6σ 管理包括一系列的工具和实践经验，它用动态的、即使反应的、有预见的、积极的管理方式取代那些被动的习惯，促使企业在当今追求几乎完美的质量水平而不容出错的竞争环境下能够快速的向前发展。

5. 无边界合作

"无边界"是指消除部门及上下级间的障碍，促进组织内部横向和纵向的合作。6σ 管理扩展了这样的合作机会，在 6σ 管理法中无边界合作并不意味着无条件的个人牺牲。这里需要确切地理解最终用户和流程中工作流向的真正需求，更重要的是，它需要用各种有关顾客和流程的知识使各方同时受益，由于 6σ 管理是建立在广泛沟通基础上的，因此 6σ 管理法能够营造出一种真正支持团队合作的管理结构和环境。

二、六西格玛管理的由来及发展

(一) 六西格玛管理的由来

从 20 世纪七八十年代，摩托罗拉在同日本的竞争中先后失掉了收音机、电视机、BP 机和半导体市场。1985 年，公司面临倒闭，激烈的市场竞争和严酷的生存环境使摩托罗拉的高层领导得出了这样的结论："摩托罗拉失败的原因是其产品质量比日本同类产品的质量相差很多，更深层的原因是公司原来的质量管理方法有问题。"于是，摩托罗拉公司总结了前人质量管理经验，创建了六西格玛管理的理念，在其首席执行官高尔文的领导下，摩托罗拉开始了六西格玛管理之路。

当时，摩托罗拉拿出年收入的 5% 到 10% 来纠正低劣的质量。公司利用精确的评估标准预测可能发生问题的区域，通过预先关注质量而获得一种主动权，而不是被动地对质量问题做出反应，也就是说，六西格玛将使公司领导人在质量问题上抢先一步，而不是被动应付。

自从采用六西格玛管理之后，1989—1999 年，该公司平均每年提高生产率 12.3%，因质量缺陷造成的损失减少了 84%，六西格玛管理使得摩托罗拉公司降低了成本，提高了产品质量、市场占有率和利润。

(二) 六西格玛管理的发展

让六西格玛管理模式名声大振的还有美国通用电气公司 (GE)，该公司自 1995 年推行六西格玛管理模式以来所产生的效益每年呈加速递增。六西格玛成为 GE 成长最主要的驱动因素。GE 公司将六西格玛管理应用于企业经营管理活动的各个方面，并取得了巨大的收益。例如，一个六西格玛项目小组完成了改进产品交付周期的项目，他们了解到，顾客希望其产品交付期不超过 10 天，而实际上他们的产品交付期平均为 33 天，西格玛水平仅为 -1.19。通过运用六西格玛方法，他们将交付期缩短为平均 2.3 天，西格玛水平提高到 1.69。GE 公司这样的案例数不胜数。自 GE 推行六西格玛管理模式以来，每年节省的成本为：1997 年 3 亿美元、1998 年 7.5 亿美元、1999 年 15 亿美元；利润从 1995 年的 13.6% 提升到 1998 年的 16.7%。2005 年市值突破 30 000 亿美元，成为世界上最盈利和最值钱的企业，其总裁杰克·韦尔奇被人们赞誉为"世界头号老板"。

杰克·韦尔奇视六西格玛管理为企业获得竞争优势和经营成功的金钥匙。他说，"六西格玛管理是 GE 公司从来没有经历过的最重要的管理战略""六西格玛是 GE 公司历史上最重要、最有价值、最盈利的事业，我们的目标是成为一个六西格玛公司"。这意味着公司的产品、服务、交易追求零缺陷。

三、六西格玛管理与全面质量管理 TQM 及 ISO 9000 标准的比较

（一）六西格玛管理与全面质量管理 TQM 的比较

目前，六西格玛管理正处于热潮之中，因此无论是企业界还是管理界，都开展了很多有关全面质量管理 TQM 与六西格玛管理的探讨，不少人认为六西格玛管理将会取代全面质量管理。六西格玛管理之父哈里认为："六西格玛管理所表现出的处理方式、适应性和功能都不同于其他的质量管理方法。"尽管哈里没有明确评论六西格玛管理与全面质量管理的关系，但可以看出六西格玛管理与全面质量管理还是有所不同的。鉴于此，这里将从两者的概念、本质特征、运作方式和关注重点四方面来对其进行比较与分析。

概念不同。全面质量管理追求顾客满意，连续不断地满足顾客要求，强调人人参与；而六西格玛管理不仅重视顾客的声音，同时也重视股东的利益和追求财务方面的效果，即绩效指标。全面质量管理过于重视质量和顾客满意，但有时公司不能获利；而六西格玛管理却十分重视公司获利，这也是全面质量管理在企业中逐步淡化的原因之一。

本质特征不同。全面质量管理是一种整体性概念、方法、过程与系统的质量管理框架；而六西格玛管理利用项目，进行突破性的质量改进和过程改进，并与公司的策略结合在一起。全面质量管理关注的层面多，而六西格玛管理却与公司策略结合在一起。

运作方式不同。全面质量管理以连续改进为核心，通过全员参与和团队合作的方式，推动全面的质量管理活动；而六西格玛管理是以受过良好培训的、结构化角色为主导的团队结构，通过项目管理的方式，推动关键过程的改进或再设计。因此，全面质量管理是全员参与的质量改进，而六西格玛管理是通过大量培训和有组织的人力投入进行改造和再造。

关注重点不同。全面质量管理是全员质量管理，所有过程与系统，都是连续改进的着眼点；而六西格玛管理关注由顾客反应确定的关键过程与系统，即全面质量管理关注的过程范围广，而六西格玛管理则着重于关键过程。

（二）六西格玛管理与 ISO 9000 的关系

1. ISO 9000 标准和六西格玛管理的目的不同

六西格玛管理是关于组织经营业绩改进的管理战略和获得突破性改进的科学的方法论。而 ISO 9000 标准是关于质量管理体系的一个标准，是质量管理体系建设的基本要求，它告诉组织在建设质量管理体系时，应该考虑的要求和基本方面。许多组织已经通过了 ISO 9000 标准的认证，而这个认证仅向人们表明，组织的质量管理体系达到了 ISO 9000 标准的基本要求。因此，六西格玛管理和 ISO 9000 标准适用于不同的目的。

2. ISO 9000 标准为六西格玛管理的实施提供了基础平台

ISO 9000 标准是将管理过程规范化的手段，它的应用在很大程度上促进了组织流程的规范管理，对质量管理体系的运行起到了很好的保持作用。而在实施六西格玛管理的过程中，也非常需要有这样一个保持体系。特别是在六西格玛管理项目结束后，它需要不断保持其效果，才能持续地产生收益。在这方面，需要依据 ISO 9000 标准建立的质量管理体系给予有价值的支持。用 ISO 9000 标准的基本要求，也可以规范组织的六西格玛管理推进工作，使六西格玛管理体系化，从而促进六西格玛管理成为组织日常工作的一部分，在组织中很好地保持下来。

3. ISO 9000 标准是组织进入国际市场的"准入证"，六西格玛管理则是组织进入国际市场的"通行证"

在激烈的市场竞争中，许多国家为了保护自身的利益设置了种种贸易壁垒，包括关税壁垒和非关税壁垒。随着贸易保护主义和各国对关税的抵制，保护的天平已从关税壁垒倒向了非关税壁垒，而其中非关税壁垒主要是技术壁垒。为了消除贸易技术壁垒，出口商除应按国际标准组织生产外，还要符合质量认证的要求，即符合产品认证和 ISO 9000 标准质量管理体系认证的要求。所以取得 ISO 9000 标准认证证书等于组织得到了进入国际市场的"通行证"。但是，一个组织如果想长期稳定地在该国际市场上占有一席之地，仅仅依靠 ISO 9000 标准认证是不够的。通过 ISO 9000 标准认证只能证明组织已经具备保证本组织生产或提供的产品或服务达到了国际基本标准的能力，但这种能力是否能长期保持下去还需要组织对本组织生产或提供的产品或服务以及质量管理体系进行持续改进，因此，组织还需采用一些有效的质量管理方法，以确保质量得到持续改进，而六西格玛管理是众多质量管理方法中非常有用的一种方法。

四、六西格玛水平测算

（一）常用术语

（1）单位（Unit）：过程加工过的对象，或传递给顾客的一个产品及一次服务，通常是对应其技术的物和事。如一件产品、一次电话服务等。

（2）缺陷（Defect）：产品或服务没有满足顾客的需求或规格标准。

（3）缺陷机会（Defect Opportunity）：单位产品上可能出现缺陷的位置或机会。

（二）单位缺陷数（DPU）、机会缺陷数（DPO）、百万机会缺陷数（DPMO）

1. 单位缺陷数（DPU）

单位缺陷数 DPU，是过程输出的缺陷数与该过程输出的单位数的比值。其计算公式如下：

$$DPU = \frac{缺陷数}{单位产品数}$$

2. 机会缺陷数（DPO）

机会缺陷数 DPO，表示每次机会中出现缺陷的概率。其计算公式如下：

$$DPO = \frac{缺陷数}{产品数 \times 机会数}$$

3. 百万机会缺陷数（DPMO）

百万机会缺陷数 DPMO 是 DPO 以百万机会的缺陷数表示。计算公式如下：

$$DPMO = \frac{缺陷数}{产品数 \times 机会数} \times 1\,000\,000$$

【例 8-1】 某汽车备件公司的电话销售部门一年内共收到电话订货 20 个，每个电话订货 4 件，其中未能准时发货的 5 件（过程的缺陷是备件未准时发货），计算该过程的 DPU、DPO、DPMO。

解：由题目得

$$DPU = \frac{缺陷数}{单位产品数} = \frac{5}{20} = 0.25$$

$$DPO = \frac{缺陷数}{产品数 \times 机会数} = \frac{5}{20 \times 4} = 0.062\,5$$

$$DPMO = DPO \times 1\,000\,000 = 0.062\,5 \times 1\,000\,000 = 62\,500$$

（三）首次产出率（FTY）、流通产出率（RTY）

1. 首次产出率（FTY）

首次产出率（FTY）是指过程输出以一次达到顾客规范要求的比率，也就是我们常说的一次提交合格率。其计算公式如下：

$$FTY = \frac{一次提交产品合格数}{投入产品总数} \times 100\%$$

2. 流通产出率（RTY）

流通产出率（RTY）是构成过程的每个子过程的 FTY 的乘积，表明由这些子过程构成的大过程的一次提交合格率，$RTY = FTY_1 \times FTY_2 \times \cdots \times FTY_n$，式中：$FTY_i$ 是各子过程的首次产出率，n 是子过程的个数。其计算公式如下：

$$RTY = FTY_1 \times FTY_2 \times \cdots \times FTY_n$$

用 FTY 或 RTY 测量过程可以揭示由于不能一次达到顾客要求而造成的报废和返工返修以及由此而产生的质量、成本和生产周期的损失。这与我们通常采用的产出率的测量方法是不尽相同的，很多企业中，只要产品没有报废，在产出率上就不计损失，因此掩盖了由于过程输出没有一次达到要求而造成的返修成本的增加和生产周期的延误。

【例8-2】某生产过程由4各生产环节构成，该过程在步骤2和步骤4之后设有质量控制点。根据生产计划部门的安排，投料10件，经过步骤1和步骤2的加工后，检验发现两个不合格品，一件须报废，另一件经返修处理后可继续加工，这样有9件进入了后续的加工过程。这9件产品经过步骤3和步骤4后又有一件报废、一件返修。整个加工结束后，有8件产品交付顾客。求步骤2和步骤4后FTY_2和FTY_4，以及RTY。

解：由题意得，步骤2和步骤4的首次产出率分别为：

$$FTY_2 = \frac{10-(1+1)}{10} \times 100\% = 80\%$$

$$FTY_4 = \frac{9-(1+1)}{9} \times 100\% = 78\%$$

则，整个生产过程的流通产出率为：

$$RTY = FTY_1 \times FTY_2 = 80\% \times 78\% = 62.4\%$$

第二节　六西格玛管理的组织与推进

一、六西格玛管理的组织

（一）组织形式

六西格玛管理组织结构图如图8-1所示。

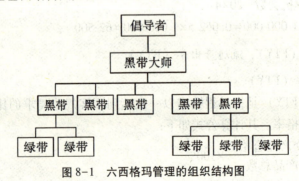

图8-1　六西格玛管理的组织结构图

1. 倡导者

倡导者是资深经理或流程负责人，负责在自己的责任范围内发起，支持及带领一个项目的进行。他们也会决定这些项目的总体目标及范围。其职责包括：

（1）保证项目与企业的整体目标一致，当项目没有前进方向时，指明方向；

（2）使其他领导指导项目的进展；

（3）制定项目选择标准，校准改进方案，特许项目展开；

（4）为黑带团队提供或争取必需的资源，如时间、资金等方面的保障，建立奖励制度，推进活动展开；

（5）检查各阶段任务实施的状况，排除障碍；

（6）协调与其他六西格玛项目的矛盾、重复和联系；

（7）评价已完成的六西格玛项目。

2. 黑带主管（大师）

黑带主管又称为黑带大师。黑带主管是六西格玛的全职管理人员，在绝大多数情况下，黑带主管是六西格玛专家，通常具有工科或理科背景，或者具有相当高的管理学位，是六西格玛管理工具的高手。黑带主管更多的是扮演企业变革的代言人角色，帮助推广六西格玛管理的方法和突破性改进。黑带主管也可以兼任黑带或者对其他职位人员的培训和指导。其具体职责为：

（1）接受六西格玛管理的专业训练；

（2）指导若干个黑带，发挥六西格玛的专业经验；

（3）扮演变革推进者角色，引进新观念与新方法；

（4）执行及管理六西格玛培训；

（5）与倡导者共同协调各种活动，保证完成项目；

（6）协助黑带向上级提出报告。

3. 黑带

黑带是推行六西格玛管理中最关键的力量。黑带在六西格玛管理的一些先驱企业中通常是全职的，他们专门从事六西格玛改进项目，同时肩负培训绿带的任务。黑带为绿带和员工提供六西格玛管理工具和技术的培训，提供一对一的支持，也就是决定"该怎么做"。一般来说，黑带是六西格玛项目的领导者，负责带领六西格玛团队通过完整的 DMAIC 模型，完成六西格玛项目，达到项目目标并为组织获得相应的收益。通常黑带的任期为两年左右，在任期内需完成一定数量的六西格玛项目。其具体职责为：

（1）在倡导者及黑带主管的指导下，界定六西格玛项目；

（2）带领团队运用六西格玛方法；

（3）开发并管理项目计划，必要时建立评价制度，监督资料收集和分析；

（4）担任与财务部门间的桥梁，核算项目节约的成本和收益；

（5）项目完成后，提出项目报告；

（6）指导和培训绿带。

4. 绿带

绿带是企业内部推行六西格玛管理众多底线收益项目的负责人，为兼职人员，通常为企业各基层部门的骨干或负责人。很多六西格玛的先驱企业，很大比例的员工都接受过绿带培训，绿带的作用是把六西格玛管理的新概念和工具带到企业日常活动中去。绿带是六西格玛活动中人数最多的，也是最基本的力量。其主要的职责是：

（1）提供过程有关的专业知识；

（2）与非团队成员的同事进行沟通；

（3）收集资料；

（4）接受并完成所有被指派的工作项目；

（5）执行改进计划。

二、六西格玛管理的推进

（一）战略改进

1. 六西格玛战略改进分析

（1）外部环境分析

企业外部环境分析是制定战略的重要依据，也是战略的实施必须考虑在内的重要因素。外部环境越是充满动态性和复杂性，环境就越加具有不确定性，战略管理的难度就越大。在企业实施六西格玛管理战略之前，对企业的外部环境进行充分的分析，有利于保证企业战略决策的科学性和正确性，有利于保证战略决策的及时性和灵活性。

①观环境分析，包括对企业目前的经济环境、法律和技术环境分析等内容，了解公司所处的行业的发展现状及发展趋势。

②产业竞争环境分析，包括对企业所经营业务的产业链、供应商、替代品、购买者、潜在进入者及竞争对手的基本情况的了解与分析。

（2）内部环境分析

企业的内部环境分析是战略态势评估的重要组成部分。虽然说，不断变动着的外部环境可能给企业带来机会，但是，只有具备了内部微观优势的企业，才能够更好地利用这种机会，并将这种机会转化为企业现实的盈利机会。

①总体战略分析，包括对公司目前的愿景、使命、价值观以及战略目标进行分析，确定企业实施六西格玛管理战略是否可行。

②经营资源分析，主要包括对公司的人力资源分析和六西格玛资源分析。人力资源分析主要是确定公司员工的年龄结构、知识结构及各职位级别的人数及职责，为以后实施六西格玛管理的人才选拔与培训做好准备。六西格玛资源分析包括公司现有员工中接受过六西格玛相关培训的人的数量、具备相关职业资格的人数以及公司现在的六西格玛项目情况等。

③战略能力分析，主要包括企业的生产能力、质量能力、企业文化分析。

2. 六西格玛战略的制定

（1）对企业进行 SWOT 分析。有效的战略能最大限度地利用企业优势和环境机会，同时使企业弱点和环境威胁将至最低程度，SWOT 分析的实质是对公司外部条件各方面内容进行综合和概括，进而分析公司的优劣势、面临的机会和威胁的一种方法。通过对公司的 SWOT 分析，公司必然存在着优势，但同时也有不少劣势。一个很好的巩固优势，消除劣势的方法便是实施六西格玛战略。

（2）战略目标的制定。根据公司目前的优劣势以及六西格玛资源情况，制定切实可行的近期目标和远期目标。

3. 六西格玛战略的实施与控制

六西格玛战略实施是一项系统工程，做好从战略发动、战略计划、战略匹配到战略调整等多方面的工作是保证战略实施的关键。根据六西格玛原理以及部分企业的成功实施经验，可得出一般企业实施六西格玛战略的步骤如下：

（1）最高领导层承诺和支持；

（2）设立六西格玛战略组织；

（3）定义六西格玛项目；

（4）选拔和培训六西格玛黑带和绿带；

（5）执行六西格玛项目并计算财务收益；

（6）六西格玛战略控制。

（二）业务变革

1. 企业业务流程重组的定义与分类

（1）企业业务流程重组（BPR）的定义

BPR 的概念于 1990 年首先由迈克尔·汉默先生首先提出。该词最早源于计算机领域中软件维护过程中的反向工程的概念。BPR 概念提出之后，马上成为企业界和管理学界研究的热点。1993 年，迈克尔·汉默和詹姆斯·钱皮在《企业重构——经营管理革命的宣言书》一书中给出了一个经典定义：对企业的业务流程作根本性的重新思考和彻底性的再设计，以期在衡量企业绩效的成本、质量、服务、速度等现代关键指标上取得戏剧性的改善。

（2）企业业务流程重组的分类

①从驱动力的角度分，可以把 BPR 分为战略驱动、顾客需求驱动、信息技术驱动。战略驱动的 BPR 是指企业从未来经营的目标和理想模式出发，设计现有的企业流程的运作方式，以及对衡量指标进行具体描述。顾客需求驱动的 BPR 是指急剧变化的市场和顾客不断提升的期望值，使企业不得不改造现有流程，以便对瞬息万变的市场需求做出快速响应，以有效地提供顾客满意的产品和服务。信息技术驱动则是把信息技术看成企业流程变化的使能器，同时又是流程变化的执行者，将信息技术作为协调人力资源与组织管理的平台。

②从重组范围的角度分，可将 BPR 分为内部重组和外部重组。内部重组是对企业内部的流程进行重组，有两种方式：一个是对各职能部门的内部流程进行重组，另一种是对企业内部的跨职能部门的流程进行重组。外部重组是指发生在两个或两个以上企业之间的业务流程重组，它将企业视为行业或产业供应链上的一个环节，若干个企业共同联合起来为顾客提供服务。

2. 业务流程重组的实施原则

业务流程重组思想是一种着眼于长远和全局，突出发展与合作的变革理念，它是对现行业务流程运行方式的再思考和再设计。根据 BPR 的理论研究和实践，企业在进行业务流程重组时应遵循以下基本原则：

（1）组织结构应该以流程为中心，而不是以业务为中心；

（2）取得高层领导的参与和支持；

（3）选择适当的流程进行重组；

（4）建立畅通的交流渠道。

3. 业务流程重组与六西格玛管理结合的可行性

（1）6σ 可进一步为 BPR 提供技术和方法

业务流程重组缺乏从人、机、物等影响流程绩效各个方面来寻找问题的方法和技术，而六西格玛管理法则有丰富的寻找问题真正原因的技术和方法，如因果图、帕累托图等。六西格玛管理法还为业务流程重组提供了分析顾客需求，将顾客需求转化为流程关键点的技术，从而使业务流程重组实现真正的面向顾客的流程。

（2）6σ 能为 BPR 提供规范化指导原则和标准化实施框架

业务流程重组没有统一的标准和步骤，不同的企业在进行业务流程重组时，即使是同一流程，也存在很大的差别。而六西格玛管理的核心正是闭环 DMAIC，其步骤科学、统一、严谨，适用于提供各种类型的产品和服务的企业组织。六西格玛管理法还指明了各个流程的奋斗目标，能有力地给企业流程重组提供支持。

（3）6σ 还可以为 BPR 有效的思想和组织保证

业务流程重组要求打破员工与员工、部门与部门、企业与企业之间的沟通障碍，创造上下通畅的信息沟通和流程运行环境。六西格玛管理法提倡的"无边界合作"思想能使所有员工充分认识到工作流程各部分的相互依赖性，从而扩展合作机会，使流程运作通畅。"无边界合作"思想为业务流程重组提供了思想支持，同时六西格玛管理法的由企业员工组成的推进团队和科学合理的组织架构能有力地弥补业务流程重组由企业外咨询专家来推进的不足，保证业务流程重组的成功。

4. 业务流程重组的实施

（1）结合企业战略，建立 BPR 愿景

BPR 受企业战略的驱动，从属并服务于企业战略，因此要紧密结合企业战略根据内外环境，建立具有本企业特色的 BPR 愿景，将其以多种形式在企业内传播使所有成员理解并接受公司的 BPR 理念。

（2）现状分析以及 BPR 路径选择

运用多种方法，细致测量和分析现有流程各环节消耗的人力、物力，分析企业现有流程结构，在对企业现状分析的基础上跳出现有部门和工序分割的限制，考虑怎样将原本应在一起的流程各环节重新组合起来，还流程本来面目。重组流程时根据具体的企业战略需要、流程现状，选择合适的流程。

（3）流程的重新设计

企业流程的重新设计时要跳出原有规则、程序、和价值观念的束缚，消除原有流程中对企业输出不增值、无贡献的活动，创造性地运用先进的信息技术、创造技术，根据顾客的需求来设置流程，依据流程来设置组织结构、配置人员。在新流程设计时，尤其要注意结合企业特点，依靠信息技术的创新作用，创造出传统模式无法比拟的流程。

（4）新流程的实施

在实施时，由于在以流程为导向的 BPR 企业中，各种岗位的角色和描述会相应的改变、消失或重新定义，新企业结构以及详细的岗位分配要及时传达给受影响的员工，规定他们的新职责，要对员工做好充分的培训，使其具有新流程所需要的知识和技能。

同时也要做好企业文化以及评价体系的转变，以引导和规范员工行为，为新流程的实施提供保证。新旧流程切换时，按照点到面的顺序逐步推进，试点流程要选择低风险、有示范作用的流程，并投入充分的资源保证其顺利实施，由试点流程的成功推动 BPR 的前进，实现向新流程的平滑过渡。

（5）流程实施后的评价

实现新流程后，要对新流程进行事后的监测与评价，找出流程同设计的差距与不足，总结得失，建立有效的反馈环节，为企业循环地、持续地推进 BPR 提供基础。

第三节　六西格玛管理的方法论

一、实施六西格玛管理的"七步骤法"

目前，业界对六西格玛管理的实施方法还没有一个统一的标准，大致上可将摩托罗拉公司提出并取得了成功的"七步骤法"作为参考。摩托罗拉公司的"七步骤法"的内容如下：

（1）找问题。把要改善的问题找出来，当目标锁定后便召集有关员工，成为改进的主力，并选出首领，作为改进项目的责任人，并制定时间表跟进。

（2）研究现实生产方法。收集现时生产方法的数据，并作整理。

（3）找出各种原因。集合有经验的员工，利用头脑风暴法、控制图和鱼刺图，找出每一个可能发生问题的原因。

（4）制订计划及解决方法。利用有经验的员工和技术人才，通过各种检验方法，找出相应解决方法，当方法设计完成后，便立即实行。

（5）检查效果。通过数据收集、分析、检查其解决方法是否有效和达到什么效果。

（6）把有效方法制度化。当方法证明有效后，便制定为工作守则，各员工必须遵守。

（7）检讨成效并发展新目标。当以上问题解决后，总结其成效，并制订解决其他问题的方案。

二、实施六西格玛管理的 DMAIC 模式

（一）DMAIC 的含义

六西格玛管理的魅力不但在于它强调用六西格玛水平来定量的衡量过程的波动，而且还在于他将 σ 水平与过程缺陷率对应起来。经过发展演变，它在 PDCA 的基础上提出了一套用以过程改进的方法模式，即 DMAIC 模式（过程改进模式）。

DMAIC 模式分为五个阶段或步骤，即定义（Define，D）、测量（Measure，M）、分析（Analyze，A）、改进（Improve，I）、控制（Control，C）。每个阶段都有需要完成的特定工作，并达到该阶段的特定要求。遵循 DMAIC 这一模式实施过程改进，可得到循序渐进的效果。

（二）DMAIC 的五个阶段及其主要工作内容

1. 定义阶段（D）

（1）识别和确立顾客需求

6σ 项目的目的始终围绕着顾客满意和忠诚、降低资源成本这两个 6σ 质量的核心特征展开的，当然任何资源成本的减少都是在顾客需求得到满足，即顾客满意和忠诚的基础上的。顾客满意是指顾客对其要求被满足程度的感受，顾客满意与否取决于顾客的价值取向和期望与顾客所接受组织所提供的产品的状态的比较和差异，前者为"认知质量"，后者为"感知质量"，两者的比较就确定了顾客的满意成程度。

期望的产品和服务的质量是通过感受来了解的，组织需要通过感受质量来理解顾客的期望，以确定其可以量化的质量特性，从而定义产品和服务质量，以满足顾客需求，是顾客满意和忠诚。

（2）制订项目计划

在明确了项目并识别和确定了顾客需求后，需要谨慎地制订项目计划，项目计划有以下内容：

①项目说明。项目说明中应明确项目要解决的问题和解决问题的必要性，描述问题可能带来的后果，以及问题解决途径的方向。

②项目目标。目标设定十分重要，直接关系到项目的成功与否，常用的目标类型有缺陷率、周期时间和费用成本。

③范围。6σ 项目团队应对本项目的范围有一个清晰的界定。

④条件。任何 6σ 项目都有其约束条件，项目团队必须识别并明确本项目的约束条件。一般的约束条件是组织的人、财、物、信息等资源状况；时间要求外部环境等。

⑤数据。项目团队对项目有关的、已经收集到的数据应进行和分析。数据是项目计划制订和开展 6σ 活动的基础，通过数据了解现状，找出项目实施中可能的薄弱环节和需要控制的关键环节，以进一步理解问题，为项目计划的制订提供依据。

⑥项目计划。项目计划工作可应用项目工作表和项目进度表的方法来表述。

（3）绘制 SIPOC 图

6σ 法的 DMAIC 模式是以绘制和剖析过程流程图（SIPOC 图）开始的，是界定阶段的重要工作。SIPOC 图的要素有：供方（Supplier）、输入（Input）、过程（Process）、输出（Output）、顾客（Customer）。SIPOC 图描述和理顺了供方、输入、过程、输出和顾客之间的关系，展示了全过程的主要子过程或活动，用于 DMAIC 的界定阶段，明确过程范围、关键因素和输入、输出的主要事项。

2. 测量阶段（M）

（1）描述过程

过程的描述是在上一阶段绘制 SIPOC 图基础上对全过程进一步的细致剖析，包括过程流程图分析、关键的产品质量特性和过程质量特性的确定、故障模式及后果分析。

（2）收集数据

数据是反映客观事实的数字和资料，要求收集到的数据是真实的和可靠的。为正确收集数据，需要对数据收集进行策划，包括：数据收集的要求、测量对象、测量指标、测量装置及方法等。

（3）验证测量系统

测量系统是指与测量特定特性有关的作业、方法、步骤、计量器具、设备、软件和人员的集合。为获得 6σ 管理所需的测量结果应建立完整有效的测量系统。

（4）测量过程能力

测量阶段一项十分重要的工作就是对过程能力的测量，包括过程能力指数 C_p 和 C_{pk}，过程性能指数 P_p 和 P_{pk}。

3. 分析阶段（A）

分析阶段解决统计数据分析的问题，目的是了解各种因果关系，通过综合分析得到的信息，可以启发我们对产生波动根源的认识，这将有助于改进流程。

（1）建立和验证因果关系

建立因果关系。数据的收集和分析找出了关键产品质量特性和关键过程质量特性的影响因素，并对这些影响因素进行细致的分析，在分析的基础上来建立这些关键质量特性与影响因素之间的因果关系。这时可应用的方法有：个人头脑风暴法、集体头脑风暴法、因果图法、关联图法、矩阵突发等，把影响因素和特性结果犹有机的联系起来，明确其间的因果关系。

验证因果关系。对于已经建立的因果关系，项目团队需要集思广益进行研讨，在组织的产品或服务实现以及工作实践的过程中加以验证，以确定是否真正找到了影响因素和是否真正存在着因果关系。这时可应用的方法有水平对比法、散布图、相关分析、回归分析等。

（2）确定关键因素

在建立并验证了因果关系后，要设法抓住"关键的少数"，也就是要确定少数的关键影响因素，从这些关键影响因素入手，集中可用的资源和时间，对 6σ 项目进行质量改进，必然事半功倍。这时通常应用的方法是排列图。

4. 改进阶段（I）

（1）提出改进建议

项目团队成员首先应充分了解和掌握分析阶段所提供的信息，并进行细致的梳理和深入的思考，从中找出改进建议的线索，并以数据和事实为依据提出改进建议。6σ项目也是团队以外组织的成员（如组织的各层次管理者、相关部门人员等）和组织外人员（如顾客和供方等）所关心的问题，项目团队成员应注意倾听他们的建议，很可能会获得有精彩创意的建议和有价值的启发。

（2）确定改进方案

提出的改进建议可能是较为粗糙的，甚至是五花八门的，要真正形成一个达到目标要求、符合组织符合实际和完整的改进方案，必须对这些改进建议进行精心的分析研究，吸收各方优点，进行加工处理，才能形成从输入到输出全过程的增值活动。

这里应注意以下几个方面：

①围绕项目的目标来研究和确定改进方案；

②改进方案源于改进建议但应进行再创造；

③改进方案的确定应注意工作方法。

（3）实施改进

确定好改进方案后，就要采取强制措施推行改进方案。在改进方案的实施过程中，项目团队应该关注以下方面：按照"改进方案说明书"的要求对实施过程进行策划，包括详细的工作计划、资源准备的落实，改进措施的确认，管理模式的确定以及进度要求等；对改进方案实施过程进行有效的控制，对发生的问题及时采取纠正措施；对改进方案及其实施结果，经验和不足进行总结。

5. 控制阶段（C）

项目团队要设计并记录必要的控制来保证6σ改进所带来的成果能够保持。此时要应用合适的质量原则和技术，包括自控和决定因素的概念。在控制阶段要更新，过程控制计划要开发，标准操作程序和作业指导书要相应修订，要建立测量体系并建立改进后的过程能力。控制阶段的主要工作有：制定过程文件、明确过程管理职责和实施过程监控等工作。

第四节　精益六西格玛管理

一、精益六西格玛管理的含义

（一）精益生产

1. 精益生产的产生及概念

精益生产源于20世纪六七十年代早期的丰田生产方式，在丰田经过多年不懈的努力取得巨大成功之后，美国研究机构对丰田生产方式进行研究分析之后提炼出了这种生产方式的精髓，那就是精益生产。

精益生产认为任何生产过程中都存在着各种各样的浪费，必须从顾客的角度出发，应用价值流的分析方法，分析并且去除一切不增加价值的流程。精益生产核心理念是消除一切浪费，它把目标确定在最求完美上，通过不断地降低成本、提高质量、增强生产的灵活性、实现零缺陷和零库存等手段来确保企业在市场竞争中的优势，与此同时，精益生产把责任权限下放到组织的各层次，采用团队工作法，充分调动全员工的积极性，把缺陷和浪费在第一时间消灭。精益思想包括一系列支持方法与技术，包括利用看板拉动的准时生产（JIT——Just In Time）、全面生产维护（TPM—Total Productive Maintenance）、5S管理法、防错法、快速换模、生产线约束理论、价值分析理论等。

精益生产一般遵循以下原则：零库存、零等待、客户拉动、最大化流动量、最短时间（交付时间和周期时间）。

2. 精益生产的优势

关注顾客，创造完美价值。精益方法就是从顾客角度审视从产品设计到生产再到产品交付的全过程，将全过程的消耗和浪费减到最低，消除一切对客户来讲不增值的流程和产品功能。不将额外的成本转嫁给顾客，实现客户利益的最大满足。

消除浪费，优化流程，降低成本。精益方法就是要审视特定产品的所有活动，努力消除不必要的浪费，降低成本，使产品在整个流程中流动起来，并且这个流动越快越有利于发现过程的浪费，越有利于流程优化和成本降低。

缩短流程周期，提高响应能力。精益方法就是以最终客户为起点，通过看板管理，以后道工序准时拉动前道工序，使价值连续流动起来，通过生产单元之间的均衡与协调，快速而有效地减少流动周期和前置时间，提高效率，减少浪费，加快资金周转，从而大大提高市场的响应能力。

强调全员参与。精益方法非常强调全员参与，由于员工是组织最重要的资源，全员参与能有效地发挥团队的智慧与才干，为组织创造巨大的财富。全员参与能够有效地提高员工参与的积极性与热情，更加关注为顾客创造价值，主动地发现流程中存在的问题，进行持续改善，使员工对组织的方针和战略做出贡献，使员工有满足感和对组织的归属感。

(二) 精益六西格玛

精益六西格玛是精益生产与六西格玛管理的结合，其本质是消除浪费。精益六西格玛管理的目的是通过整合精益生产与六西格玛管理，吸收两种生产模式的优点，弥补单个生产模式的不足，达到更佳的管理效果。精益六西格玛不是精益生产和六西格玛的简单相加，而是两者的互相补充、有机结合。

按照所能解决问题的范围，精益六西格玛包括了精益生产和六西格玛管理。根据精益六西格玛解决具体问题的复杂程度和所用工具，我们把精益六西格玛活动分为精益改善活动和精益六西格玛项目活动，其中精益改善活动全部采用精益生产的理论和方法，它解决的问题主要是简单的问题。精益六西格玛项目活动主要针对复杂问题，需要把精益生产和六西格玛的哲理、方法和工具结合起来。

二、六西格玛和精益生产的比较

六西格玛管理与精益生产管理既有其不同之处，也有许多相同的地方。

(1) 六西格玛与精益生产的不同点，如表 8-1 所示。

表 8-1 六西格玛与精益生产的不同点

	六西格玛	精益生产
重点	最大化降低变异，消除缺陷造成的浪费	消除浪费，最大化流程的流动量
方法	使用统计知识研究流程变量的总体方法	应用消除浪费的原则
应用	重复性和高度循环的流程	产品通过的重复性和高度循环的流程
主要收益	实现质量稳定，降低缺陷造成的浪费	作业时间减少，效率提高

表8-1(续)

	六西格玛	精益生产
次要收益	流程产出增加 产量增加 库存降低 效率提升	库存降低 质量提升
项目选择	能力分析、绩效差距或动因分析（客户的意见）	价值流程图绘制（企业的意见）
项目期限	1~6个月	1周~3个月

（2）六西格玛与精益生产的相同点：

①两者都需要高层管理者的支持和授权，才能保证成功。

②两者都属于持续改进的方法。

③两者都不仅用于制造流程，还可以用于非制造流程。

④两者都强调降低成本，提高效率，减少浪费。

⑤两者都采用团队的方式实施改善。

⑥两者都有显著的财务成果。

⑦都关注顾客的价值和需要。

三、六西格玛与精益生产的结合

（一）两者结合的必要性

1. 六西格玛的局限性

六西格玛管理的不足，主要表现在以下三方面：

（1）流程周期重视不够。六西格玛为了片面强调某一工序的完美而花长时间改善，破坏单件流程或者导致流水线全线停工，使企业在制品数量和制成品周转率难有大的改观，从而削弱了企业的市场影响力。

（2）六西格玛单纯强调精英的贡献。由于六西格玛培训费用巨大，而六西格玛的实施过程又要求持续不断的培训，致使大多数公司不可能对大量中基层管理人员进行培训，而是依靠资深黑带等精英人员的贡献和强力支持，致使企业普通员工普遍认为这是一门高深的学问，与他们无关，因而参与的积极性不高，并对改革产生恐惧和抵制。

（3）创新和变革强调不足。六西格玛管理注重利用规律性和推理寻找变异来源，而不是从实践中进行大胆探索和创新，不可避免地抑制了企业的创新性、突破性和探索性活动，抑制了企业的灵活性和预见性，扼杀了员工的灵感、想象力、创造力以及冒险精神。

2. 精益生产的局限性

虽然精益生产有很多优势，能够给组织带来变革和利益，但是大量研究和实践证明，精益生产也存在着不足，主要体现在以下两个方面：

（1）缺乏严谨的定量分析。精益方法解决问题的特点是主观、快速而且简单，解决问题时更多地依赖专家经验与直觉，不能使用量化方法与专业工具管理流程，难以解决复杂的、综合的和不明确的问题，决策也不易做到科学、准确和高效，难以真正实现"精益"。

（2）急功近利，不注重培养人才。精益方法为节省成本主张自主自发地边干边学，缺乏系统的人才培养机制。另外，虽然精益方法能够从企业整体考虑消除浪费，但是它缺乏系统性改进方法的整合，过多追求短平快效果和短期利益，急功近利，不注重从根本上解决问题。

（二）六西格玛与精益生产的整合

1. 理念整合，塑造精益六西格玛企业文化

六西格玛管理为精益六西格玛的持续改进提供战略指导。推行精益六西格玛的企业要有改变员工粗放管理习惯的动力和压力，培养精细管理的意识和思维。如果没有形成倡导注重事实和数据的氛围，有可能导致这种管理模式在推进的中途夭折，因此应从理念层面整合精益生产和六西格玛管理两种管理模式形成独特的企业文化。

2. 改进方法整合

DMAIC 流程与精益生产过程的交互与协同形成了六西格玛管理作为项目驱动力的革新方法，其优势在于运用各种统计工具，通过评估公司当前业绩，确立核心流程进而分析流程存在的问题，识别出产品及过程改进的机会，并通过再设计流程，将改进工作纳入新规范以实现持续改进。六西格玛管理与精益生产各有其优势，它们的协同作用，可使统计分析与逻辑思维两者在方法论上加以有效结合，并发挥取长补短的作用，从而更有效地识别、消除质量变异和周期过程的浪费。

（三）精益六西格玛的实施

（1）建立精益六西格玛团队。在组建该团队是，要注意明确团队的成员构成及其各自的职责范围。

（2）精益六西格玛培训。其中包括对中高层管理人员的精益六西格玛培训（主要是介绍精益六西格玛项目的重要性，引起高层管理者的重视）、精益六西格玛小组内部人员（除过程管理人员外）的培训（主要是针对产品和实现过程培训、工具书的学习和使用培训等）、针对过程管理者的培训、全体员工的精益六西格玛基础培训。

（3）项目的选择。精益六西格玛小组成员通过分析往年数据和实地观察，选择出此次精益六西格玛的试点项目。

（4）确定改善事项和目标并执行改善。通过现场勘察，数据分析和开会讨论等方式确定需要改善的方面，包括物流、工序、流程等，成立问题解决小组，根据改善目标执行改善计划。

（5）落实与维护。精益六西格玛方案的导入，并不是活动的结束，只是活动的良好开端，为了让精益六西格玛能够长久持续进行，应该注意：

①将精益六西格玛小组确定为公司的一个固定组织；

②将精益六西格玛活动纳入到年度工作重点；

③精益六西格玛小组负责培训公司所有人员的精益六西格玛理念和思想，负责在公司传播精益六西格玛文化，将成功实施的项目作为案例，积极参与分享。

第五节　六西格玛管理的应用

一、六西格玛管理在应用中的注意事项

1. 有效的方法就是质量管理或质量改进最好的方法

组织在选择应用质量管理或质量改进方法时应结合本组织实际情况，每种方法的应用都是有条件的。6σ法一般更适用于具有一定的科技水平、管理和质量管理基础的组织，而且该组织的最高管理者有决心和肯花力气来推动6σ，这时6σ法才会真正地取得效果并得以坚持，成为一种好的质量管理或质量改进方法。

2. 最高管理者的领导和支持，成为一种好的质量管理方法

最高管理者首先要解决来自各方面的阻力，在管理层内统一认识并作出决定。最高管理者和倡导者要把6σ项目的选择和组织的优先发展次序、组织突出的问题结合起来，参与项目的确定和策划，对实施过程进行监控，对成果进行评价。最高管理者和倡导者对6σ活动领导是有具体内容的，不是只停留在口号或号召上。

3. 缺陷的发生不仅只存在于生产过程，也发生在其他过程中

缺陷是指缺损、欠缺或不够完备的地方，也就是与规定要求不符的任何一项。缺陷不仅发生在工业生产中、工程建设中，也发生在服务中；缺陷不仅发生在与产品有关的过程中，也发生在经营和管理过程中，如营销管理、财务管理等。也就是说，缺陷可能发生在所有过程中，因此，6σ项目的选题是及其广泛的。

4. 不一定要运用高难度的工具和技术

在6σ活动中，选择所运用的数理统计技术和其他质量管理方法不是越高深、越复杂越好，而应着眼于简单和迅速地解决问题和达到目标，不搞形式主义。

5. 六西格玛法着眼于用好现有资源

资源包括人力资源，设备、设施、材料等物质资源，资金、信贷等财务资源，信息资源和环境资源等。6σ法致力于在资源中寻找"隐蔽工厂"，挖掘资源中的"金山"，以减少劣质资源成本。因此，不要把6σ作为一种单纯的技术来看待。

6. 要和TQM的推行、ISO 9000族标准的贯彻和质量管理体系的建设相结合

6σ活动作为一种质量改进的方法，完全可以融合于针对组织的全面质量管理的推行和质量管理体系建设之中，它们并不相互排斥，而是可以相互促进、相得益彰的。

二、六西格玛管理的应用实例[①]

世通汽车装饰公司仪表板表面褶皱缺陷率高引起返工对产品质量影响很大。为此，

---

① 秦静，方志耕，关叶青. 质量管理学 [M]. 北京：科学出版社，2005.

公司成立 6σ 项目小组解决存在的问题。具体实施步骤如下：

（一）定义阶段（D）

1. 现状描述

仪表板表面褶皱缺陷发生率相当高，2010 年 1~4 月平均褶皱缺陷发生率为 16%，4 月高达 26.5%。另外，由于褶皱造成的损失也远远高出其他原因造成的损失，以 2010 年 2 月为例（产量为 2 465 件）：月废品损失达 73 398 元，其中，褶皱废品报废损失为 37 883 元，占月损失额的 50% 左右；另外，月返修损失达 2 189 元，其中，褶皱返修损失为 1 572 元，占月返修损失额的 72%。

2. 关键质量特性

（1）产品表面有褶皱，影响产品外观。

（2）客户对褶皱有抱怨。

3. 缺陷形成的原因

真空成型的表面在发泡工序后，表面没有完全伸展，在有效部位产生可见褶皱。

4. 项目目标

（1）短期目标：减少褶皱缺陷，将褶皱报废损失率降低 50%，褶皱缺陷发生率控制在 8% 以下，在 2010 年 9 月实现项目短期目标。

（2）长期目标：褶皱报废损失率降低 90%。

5. 经济效益

（1）经济效益以每月产量 2 500 件计算，达到目标值所节约的原材料和人力。

（2）每年 50% 改进 = 236 730 元。

（3）每年 90% 改进 = 426 114 元。

（4）减少用户抱怨。

（5）提高生产能力。

6. 项目工作计划

（1）成立 6σ 团队，确定负责人 2 人、黑带及团队成员 9 人（包括财务人员）。

（2）对团队成员进行 6σ 基础知识培训。

（3）利用头脑风暴法、鱼刺图分析查找可能的原因。

（4）制定措施，确定负责人，跟踪整改。

（5）分析措施与效果之间的关系，进一步改进。

（二）测量阶段（M）

（1）建立专用记录表，对本体发泡后褶皱发生情况作详细记录，包括生产日期、褶皱发生部位、操作者、褶皱发生程度等。

（2）明确缺陷标准，记录时正确区分缺陷类型。

（三）分析阶段（A）

1. 项目小组讨论形成共识

（1）从"头脑风暴法"入手，寻找根本原因（收缩率、硬度、不同颜色的对比等）。

（2）详细记录缺陷，寻找规律。

（3）采取措施，跟踪结果。

2. 仪表板工艺流程图（图 8-2）

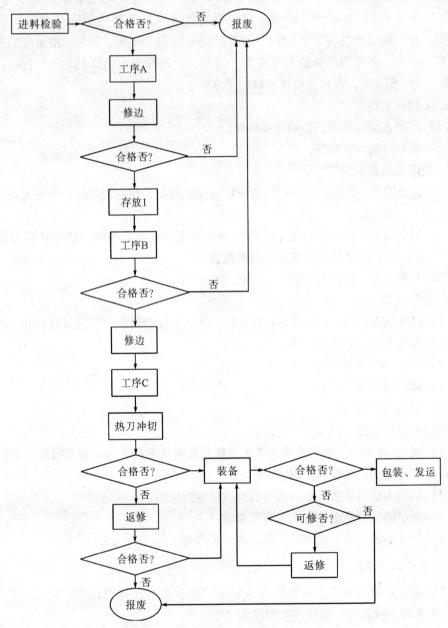

图 8-2　仪表板工艺流程图

3. 仪表板表面褶皱原因分析（鱼刺图，见图8-3）

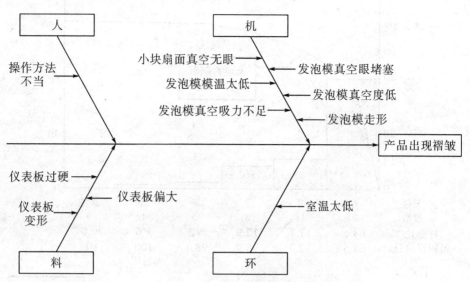

图8-3　仪表板表面褶皱原因分析

4. 仪表板表面褶皱缺陷记录结果（表8-2，图8-4）

表8-2　　　　　　　　　　6月下旬仪表板表面褶皱缺陷记录

褶皱发生部位	累计发生数	程度小	程度中	程度大
（1）小块左上侧部	8	6	1	1
（2）小块扇面	11	3	3	5
（3）大块扇面左侧	0			
（4）大块扇面中部	0			
（5）大块扇面右侧	1		1	
（6）大块右侧部	40	36	2	2
（7）大块右下部	0			
（8）小块左下部	2	1	1	

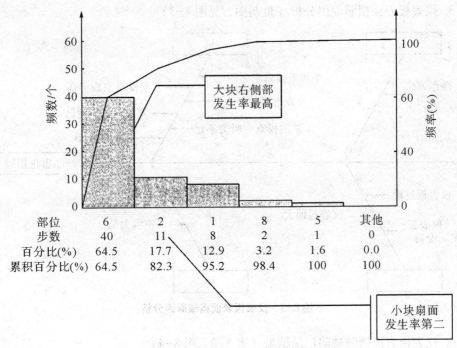

部位　　　　　6　　　2　　　1　　　8　　　5　　　其他
步数　　　　　40　　11　　 8　　 2　　 1　　　0
百分比(%)　　64.5　17.7　12.9　3.2　　1.6　　0.0
累积百分比(%)　64.5　82.3　95.2　98.4　100　　100

大块右侧部
发生率最高

小块扇面
发生率第二

图8-4　6月下旬仪表板褶皱缺陷的直方图

5. 表皮颜色与仪表板褶皱报废记录结果（表8-3）

表8-3　　　　　　　　　　**表皮颜色与仪表板褶皱报废记录**

月份	灰色开模数（个）	报废数（个）	米色开模数（个）	报废数（个）
1	200	5	151	6
2	1 083	17	1 382	14
3	1 237	6	426	4
4	1 021	8	916	12
5	1 224	13	361	4
合计	4 765	49	3 236	10
报废率	1.03%		1.24%	

假设检验结果表明，表皮灰色与米色褶皱发生率无明显差别。

使用假设检验比较表皮灰色与表皮米色褶皱报废率。

灰色开模数：

$n = 4\,756$，报废数 $= 49$，报废率 $p_1 = 0.010\,3$

米色开模数：

$m = 3\,236$，报废数 $= 49$ ，报废率 $p_2 = 0.012\,4$

$n + m = 8\,001$，总报废率 $p = \dfrac{89}{8\,001} = 0.011\,1$

u 检验统计量：

$$u = \frac{p_2 - p_1}{\sqrt{\left(\dfrac{1}{n} + \dfrac{1}{m}\right) \times p \times (1 - p)}}$$

$$= \frac{0.012\ 4 - 0.010\ 3}{\sqrt{\left(\dfrac{1}{4\ 765} + \dfrac{1}{3\ 236}\right) \times 0.011\ 1 \times (1 - 0.011\ 1)}}$$

$$= \frac{0.002\ 1}{0.023\ 89} = 0.869\ 6$$

$|u| = 0.869\ 6 < 1.96 = u_{0.975}$，假设检验结果表明，表面灰色与米色褶皱报废率无显著差异（$\alpha = 0.05$）。

6. 成型后表皮收缩率试验结果（表8-4）

方法说明：专门对真空成型后表面的收缩情况进行了衡量。成型后，裁取大块扇面中部、大块扇面左侧、小块扇面共三块，试样尺寸分别为200毫米×200毫米、200毫米×200毫米、100毫米×100毫米。裁取后立即测量横向及纵向尺寸。测量时间控制在成型后20分钟内，在成型后18小时、42小时再次测量，计算表面收缩率。

表8-4　　　　　　　　　　成型后表皮平均收缩率试验成果

时间（小时）　　　平均收缩率（%）	纵向	横向
18	0.38	0.16
42	0.59	0.21
18~42	0.21	0.05

7. 测量结果

（1）纵向（表皮纵向为本体长度方向）收缩率大于横向收缩率。

（2）横向收缩快，在18以基本收缩完毕。

（3）纵向收缩慢，在18~42小时之间仍有0.21%的收缩，而18小时的收缩率为0.38%。

8. 结论

（1）成型后在一段时间内一直处于收缩状态，特别是大块尺寸变化明显。

（2）根据测得的收缩率可计算，在成型后18小时，长度方向大块缩短了3~4毫米，小块缩短了0.44毫米；成型后42小时，长度方向大块可能缩短了5~6毫米，小块缩短了0.5毫米。因此放置时间是一个不容忽视的问题，选择适当的放置时间具有实际的作用。

9. 通过现场跟踪记录分析，仪表板褶皱主要与下列因素有关

（1）悬挂方法与存放时间。

（2）发泡工艺参数（包括真空度、真空眼分布及清洁、模具严密性等）。

（四）改进阶段

1. 改进真空成型后表皮悬挂方法（表 8-5、图 8-5、图 8-6）

表 8-5 悬挂方法改进前后的对比

项目	悬挂方法改进前	悬挂方法改进后（2010 年）					
	2010 年 7 月	8 月 1 日	8 月 2 日	8 月 3 日	8 月 6 日	8 月 7 日	8 月 8 日
开模数（个）	1 814	119	112	130	105	135	90
褶皱返修数（个）	179	8	17	15	6	15	11
褶皱报废数（个）	22	2	1	2	1	1	0
褶皱返修率（%）	9.87	6.72	15.18	11.54	5.71	11.11	12.22
褶皱报废率（%）	1.21	1.68	0.89	1.54	0.95	0.74	0
废品率（%）	3.09	4.2	1.79	1.54	1.9	1.48	3.33

项目	悬挂方法改进后（2010 年）　　　（续表 8-5）						
	8 月 9 日	8 月 10 日	8 月 12 日	8 月 13 日	8 月 14 日	8 月 15 日	8 月 1-15 日
开模数（个）	190	162	80	130	125	68	1 466
褶皱返修数（个）	9	10	0	13	13	6	123
褶皱报废数（个）	0	0	0	1	0	0	8
褶皱返修率（%）	4.74	6.17	0	10	10.4	8.82	8.51
褶皱报废率（%）	0	0	0	0.77	0	0	0.55
废品率（%）	0.53	4.84	1.25	6.15	3.2	0	2.63

（1）将大小快分开悬挂，大块在下小块在上；大块原交子夹持部位在上侧边，现夹在左右侧边。悬挂时注意将表皮尽可能理平成自然形状，特别是小块扇面。

（2）合理安排生产计划，控制表皮存放时间，将存放时间控制在 1~2 个工作日。

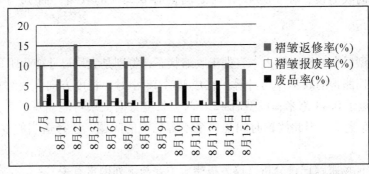

图 8-5　悬挂方法改进前后褶皱返修率、报废率及废品率的对比

假设检验结果表明：在 α=0.05 的水平下，悬挂方式改进前后褶皱报废率为

$$u = \frac{0.012\,1 - 0.005\,5}{\sqrt{\left(\dfrac{1}{1\,814} + \dfrac{1}{1\,446}\right) \times 0.009\,2 \times (1 - 0.009\,2)}}$$

$$= 1.961 > 1.96$$

有了显著下降，但褶皱返修率与总报废率分别为：

$$u = \frac{0.098\,7 - 0.085\,1}{\sqrt{\left(\dfrac{1}{1\,814} + \dfrac{1}{1\,446}\right) \times 0.092\,64 \times (1 - 0.092\,64)}}$$

$$= 1.332 < 1.96$$

$$u = \frac{0.030\,9 - 0.026\,3}{\sqrt{\left(\dfrac{1}{1\,814} + \dfrac{1}{1\,446}\right) \times 0.028\,83 \times (1 - 0.028\,83)}}$$

$$= 0.778\,3 < 1.96$$

没有显著下降。

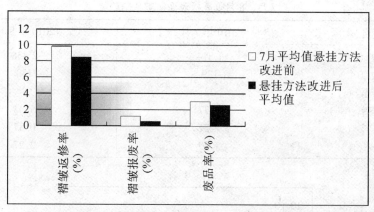

图 8-6　悬挂方法改进前后褶皱返修率、报废率及废品率的对比

2. 改进真空系统（改进模具，表 8-6、图 8-7）

（1）彻底清洁发泡模具真空眼。

（2）增加大块侧部、小块侧部真空眼。

（3）将大块、小块侧部真空眼与主起路打通。

（4）修补发泡模具边缘增强模具密封性，提高真空度。

表 8-6　　　　　　　　　　　模具改进前后的对比

项目	模具修改前 8 月 1~15 日	模具修改后 8 月 18~31 日
开模数（个）	1 466	992
褶皱返修数（个）	123	7
褶皱报废数（个）	8	1
褶皱返修率（%）	8.51	0.71
褶皱报废率（%）	0.55	0.1
废品率（%）	2.63	2.02

假设检验结果表明：在 $\alpha = 0.05$ 的水平下，模具修改前后褶皱返修率、褶皱报废率有了明显下降，但报废率没有明显改善。

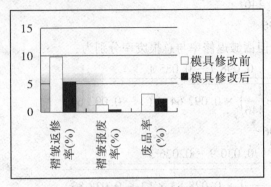

图8-7 模具修改前后褶皱缺陷、废品率对比

3. 验证数据（表8-7、图8-8）

表8-7 7月、8月仪表板表面褶皱缺陷趋势

项目	2010 年 7 月	2010 年 8 月
开模数（个）	1 814	2 438
返修数（个）	179	130
褶皱报废数（个）	22	9
褶皱返修率（%）	8.87	5.33
褶皱报废率（%）	1.21	0.37
废品率（%）	3.09	2.27

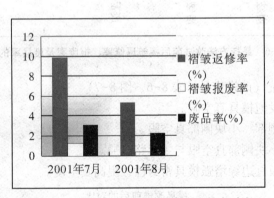

图8-8 7月与8月褶皱缺陷趋、废品率对比

假设检验结果表明：通过项目改进，仪表褶皱返修率、报废率有了显著下降（$\alpha = 0.05$），废品率也有了一定的改善。

（五）控制阶段（C）

（1）更新反应计划（班前彻底清洁发泡模具；定期疏通发泡模具真空眼；控制存放时间等内容）。

（2）更改作业指导书（改进悬挂方法）。

案例分析

艾奥美加公司是美国的一家生产 Zip 存储器等存储设备的著名 IT 企业，在其创业初期，产品供不应求，公司不断增加投资，扩大生产，得到跳跃式发展。但是，随着生产规模的不断扩大、市场竞争的加剧、微利时代的来临，公司发现自己正处于亏损的边缘，正为保持盈利而艰难拼争。面对这种严峻形势，公司感到，成本必须降下来，而且肯定有节省成本的余地，但它们在哪里？怎样才能达到目的？管理者意识到公司需要一种更好的质量管理方法。

于是艾奥美加公司开始实施六西格玛管理，但一开始却困难重重。

艾奥美加公司是一家产量很高的制造厂商，年产 4 000 多万套 Zip 存储器和 2 亿多个 Zip 盘片；而且，这些产品精度要求极高，比如，存储介质厚度要求以原子水平度量，某些产品的差错率要求之低是前所未有的。这对于有 3 000 多名职工、年营业额达 10 亿美元的艾奥美加公司而言，要实施全方位的六西格玛管理，任务相当艰巨。

艾奥美加公司首先进行的是选派骨干出去培训，后来又聘请了一位一直从事六西格玛管理的优秀主管黑带。接下来，公司制定了开展六西格玛管理的三点策略：一是投资于人；二是进行以数据为基础的决策；三是注重效果并使之能被度量。拥有自己的主管黑带是艾奥美加公司的六西格玛管理取得成功的重要因素。公司有 5 个自己的主管黑带，加上外聘的一个总共 6 个，由他们领导六西格玛管理程序的实施，并各司其职，负责不同的功能领域。另外，公司还设有一个由公司主要领导担任的兼职职位，以支持六西格玛程序的实行和克服可能遇到的障碍。

艾奥美加公司提出了实施六西格玛管理的一些原则：

（1）六西格玛程序的贯彻实施，离不开执行层职员的积极支持。

（2）让中间管理层彻底理解六西格玛程序的精髓，同时要让尽量多的职工也参与进来，成为六西格玛战略的拥护者。

（3）把焦点对准结果，一切六西格玛管理的措施都是为了获得有用的结果，没有结果或成效不大的措施将会被停止或改进。

（4）六西格玛战略的实施，一定要有针对意义的项目，这些项目要与企业的需要相联系，要有利于实现企业的发展目标。

（5）给六西格玛管理以持续的关注，直到它变成企业文化的一部分。

经过两年全面实施六西格玛管理，艾奥美加公司的质量文化发生了巨大变化，彻底改变了公司的质量之路。其巨大变化主要表现在以下几个方面：

（1）人的生产力是企业的生命线。六西格玛方法给艾奥美加公司的员工以巨大的动力，他们的积极性、主动性和创造性都被调动起来了。

（2）没有最好，只有更好。六西格玛战略实施以来，尽管艾奥美加公司已经取得了引人注目的业绩，可公司认识到要走的路还很长，六西格玛管理之路就要不断进步，永不停止。公司持续不断地训练越来越多的员工，使之具有更高的六西格玛管理水平。艾奥美加公司已经培养了 400 多个主管黑带和 100 多个总管黑带。

公司还把六西格玛方法的应用范围延伸到更多部门和更多地方。

资料来源：梁工谦. 质量管理学 [M]. 北京：中国人民大学出版社，2010.

思考题：

1. 结合案例，说明企业实施六西格玛管理的重要性。

2. 说明艾奥美加公司实施六西格玛管理，取得成功的关键所在。

本章习题

1. 简述 6σ 产生的背景。

2. 试述 6σ 管理的含义及理念。

3. 分析 6σ 管理包含的步骤。

4. 为什么说 6σ 管理是一种能实现持续领先的经营战略和管理哲学？

5. 为什么说 6σ 管理是一项回报丰厚的投资？

6. 通过培训，黑带候选人和绿带候选人应掌握哪些基本知识和技能？

7. 简述 DMAIC 各个阶段的主要任务。

8. 解释下列术语：缺陷、单位缺陷数、机会缺陷数、百万机会缺陷数。

9. 引入首次产出率和流通产出率有何意义。

10. 试描绘 6σ 管理组织体系结构。

11. 简述倡导者的资格、职责及在 6σ 管理中所起的作用。

12. 简述黑带大师的资格、职责及在 6σ 管理中所起的作用。

13. 简述黑带的资格、职责及在 6σ 管理中所起的作用。

14. 简述绿带的职责及在 6σ 管理中所起的作用。

15. 简述精益生产的起源。

16. 试比较精益生产与六西格玛管理各自的关注点。

17. 试比较精益生产与六西格玛管理的共同之处。

18. 如何实现六西格玛与精益的整合？

19. 某公司共有 1 200 名员工，交由印刷车间印制员工电话号码簿，经校对发现初稿共有 24 处错误。由于承印车间的打字员要把每位员工的姓名和 8 位数的电话号码一一输入电脑，输错一个字就是一个缺陷，因而连同姓名共有 11 个出错机会。试计算承印车间打印业务的 DPU、DPO、DPMO。

20. 某电子元器件需要经过 6 道主要工序才能加工完成。在整个加工过程中，分别在第 2 道、第 4 道、第 6 道工序设置了质量检验点。根据生产计划，投料 100 件。经过第一个检验点，发现 3 件不合格品，其中 1 件报废，另外 2 件将返修处理后送往下一道工序继续加工，这样，连同合格半成品有 99 件半成品进入了后续的加工过程。这 99 件产品经过第二个检验点，发现有 2 件不合格，由于这道工序为不可逆工序，无法进行修复。这样，有 97 件半成品送往下一道工序继续加工。这 97 件半成品经过第三个检验点，发现有 2 件不合格品，其中 1 件报废，另外 1 件经修复后达到质量规格要求。最后，共有 96 件产品交付顾客。试计算第 2 道、第 4 道、第 6 道三道工序的首次产出率（FTY）和整个加工过程的流通产出率（RTY）。

第九章 现场质量管理

第一节 现场质量管理的概念

一、现场

现场这个说法，有广义和狭义两种。广义上，凡是企业用来从事生产经营的场所，都称之为现场，如厂区、车间、仓库、运输线路、办公室以及营销场所等。狭义上，企业内部直接从事基本或辅助生产过程组织的结果，是生产系统布置的具体体现，是企业实现生产经营目标的基本要素之一。狭义上的现场也就是一般大家默认的。现场管理也就是对广义和狭义的现场管理的总称。

所谓现场，就是指企业为顾客设计、生产和销售产品和服务以及与顾客交流的地方、现场为企业创造出附加值，是企业活动最活跃的地方。例如制造业，开发部门设计产品，生产部门制造产品，销售部门将产品销售给顾客。企业的每一个部门都与顾客的需求有着密切的联系。从产品设计到生产及销售的整个过程都是现场，也就都有现场管理，这里我们所探讨的侧重点是现场管理的中心环节——生产部门的制造现场，但现场管理的原则对其他部门的现场管理也都是适用的。现场的安全管理、物料管理、计划管理、设备管理、工具管理、人员管理、排产管理、5S 管理等。

二、现场质量管理

（一）现场质量管理的概念

现场质量管理也就是对广义和狭义的现场管理的总称，现场质量管理是管理；其管理对象包括 4M1E，即人（工人和管理人员）、机（设备、工具、工位器具）、料（原材料）、法（加工、检测方法）、环（环境）；现场质量管理职能包括计划、组织、协调、控制；目的是制定并推行现场作业标准，消除各种无效劳动，建立安全文明的生产保证体系，保证生产现场各种信息及时、准确的传递，实现定置管理和目标管理。

（二）现场质量管理的主要任务

现场质量管理的基本目的在于防止不合格的产生和对不合格的控制，并改进加工和服务提供的质量。现场质量管理的任务是由其基本目的决定的，主要是对加工和服务过程实施质量控制和质量改进，从而使产品质量和服务质量符合规定的要求，不断提高产品质量水平。其任务主要有：

（1）过程或工序质量控制；

（2）质量改进；

（3）过程或工序检验。

（三）现场质量管理的主要内容

现场质量管理的主要工作内容，可从人、机、法、环、器五个方面予以展开。

1. 人的管理

现场质量管理中对人的管理有两点要求：

（1）人的技能操作水平是否达到要求。对参与关键过程、特殊过程以及特殊工种的工作人员，应按规定要求或技艺评定准则进行资格认可，保证其具有胜任工作的能力。

（2）强调全员参与，让每个员工有部门目标，有个人奋斗目标，只有这样，才能发挥集体的作用，取得效益。

2. 机器的管理

对设备进行管理主要是制定设备维护保养制度及制定设备使用操作规范，包括对设备的关键部位的日点检制度，定期检测设备的关键精度和性能项目，并做好设备故障记录等。

3. 物料的管理

现场是加工产品的地方，物料的存在是不可避免的。即使实施加工的产品，如果不注意管理，也可能成为不合格的产品，特别是对于一些易碎品而言就尤为重要。

4. 法的管理

法在现场质量管理中主要体现为标准化生产，主要包括作业方法和工艺纪律管理的标准化。作业方法是质量工作文件的一个重要组成部分，在规范化生产现场，作业方法是用文件的形式予以体现的。在现场管理中，纪律是很重要的，要做到有标准必依，严格执行生产工艺纪律，坚持按图样、按标准或规程、按工艺生产，对于违反纪律的，要根据标准要求进行处理。

5. 环境的管理

环境管理主要指环境清洁安全、作业场地布局合理、设备工装保养完好、物流畅通、噪声小等内容。

6. 检测设备和器具管理

第二节 现场质量管理方法

一、5S 现场管理

（一）5S 管理的起源

5S 起源于日本，是指在生产现场对人员、机器、材料、方法等生产要素进行有效管理，这是日本企业的一种独特管理办法。

1955 年，日本的 5S 的宣传口号为"安全始于整理，终于整理整顿"。当时只推行了前两个 S，其目的仅为了确保作业空间和安全。后因生产和品质控制的需要而又逐步提出了 3S，也就是清扫、清洁、修养，从而使应用空间及适用范围进一步拓展。到了1986 年，日本的 5S 管理方法逐渐问世，从而对整个现场管理模式起到了冲击的作用，并由此掀起了 5S 的热潮。

日本企业将 5S 运动作为管理工作的基础，推行各种品质的管理手法，第二次世界大战后，产品品质得以迅速地提升，奠定了经济大国的地位，而在丰田公司的倡导推行下，5S 对于塑造企业的形象、降低成本、准时交货、安全生产、高度的标准化、创造令人心旷神怡的工作场所、现场改善等方面发挥了巨大作用，逐渐被各国的管理界所认识。随着世界经济的发展，5S 已经成为工厂管理的一股新潮流。

（二）5S 管理的概念

5S 是指整理（Seiri）、整顿（Seiton）、清扫（Seiso）、清洁（Seiketsu）、素养（Shitsuke），因其日语的罗马拼音均以"S"开头，因此简称为"5S"。

（三）5S 管理的内容

1. 1S——整理

整理是要区分"要"与"不要"的东西，对"不要"的东西进行处理，其目的为腾出空间，提高生产效率。整理的要点包括：

（1）把握要与不要的基准；

（3）确定需要放置的位置；

（3）不要的物品的处理基准。

2. 2S——整顿

整顿是把要的东西依规定定位、定量摆放整齐，明确标识，其目的为排除寻找的浪费。要点包括：

（1）物品摆放要有固定的地点和区域，以便于寻找，消除因混放而造成的差错；

（2）物品摆放地点要科学合理。例如，根据物品使用的频率，经常使用的东西应放得近些（如放在作业区内），偶尔使用或不常使用的东西则应放得远些（如集中放在车间某处）；

（3）物品摆放目视化，使定量装载的物品做到过目知数，摆放不同物品的区域采用不同的色彩和标记加以区别。

3. 3S——清扫

清扫是要清除工作场所内的脏污，设备异常马上修理，并防止污染的发生，其目的是为了减少不足和缺点。清扫的要点包括：

（1）自己使用的物品，如设备、工具等，要自己清扫，而不要依赖他人，不增加专门的清扫工；

（2）对设备的清扫，着眼于对设备的维护保养。清扫设备要同设备的点检结合起来，清扫即点检；清扫设备要同时做设备的润滑工作，清扫也是保养；

（3）清扫也是为了改善。当清扫地面发现有飞屑和油水泄漏时，要查明原因，并采取措施加以改进明显化，是品质的基础。

4. 4S——清洁

清洁是将上面3S的实施制度化、规范化，并维持效果。制度化清洁的要点：

（1）车间环境不仅要整齐，而且要做到清洁卫生，保证工人身体健康，提高工人劳动热情；

（2）不仅物品要清洁，而且工人本身也要做到清洁，如工作服要清洁，仪表要整洁，及时理发、刮须、修指甲、洗澡等；

（3）工人不仅要做到形体上的清洁，而且要做到精神上的"清洁"，待人要讲礼貌、要尊重别人；

（4）要使环境不受污染，进一步消除浑浊的空气、粉尘、噪音和污染源，消灭职业病。

5. 5S——素养（又称修养、心灵美）

素养是要人人依规定行事，养成好习惯。目的在于提升"人的品质"，养成对任何工作都持认真态度的人。

（四）5S 管理的效用

5S 的效用可以归纳为"八大作用"，有人称之为"八零工厂"。

1. 亏损为零——5S 是最佳的推销员

（1）顾客满意工厂，增强下订单信心。

（2）很多人来工厂参观学习，提升知名度。

（3）清洁明朗的环境，留住优秀员工。

2. 不良为零——5S 是品质零缺陷的护航者

（1）产品严格地按标准要求进行生产。

（2）干净整洁的生产场所可以有效地大大提高员工的品质意识。

（3）机械设备的正常使用和保养，可以大为减少次品的产生。

（4）员工应明了并做到事先就预防发生问题，而不能仅盯在出现问题后的处理上。环境整洁有序，异常现象一眼就可以发现。

3. 浪费为零——5S 是节约能手

（1）降低很多不必要的材料及工具的浪费，减少"寻找"的浪费，节省很多宝贵时间。

（2）能降低工时，提高效率。

4. 故障为零——5S 是交货期的保证

（1）工厂无尘化。无碎屑、屑块、油漆，经常擦拭和进行维护保养，机械使用率会提高。

（2）模具、工装夹具管理良好，调试寻找故障的时间会减少，设备才能稳定，它的综合效能就可以大幅度的提高。

（3）每日的检查可以防患于未然。

5. 切换产品时间为零——5S 是高效率的前提

（1）模具、夹具、工具经过整顿随时都可以拿到，不需费时寻找，它可以节省时间。要知道在当前这个时代，时间就是金钱和高效率。

（2）整洁规范的工厂机器正常运作，作业效率可以大幅度的提升。

（3）彻底贯彻 5S，让初学者和新人一看就懂，一学就会。

6. 事故为零——5S 是安全专家

（1）遵守作业标准，不会发生工伤事故。

（2）所有设备都进行清洁、检修，能预先发现存在的问题，从而消除安全隐患。

（3）消防设施齐全，消防通道无阻塞，万一发生火灾或地震，员工生命安全有保障。

7. 投诉为零——5S 是标准化的推进者

（1）强调按标准作业。

（2）品质稳定，如期达成生产目标。

8. 缺勤为零——5S 可以形成愉快的工作场所

（1）明亮、清洁的工作场所让人心情愉快。

（2）员工动手做改善，有成就感。

（五）5S 管理的基本方法

1. 定点照相

所谓定点照相，就是对同一地点，面对同一方向，进行持续性的照相，其目的就是把现场不合理现象，包括作业、设备、流程与工作方法予以定点拍摄，并且进行连续性改善的一种手法。

2. 红单作战

使用红牌子，使工作人员都能一目了然地知道工厂的缺点在哪里的整理方式，而贴红单的对象，包括库存、机器、设备及空间，使各级主管都能一眼看出什么东西是必需品，什么东西是多余的。

3. 看板作战（Visible Management）

使工作现场人员，都能一眼就知道何处有什么东西，有多少的数量，同时亦可将整体管理的内容、流程以及订货、交货日程与工作排程，制作成看板，使工作人员易于了解，以进行必要的作业。

4. 颜色管理（Color Management Method）

颜色管理就是运用工作者对色彩的分辨能力和特有的联想力，将复杂的管理问题，简化成不同色彩，区分不同的程度，以直觉与目视的方法，以呈现问题的本质和问题改善的情况，使每一个人对问题有相同的认识和了解。

二、定置管理

定置管理是现场管理的一种常见、有效的方法，是以生产现场物品的定置来实现设计、组织实施、调整、协调与控制的全部过程的管理。定置管理也称为定置科学或定置工程学。

（一）定置管理的概念

定置管理是对物的特定的管理，是其他各项专业管理在生产现场的综合运用和补充企业在生产活动中，研究人、物、场所三者关系的一门科学。它是通过整理，把生产过程中不需要的东西清除掉，不断改善生产现场条件，科学地利用场所，向空间要效益；通过整顿，促进人与物的有效结合，使生产中需要的东西随手可得，向时间要效益，从而实现生产现场管理规范化与科学化。

人与物的结合状态。生产活动中，主要是人与物的结合。但是人与物是否有效地结合取决于物的特有状态，即A、B、C三种状态：

A状态是物与人处于有效结合状态，物与人结合立即能进行生产活动。例如，操作工人使用的各种工具，由于摆放地点合理而且固定，当操作者需要时能立即拿到。

B状态是物与人处于间接结合状态，也称物与人处于寻找状态或物存在一定缺陷，经过某种媒介或某种活动后才能进行有效生产活动的状态。如由于半成品堆放不合理，散落在地上，在加工时每次都需要弯腰捡起，既浪费了工时，又增加了劳动强度。

C状态是物与现场生产活动无关，也可说是多余物。如生产现场中存在的已经报废的设备、工具、模具等，这些物品放在生产现场，占用作业面积，而且影响操作者的工作效率技安全。

良好的定置管理，要求信息媒介达到五个方面的要求：生产现场标志清楚；生产现场设有定置图；位置台账齐全；存放物的序号、编号齐备；信息标准化。

（二）定置管理图的设计

1. 定置管理图的概念

定置图是对生产现场所在物进行定置，并通过调整物品来改善场所中人与物、人与场所、物与场所相互关系的综合反映图。其种类有室外区域定置图，车间定置图，各作业区定置图，仓库、资料室、工具室、计量室、办公室等定置图和特殊要求定置图（如工作台面、工具箱内，以及对安全、质量有特殊要求的物品定置图）。

2. 定置图绘制的原则

（1）现场中的所有物均应绘制在图上。

（2）定置图绘制以简明、扼要、完整为原则，物形为大概轮腕、尺寸按比例，相对位置要准确，区域划分清晰鲜明。

（3）生产现场暂时没有，但已定置并决定制作的物品，也应在图上表示出来，准备清理的无用之物不得在图上出现。

（4）定置物可用标准信息符号或自定信息符号进行标注，并均在图上加以说明。

（5）定置图应按定置管理标准的要求绘制，但应随着定置关系的变化而进行修改。

（三）定置管理的原则

（1）工艺性原则：生产现场的定置管理必须符合工艺流程及工艺纪律的要求，与操作规程或岗位作业标准相统一。

（2）安全性原则：现场的定置管理必须符合环境保护和劳动保护的要求，切实考虑安全因素。

（3）实效性原则：定置管理必须从实际出发，在作业研究的基础上进行系统设计，切实体现实效性。

（4）标准化原则：定置管理的诊断、设计、信息规定以及相关制度都要标准化。

（5）次序原则：建立有条不紊的工作次序为原则。

（6）节约原则：定置管理以时间和劳动的节约为宗旨，同时在定置管理实施过程中，要因地制宜，精简适用，避免铺张浪费。

（7）持续改进原则：定置管理是长期性管理活动，定置后仍要通过经常性的合理调整与严格考核，巩固定置成果，不断提高定置管理水平。

（四）定置管理的实施与考核

1. 定置管理的实施

定置管理的实施即按照定置的设计具体内容进行定置管理。对生产现场的材料、机械、操作者、方法进行科学的整理、整顿，将所有的物品定位，按图定置，使人、物、场所的结合达到最佳。

开展定置管理的实施步骤如下：

（1）进行工艺研究。其具体包括以下三个内容：对现场进行调查、详细记录现行方法分析记录的事实、寻找存在的问题拟定改进方案。

（2）对人、物结合的状态分析。

（3）开展对信息流的分析。

（4）定置管理设计。

（5）定置实施是理论付诸实践的阶段，也是定置管理工作的重点。其包括以下三个步骤：

①清除与生产无关之物

生产现场中凡与生产无关的物，都要清除干净。清除与生产无关的物品应本着"双增双节"精神，能转变利用便转变利用，不能转变利用时，可以变卖，化为资金。

②按定置图实施定置

各车间、部门都应按照定置图的要求，将生产现场、器具等物品进行分类、搬、转、调整并予定位。定置的物要与图相符，位置要正确，摆放要整齐，贮存要有器具。可移动物，如推车、电动车等也要定置到适当位置。

③放置标准信息名牌

放置标准信息名牌要做到牌、物、图相符，设专人管理，不得随意挪动。要以醒目和不妨碍生产操作为原则。总之，定置实施必须做到：有图必有物，有物必有区，有区必挂牌，有牌必分类；按图定置，按类存放，账（图）物一致。

（6）定置检查与考核

定置管理的一条重要原则就是持之以恒。只有这样，才能巩固定置成果，并使之不断发展。因此，必须建立定置管理的检查、考核制度、制订检查与考核办法，并按标准进行奖罚，以实现定置故长期化、制度化和标准化。

2. 定置管理的检查与考核

定置管理的检查与考核一般分为两种情况：一是定置后的验收检查，检查不合格的不予通过，必须重新定置，直到合格为止；二是定期对定置管理进行检查与考核。这是要长期进行的工作，它比定置后的验收检查工作更为复杂，更为重要。

定置考核的基本指标是定置率，它表明生产现场中必须定置的物品已经实现定置的程度。其计算公式是：定置率=实际定置的物品个数（种数）/定置图规定的定置物品个数（种数）×100%。

三、质量检验

（一）质量检验的概念

对实体的一个或各个特性进行的，诸如测量、检查、试验和度量，并将结果与规定的要求相比较，以及确定每项特性合格情况等所进行的活动。专家认为质量检验就是对产品的一项或多项质量特性进行观察、测量、试验，并将结果与规定的质量要求进行比较，以判断每项质量特性合格与否的一种活动。

（二）质量检验的主要内容

从质量检验的定义可以看出其有以下工作内容：明确标准、度量、对比、判定、处理和记录。

（三）质量检验的功能

1. 鉴别功能

鉴别功能是质量检验各项功能的基础。

2. "把关"功能

质量"把关"是质量检验最重要、最基本的功能，是对鉴别发现的不合格产品把住不交付预期使用的"关口"。

3. 预防功能

现代质量检验不单纯是事后"把关"，还同时起到预防的作用。

4. 报告功能

质量报告的主要内容包括：

（1）原材料、外购件、外协件进货验收的质量情况和合格率；

（2）过程检验、成品检验的合格率、返修率、报废率，以及相应的废品损失金额；

（3）按产品组成部分（如零部件）或作业单位划分统计的合格率、返修率、报废率及相应废品损失金额；

（4）产品不合格（不符合）原因的分析；

（5）重大质量问题的调查、分析和处理意见；

（6）提高产品质量的建议。

（四）常用质量检验管理制度

在质量管理中，加强质量检验的组织和管理工作是十分必要的。我国在长期管理实践中已经积累了一套行之有效的质量检验的管理原则和制度，主要有：

1. 三检制

三检制就是实行操作者的自检、工人之间的互检和专职检验人员的专检相结合的一种检验制度。

自检。自检就是生产者对自己所生产的产品，按照图纸、工艺和合同中规定的技术标准自行进行检验，并作出产品是否合格的判断。这种检验充分体现了生产工人必须对自己生产的产品质量负责。

互检。互检就是生产工人相互之间进行检验。主要有下道工序对上道工序流转过来的半成品进行抽检；同一机床、同一工序轮班交接班时进行相互检验；小组质量员或班组长对本小组工人加工出来的产品进行抽检等。

专检。专检就是由专业检验人员进行的检验。专业检验是现代化大生产劳动分工的客观要求，它是自检和专检不能取代的。而且三检制必须以专业检验为主导，这是由于现代生产中，检验已成为专门的工种和技术，专职检验人员对产品的技术要求、工艺知识和检验技能，都比生产工人熟练，所用检测仪器也比较精密，检验结果比较可靠，检验效率也比较高。由于生产工人有严格的生产定额，定额又同奖金挂钩，所以容易产生错检和漏检。那种以相信群众为借口，主张完全依靠自检，取消专检，是既不科学，也不符合实际的。

2. 留名制

留名制是指在生产过程中，从原材料进厂到成品入库出厂，每完成一道工序，改变产品的一种状态，包括进行检验和交接、存放和运输，责任者都应该在工艺文件上签名，以示负责。特别是在成品出厂检验单上，检验员必须签名或加盖印章。这是一种重要的技术责任制。操作者签名表示按规定要求完成了这道工序，检验者签名表示该工序达到了规定的质量标准。签名后的记录文件应妥为保存，以便以后参考。

3. 不合格品管理制

合格品管理不仅是质量检验也是整个质量管理工作的重要内容。对不合格品的管理要坚持"三不放过"原则，即：不查清不合格的原因不放过；不查清责任者不放过；不落实改进措施不放过。这一原则是质量检验工作的重要指导思想，坚持这种思想，才能真正发挥检验工作的把关和预防的作用。对不合格品的现场管理主要做好两项工作，一是对不合格品的标记工作，即凡是检验为不合格的产品、半成品或零部件，应当根据不合格品的类别，分别涂以不同的颜色或作出特殊标记，以示区别；二是对各种不合格品在涂上标记后应立即分区进行隔离存放，避免在生产中发生混乱。对不合格品的处理方法有报废、返工、返修、原样使用等。

4. 追溯制

追溯制也叫跟踪管理，就是在生产过程中，每完成一个工序或一项工作，都要记录其检验结果及存在问题，记录操作者及检验者的姓名、时间、地点及情况分析，在产品的适当部位做出相应的质量状态标志。这些记录与带标志的产品同步流转。需要时，很容易搞清责任者的姓名、时间和地点，职责分明，查处有据，这可以极大加强职工的责任感。

5. 质量复查制

质量复查制是指有些生产重要产品的企业，为了保证交付产品的质量或参加试验的产品稳妥可靠、不带隐患，在产品检验入库后、出厂前，要请与产品设计、生产、试验及技术部门的人员进行复查。

（五）不合格品分级

不合格分级的概念：不合格严重性分级，就是将产品质量可能出现的不合格，按其对产品适用性影响的不同进行分级，列出具体的分级表、据此实施管理。不合格分级较早在美国使用。

1. 分级原则

（1）所规定的质量特性的重要程度。

（2）对产品适用性的影响程度。

（3）顾客可能反映的不满意强烈程度。顾客不满意的反映越强烈，其严重性也越大。

（4）不合格的严重性分级除考虑功能性质量特性外，还必须包括外观、包装等非功能性的影响因素。

（5）不合格对下一作业过程的影响程度。

2. 不合格分级级别

目前我国国家标准推荐，将不合格分为 3 个等级。我国某些行业将不合格分为三级，某些行业则分为四级。

三级不合格分别如下：

A 类不合格：如产品的极重要的质量特性不符合规定，或产品的质量特性极严重不符合规定；

B 类不合格：如产品的重要质量特性不符合规定，或产品的质量特性严重不符合规定；

C 类不合格：如产品的一般质量特性不符合规定，或产品的质量特性轻微不符合规定。

美国贝尔系统将不合格的严重性分为四级。

A 级——非常严重（不合格分值 100 分）。

B 级——严重（不合格分值 50 分）。

C 级——中等严重（不合格分值 10 分）：可能会造成部件在运转中失灵，如接触低于最低限度；可能造成尚未严重到运转失灵程度的故障，如振铃不在特定范围内运转；可能导致增加保养次数或缩短寿命，如接触部位肮脏；造成顾客安装上的小困难，例如安装托座歪曲；较大的外观、涂层或工艺不合格，例如涂层有明显的划痕。

D 级——不严重（不合格分值 1 分）。

四、质量改进

(一) 质量改进与质量控制

质量改进（Quality Improvement），是为向本组织及其顾客提供增值效益，在整个组织范围内所采取的提高活动和过程的效果与效率的措施。现代管理学将质量改进的对象分为产品质量和工作质量两个方面，是全面质量管理中所叙述的"广义质量"之概念。

质量控制的目的是维持某一特定的质量水平，控制系统的偶发性缺陷；而质量改进则是对某一特定的质量水平进行"突破性"的变革，使其在更高的目标水平下处于相对平衡的状态。两者的区别可用图 9-1 表示。

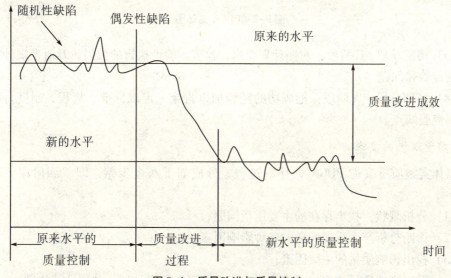

图 9-1　质量改进与质量控制

由图 9-1 可见，质量控制是日常进行的工作，可以纳入"操作规程"中加以贯彻执行。质量改进则是一项阶段性的工作，达到既定目标之后，该项工作就完成了，通常它不能纳入操作规程，只能纳入质量计划中加以贯彻执行。

(二) 质量改进的基本过程

质量改进的基本过程可以用 PDCA 循环图表示，如图 9-1 所示。

"计划（Pan）—执行（Do）—检查（Check）—总结（Actton）循环"，简称 PDCA 循环，反映了质量改进和其他管理工作必须经过的四个阶段，这四个阶段是不断循环下去的。

（1）第一阶段，P 阶段：以提高质量、降低消耗为目的，通过分析诊断，制定改进的目标，确定达到这些目标的具体措施和方法。

（2）第二阶段，D 阶段：按照已制订的计划，克服各种阻力，扎扎实实地去做，以实现质量改进的目标。

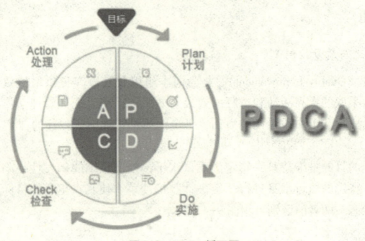

图 9-2　PDCA 循环图

（3）第三阶段，C 阶段：对照计划要求，检查、验证执行的效果，及时发现计划过程中的经验和问题。

（4）第四阶段，A 阶段：把成功的经验加以肯定，定成标准、规程、制度，巩固成绩，克服缺点。

（三）质量改进的步骤

具体实施质量改进 PDCA 循环的过程，分成如下八个步骤，即"四阶段，八步骤"：

（1）分析现状，找出存在的主要质量问题；

（2）诊断分析产生质量问题的各种影响因素；

（3）找出影响质量的主要因素；

（4）针对影响质量的主要因素，制定措施，提出改进计划，并预计其效果；

（5）按既定的计划执行措施；

（6）根据改进计划的要求，检查、验证实际执行的结果，看是否达到了预期的效果；

（7）根据检查的结果进行总结，把成功的经验和失败的教训都纳入有关的标准、制度和规定之中，巩固已经取和的成绩，同时防止重复发生问题；

（8）提出这一循环尚未解决的问题。

（四）质量改进的工具

QC 七种工具指的是：检查表、层别法、柏拉图、因果图、散布图、直方图、管制图。从某种意义上讲，推行 QC 七种工具，一定程度上表明了公司管理的先进程度。这些工具的应用之成败，将成为公司升级市场的一个重要方面：几乎所有的 OEM 客户，都会把统计技术应用情况作为审核的重要方面，例如 TDI、MOTOROLA 等。

QC 新七种工具指的是：关系图法、KJ 法、系统图法、矩阵图法、矩阵数据分析法、PDPC 法、网络图法。相对而言，新七种工具在世界上的推广应用远不如旧七种工具，也从未成为顾客审核的重要方面。

第三节　现场质量管理工具

一、目视管理

（一）目视管理的概念

目视管理是利用形象直观而又色彩适宜的各种视觉感知信息来组织现场生产活动，达到提高劳动生产率的一种管理手段，也是一种利用视觉来进行管理的科学方法。所以目视管理是一种以公开化和视觉显示为特征的管理方式，综合运用管理学、生理学、心理学、社会学等多学科的研究成果。

在日常生活中，我们是通过"五感"（视觉、听觉、触觉、味觉）来感知事物的，其中，最常用的是"视觉"。因为人的行动的60%是从"视觉"的感知开始的，所以在企业管理中，使用目视管理能让员工容易明白、易于遵守，自主性地接受、执行各项工作。

（二）目视管理特点

（1）以视觉信号显示为基本手段，大家都能够看得见。

（2）要以公开化、透明化为基本原则，尽可能地将管理者的要求和意图让大家看得见，借以推动自主管理或叫自主控制。

（3）现场的作业人员可以通过目视的方式将自己的建议、成果、感想展示出来，与领导、同事以及工友们进行相互交流。

所以说目视管理是一种以公开化和视觉显示为特征的管理方式，也可称为看得见的管理，或一目了然的管理。这种管理的方式可以贯穿于各种管理的领域当中。

（三）目视管理原则

（1）目视管理第一个原则，是要让问题曝光，现场一旦有事故苗头，就能让人立即发现，生产线即能停止生产。

（2）目视管理第二个原则，是要使作业人员及督导人员能当场直接接触到现场的事实。

（3）目视管理第三个原则，是要使改善的目标清晰化。

（四）目视管理常用工具

1. 红牌

红牌，适宜于5S中的整理，是改善的基础起点，用来区分日常生产活动中非必需品，挂红牌的活动又称为红牌作战。

2. 折叠看板

用在5S的看板作战中，使用的物品放置场所等基本状况的表示板。它的具体位置在哪里、做什么、数量多少、谁负责，甚至说，谁来管理等，让人一看就明白。因为5S的推动，它强调的是透明化、公开化，因为目视管理有一个先决的条件，就是消除黑箱作业。

看板就是表示出某工序何时需要何数量的某种物料的卡片，是传递信号的工具。现场人员借助于看板，可以实现目视化管理，并利用形象直观，色彩适宜的各种视觉感知信息（表格、图形、数据、颜色）来组织、管理和改善现场生产活动，同时可以一目了然地发现异常状态及问题点的管理方式——"用眼睛来管理"。

现场管理中看板的主要功能包括：

①生产计划发布：将生产计划实时发布到生产现场；

②实时产量统计：实时收集生产现场产量；

③生产线异常通知：对缺料、设备故障等异常，进行实时通报；

④处理流程跟踪：跟踪异常处理过程，督促相关人员及时处理；

⑤生产效率统计：统计生产效率，并对各生产线效率进行统计分析；

⑥异常状况统计：统计各类异常状况次数及时间，并进行归类分析。

3. 折叠信号灯

在生产现场，第一线的管理人员必须随时知道作业员或机器是否在正常运行，是否在正常作业。信号灯是工序内发生异常时用于通知管理人员的工具。

现场管理中信号灯的种类主要有：

①发音信号灯。适用于物料请求通知，当工序内物料用完时，或者该供需的目视信号灯亮时，扩音器会马上通知搬送人员立刻及时的供应。几乎所有的工厂的主管都一定很了解，信号灯必须随时让它亮，信号灯也是在看板管理中的一个重要的项目。

②异常信号灯。用于产品质量不良及作业异常等异常发生场合，通常安装在大型工厂的较长的生产、装配流水线。一般设置红或黄这样两种信号灯，由员工来控制，当发生零部件用完、出现不良产品及机器的故障等异常时，往往会影响到生产指标的完成，这时由员工马上按下红灯的按钮，等红灯一亮，生产管理人员和厂长都要停下手中的工作，马上前往现场，予以调查处理。异常被排除以后，管理人员就可以把这个信号灯关掉，然后继续维持作业和生产。

③运转指示灯。检查显示设备状态的运转、机器开动、转换或停止的状况。停止时还显示它的停止原因。

④进度灯。它是比较常见的，安在组装生产线，在手动或半自动生产线，它的每一道工序间隔大概是1~2分钟，用于组装节拍的控制，以保证产量。但是节拍时间隔有几分钟的长度时，它用于作业。就作业员的本身，自己把握的进度，防止作业的迟缓。进度灯一般分为10分。对应于作业的步骤和顺序，标准化程序，它的要求也比较高。

4. 折叠操作流程

操作流程图，它本身是描述工序重点和作业顺序的简明指示书，也称为步骤图，

公司需注意提拔或推选有组织能力和热心质量管理的人员担任组长，组长应对成员有导引和约束力。经常组织召开小组会议. 研究解决各种问题. 做好小组活动记录。并负责整理成果和发表。

小组活动要围绕部门内的质量、效率、成本、浪费、服务、现场管理等关键问题选题攻关，开始时从容易之处着手，不必好高骛远。

在现场可开辟 QC 小组活动园地，张贴小组活动的结果，以及相关资料，以利于各小组的经验交流，确认小组活动的进展，既是现场文化的形象展示，也可促进 QC 小组间的良性竞争氛围。

公司要成立专职管理部门，加强对 QC 小组活动的指导。注重对小组成员的培训，包括质量管理的统计方法、对 QC 小组的正确认识、开展活动的程序步骤、参加活动的注意事项等。经常对小组活动进行检查、考核和开展竞赛，成果显著的 QC 小组可在企业公开发表并予以奖励。

领导的重视和参与是推动 QC 小组活动的关键因素，公司需建立健全 QC 小组管理制度和激励机制，充分调动员工的积极性，从而做到从上到下全员参与，真正贯彻"质量第一"的观念，使 QC 小组更深、更广、更持续地开展。

为了避免 QC 小组活动流于形式，必须关注每个 QC 小组活动的过程，通过中间报告等形式确认活动进程。为避免大家为了报告而捏造修改数据，以及 QC 小组活动变成小组长一个人的事，从头包揽到底这两个通病，在 QC 小组成果评审时须特别加强这两个方面的审核。

2. QC 小组活动的程序

QC 小组组建以后，从选择课题开始，开展活动。活动的具体程序如下：

（1）选题。QC 小组活动课题选择，一般应根据企业方针目标和中心工作，根据现场存在的薄弱环节，根据用户的需要。选题的范围一般有：提高质量；降低成本；设备管理；开发新品，开设新的服务项目；安全生产；治理"三废"，改善环境；提高顾客（用户）满意率；加强企业内部管理。

（2）确定目标值。课题选定以后，应确定合理的目标值。目标值的确定要注重目标值的定量化，使小组成员有一个明确的努力方向，便于检查，活动成果便于评价；注重实现目标值的可能性，既要防止目标值定得太低，小组活动缺乏意义，又要防止目标值定得太高，久攻不克，使小组成员失去信心。

（3）调查现状。为了解课题的状况，必须认真做好现状调查。在进行现状调查时，应根据实际情况，应用不同的 QC 工具，进行数据的搜集整理。

（4）分析原因。对调查后掌握到的现状，要发动全体组员动脑筋，想办法，依靠掌握的数据，通过开"诸葛亮"会，集思广益，选用适当的 QC 工具，进行分析，找出问题的原因。

（5）找出主要原因。经过原因分析以后，根据关键、少数和次要多数的原理，将多种原因进行排列，从中找出主要原因。在寻找主要原因时，可根据实际需要应用排列图、关联图、相关图、矩阵分析、分层法等不同分析方法。

（6）制定措施。主要原因确定后，制定相应的措施，明确各项问题的具体措施，要达到的目的，谁来做，何时完成以及检查人。

（7）实施措施。按措施计划分工实施。小组长要组织成员，定期或不定期地研究实施情况，随时了解课题进展，发现新问题要及时研究、调查措施计划，以达到活动目标。

（8）检查效果。措施实施后，应进行效果检查。效果检查是把措施实施前后的情况进行对比，看其实施后的效果，是否达到了预定的目标。

（9）制定巩固措施。达到了预定的目标值，说明该课题已经完成。但为了保证成果得到巩固，小组必须将一些行之有效的措施或方法纳入工作标准、工艺规程或管理标准，经有关部门审定后纳入企业有关标准或文件。如果课题的内容只涉及本班组，那就可以通过班组守则、岗位责任制等形式加以巩固。

（10）分析遗留问题。小组通过活动取得了一定的成果，也就是经过了一个 PDCA 循环。这时候，应对遗留问题进行分析，并将其作为下一次活动的课题，进入新的 PDCA 循环。

（11）总结成果资料。小组将活动的成果进行总结，是自我提高的重要环节，也是成果发表的必要准备，还是总结经验、找出问题，进行下一个循环的开始。

以上步骤是 QC 小组活动的全过程，体现了一个完整的 PDCA 循环。由于 QC 小组每次取得成果后，能够将遗留问题作为小组下个循环的课题（如没有遗留问题，则提出新的打算），这就让 QC 小组活动能够持久、深入的开展，推动 PDCA 循环不断前进。

三、看板管理

（一）看板管理概述

看板管理，是指为了达到 JIT 准时生产方式而控制现场生产流程的工具，常作"看板管理"，是丰田生产模式中的重要概念。准时生产方式中的拉式（Pull）生产系统可以使信息的流程缩短，并配合定量、固定装货容器等方式，而使生产过程中的物料流动顺畅。准时生产方式的看板旨在传达信息："何物，何时，生产多少数量，以何方式生产、搬运"。看板管理方法是在同一道工序或者前后工序之间进行物流或信息流的传递。看板管理示意图见图9-3、图9-4。

A 工序的生产看板		
零件号	Y16032	工序盘加工A11
零件名	齿轮	
库存地	1878-1	提前期8小时
数量	20件	

B 工序的生产看板		
零件号	Y16032	工序铣齿轮A12
零件名	齿轮	
库存地	1879-2	提前期8小时
数量	20件	

C 移动看板		
零件号	Y16032	前道工序盘加工A11
零件名	齿轮	
数量	箱型	后道工序铣齿轮A12
20	B	

图 9-3　看板管理示意图

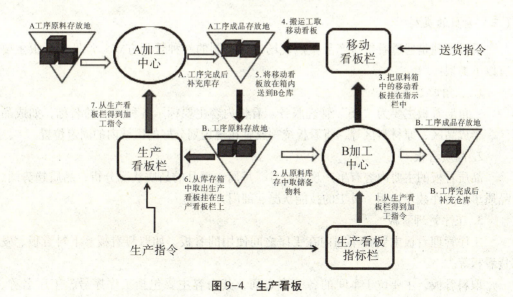

图9-4　生产看板

　　JIT是一种拉动式的管理方式，它需要从最后一道工序通过信息流向上一道工序传递信息，这种传递信息的载体就是看板。没有看板，JIT是无法进行的。因此，JIT生产方式有时也被称作看板生产方式。

　　一旦主生产计划确定以后，就会向各个生产车间下达生产指令，然后每一个生产车间又向前面的各道工序下达生产指令，最后再向仓库管理部门、采购部门下达相应的指令。这些生产指令的传递都是通过看板来完成的。

（二）看板管理的意义

1. 传递现场的生产信息，统一思想

　　生产现场人员众多，而且由于分工的不同导致信息传递不及时的现象时有发生。而实施看板管理后，任何人都可从看板中及时了解现场的生产信息，并从中掌握自己的作业任务，避免了信息传递中的遗漏。

　　此外，针对生产过程中出现的问题，生产人员可提出自己的意见或建议，这些意见和建议大多都可通过看板来展示，供大家讨论，以便统一员工的思想，使大家朝着共同的目标去努力。

2. 杜绝现场管理中的漏洞

　　通过看板，生产现场管理人员可以直接掌握生产进度、质量等现状，为其进行管控决策提供直接依据。

3. 绩效考核的公平化、透明化

　　通过看板，生产现场的工作业绩一目了然，使得对生产的绩效考核公开化、透明化，同时也起到了激励先进、督促后进的作用。

4. 保证生产现场作业秩序

　　现场看板既可提示作业人员根据看板信息进行作业，对现场物料、产品进行科学、合理的处理，也可使生产现场作业有条不紊的进行。

（三）看板的类型

看板管理是通过看板对产品生产现场进行控制的一种管理方式。常见的看板主要有以下类型：

1. 三角形看板

三角形看板主要为"5S"管理服务。看板内容主要标示各种物品的名称，如成品区、半成品区、原材料区等，将看板统一放置在现场划分好的区域内的固定位置。

2. 品质看板

品质看板的主要内容有生产现场每日、每周、每月的品质状况分析、品质趋势图、品质事故的件数及说明、员工的技能状况、部门方针等。

3. 工序管理看板

工序管理看板主要指车间内在工序之间使用的看板，如取料看板、下料看板、发货看板等。

取料看板，主要位于车间的各工序之间，其内容主要包括工序序号、工序名称、工序操作者、下料时间、数量、完工时间、首检等。

发货状况管理看板，主要位于生产车间，其内容主要包括工序序号、小组名称、产品完成日期、发货日期、收货客户等内容。

（四）看板运行规则

（1）产品必须是100%合格品。

（2）后工序从前工序只领取被摘下看板的数量。

（3）前工序按照被摘下看板的顺序，只生产被摘下看板的部件和被摘下看板的数量，生产不应超过看板的数量。必须按照被摘下看板的顺序生产。

（4）没有看板的时候，不生产、不搬运。

（5）看板一定要附在零部件上。

（6）看板上填写的数量一定要和实物的数量一致。

案例分析

某企业周围方圆2千米内厂房林立，道路纵横交错，进厂的原料、出厂的产品，相当一部分靠公路运输，可谓车水马龙，好不热闹。一位外埠司机，早晨8点进厂提货，配货两个品种从甲地还要去乙地。由于路上没有标示和引导图，只好求助于路人。不知是哪位仁兄说错了地方，还是司机听错了地方，车开到了C地。屋漏偏逢连夜雨，超长车16米，而这个老企业道路狭窄。幸亏是位老司机，经验丰富，累得满头大汗，车头总算调过来了，可马路牙子却被轧坏了（被罚款200元，工料费）。车匆匆赶到乙地，被告知：下班了，下午来吧。出门吃午饭，门卫管得严，没有工作卡出不去，省一顿吧。司机自言自语："这厂子真大，像进迷宫一样，我是倒大霉啦。"

资料来源：郭鹏. 6C案例分析［EB/OL］［2015-03-13］. http://www.docin.com/p-1090490664.html.

思考：司机花费了半天时间却还未能完成提货，最主要的原因是什么？

本章习题

1. 现场质量管理指的是（　　）。
   - A. 提供过程的质量管理
   - B. 提供产品的质量管理
   - C. 提供全面的质量管理
   - D. 提供服务的质量管理
2. 坚持文明操作，按 5S 管理的要求，保持良好的工作环境是（　　）的职责。
   - A. 班组长
   - B. 质检部经理
   - C. 作业人员
   - D. 质量检验员
3. 现场质量管理是什么？有什么特点？
4. 现场质量管理有几大工具？分别是什么及实施原则？
5. 简述目视管理的常用工具。
6. 如何组建、推进 QC 质量管理小组？
7. 现场质量管理方法之一的 5S 管理的 5S 分别是什么和应注重的要点有哪些？

第十章 卓越绩效模式

日本戴明奖、美国马尔科姆·波多里奇奖以及欧洲质量管理基金会卓越奖，是当今世界上最有影响力的三大质量奖。这些奖项的设立与实施在当时刮起了卓越绩效模式旋风。量化评分的方法使得卓越绩效模式更加的直观，更具有操作性。

卓越的结果来自于卓越的过程，而结果又让人们反思过程中的不足。结果不仅在于组织的经济效益，更在于为员工创造发展的空间，为顾客创造价值，为社会做出贡献。

第一节 卓越绩效模式产生的背景

质量奖和卓越绩效模式产生于日本。第二次世界大战后，为了扭转日本产品的劣质状况，日本科学技术联盟于 1950 年邀请戴明、朱兰等美国质量专家赴日讲学指导，逐渐形成日本式的全面质量管理。1951 年，日本设立了戴明奖，奖励那些为实施全面质量管理作出突出贡献并取得杰出成果的个人和组织。20 世纪 80 年代，日本产品在全球成为了高质量的代名词，日本的经济和日本企业的竞争力达到了巅峰。戴明奖的设立对日本全面质量管理的发展做出了重要贡献。

与此同时，由于受到日本企业和产品的强烈挑战，美国经济界和企业界开始反思。他们认识到，在日益激烈的市场竞争环境中，强调质量不再是企业选择的事情，而是必须的条件。很多个人和组织建议政府设立一个类似于日本戴明奖的国家质量奖，以促进美国企业全面质量活动的开展。

1987 年 8 月，美国总统里根签署了《国家质量提高法》，提出设立美国国家质量奖计划。为了纪念极力倡导质量管理、对推动"质量改进法"的立法不遗余力的美国商务部长马尔科姆·波多里奇，美国国家质量奖命名为"马尔科姆·波多里奇奖"（简称为波奖）。此后，很多国家和地区参照波奖标准和运作模式设立质量奖，卓越绩效模式得到普遍认可，并被认为是全面质量管理的实施框架，经营管理事实上的"国际标准"。

2004 年，在参考国外质量奖评价准则和我国企业质量管理实践经验的基础上，国家质检总局和中国标准化管理委员会联合发布了 GB/T 19580《卓越绩效评价准则》和 GB/Z 19579《卓越绩效评价准则实施指南》，引起了企业界及其他相关领域的广泛关注和重视，广大企业积极学习、引入卓越绩效模式，一些地方、行业陆续设立质量奖，有效促进了卓越绩效评价准则的应用。

GB/T 19580《卓越绩效评价准则》用于为组织追求卓越绩效提供自我评价的准则和质量奖的评价。其目的包括：帮助组织提高其整体绩效和能力，为组织的所有者、顾客、员工、供方、合作伙伴和社会创造价值；有助于组织获得长期成功；使各类组织易于在质量管理实践方面进行沟通和共享；成为一种理解、管理绩效并指导组织进行规划和获得学习机会的工具。

由此可见，它超越了狭义的符合性质量的概念，致力于组织所有相关方受益和组织的长期成功。因此，可以把《卓越绩效评阶准则》理解为全面质量管理的一种实施细则，它将以往全面质量管理的实践标准化、条理化、具体化，以结果为导向，构造出一个综合的绩效管理系统，为组织通过全面、系统、科学的管理获得持续进步和卓越的经营绩效提供指导和工具，并通过质量奖的方式，促进优秀企业管理经验的共享。

第二节 卓越绩效模式概论

一、卓越绩效模式概念及基本理解

（一）卓越绩效模式的起源与发展

从 20 世纪初的质量检验至 20 世纪中叶的统计过程控制，再到 20 世纪末的全面质量管理，质量管理方法实现了三个跨越。首先，质量管理成为独立的管理职能；其次，质量管理重点从事后转向了事前；最后，强调了全员、全过程、全方位的质量管理。

1987 年，在面临来自日本企业竞争压力的背景下，美国设立了国家质量奖，即马尔科姆·鲍德里奇奖。通过质量奖计划激励企业实施质量经营，改善产品和服务的质量水平，提升国际竞争力。正是在马尔科姆·鲍德里奇奖体系的基础上，逐步形成了卓越绩效模式（Performance Excellence Model）。至此，连同日本早在 1951 年设立的戴明奖和欧洲在 1992 年设立的欧洲质量奖，在全世界范围内形成了影响深远的三个质量大奖。卓越绩效模式与 ISO 9000 质量管理体系的推行以及 6σ 管理的广泛应用，标志着质量管理又进入了一个崭新的阶段。

今天，世界各国众多组织纷纷引入卓越绩效模式。像施乐、通用、微软、摩托罗拉、波音等世界级公司都是运用卓越绩效模式取得卓越经营结果的典范。

（二）卓越绩效模式的定义

卓越绩效模式是当今国际上广泛认同的一种组织综合绩效管理方法。这种系统的绩效管理方法通过领导作用、战略规划、对顾客和市场的关注、测量、分析和知识管理、对人力资源的关注、过程管理和经营结果七个方面的集成来改变组织的形象。这七个方面的关系如图 10-1 所示。其中，领导作用、战略规划和对顾客与市场的关注构成了"领导、战略、市场循环"；对人力资源的关注、过程管理和经营结果构成了"资源、过程、业绩循环"。两个循环以测量、分析与知识管理为基础和纽带相互促进，最终实现组织整体绩效和竞争力的大幅度提升。

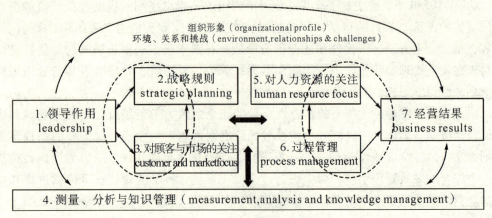

图 10-1 卓越绩效模式框架

（三）对卓越绩效模式的基本理解

1. 卓越绩效模式是一种综合性的组织绩效管理方式

卓越绩效模式能为为顾客提供不断改进的价值，从而使企业在市场上取得成功，提高整体有效性和能力，促进组织和个人的学习。就其实质而言，卓越绩效模式是全面质量管理（TQM）的一种实施细则，是对以往的全面质量管理实践的标准化、条理化和具体化，它以结果为导向，使每一分努力都被输送到最需要的地方。因此，它是组织了解自身优势、寻找改进机会的框架和评价工具，能为组织策划未来提供指导。

2. 卓越绩效模式是力求知己知彼的一个管理工具

卓越绩效模式提供了一个沟通的平台，使各种组织认清现状，找出长处、不足并帮助沟通企业经营管理的问题，有助于认清组织的强弱之所在，明确竞争位置和需要改进的领域。《朱兰质量手册》提及："当组织的高层经理愿意花时间去弄懂卓越绩效评价准则，明白自身评估分数的含义，并清楚为了提高这此分数应当做什么，他们就能够制订出改进本组织的有效且实用的行动计划。"

3. 卓越绩效模式是企业管理中驾驭复杂性的一个仪表盘

企业是个复杂的系统，企业管理需要一个系统的思路。卓越绩效模式有助于实现管理实践中"突出重点"与"全面兼顾"的结合，正确评价和引导组织的各个部门和全体成员的行为，从而使得管理层的努力能够真正用到引导组织成功的正确方向上。

4. 卓越绩效模式是一个有着强大鼓舞作用的奖项

因为作为质量奖的评价依据，它激励人们为了荣誉和成就而付出非凡的努力，同时也给付出正确努力的人们应有的回报。

二、卓越绩效模式的特点

卓越绩效模式是建立在广义质量概念上的质量管理体系。朱兰认为，卓越绩效模式的本质是对全面质量管理的标准化、规范化和具体化。随着经济全球化和市场竞争的加剧，卓越绩效评价准则已成为各类组织评价自身管理水平和引导内部改进工作的依据。

卓越绩效模式具有以下几个方面的特点。

1. 更加强调质量对组织绩效的增值和贡献

标准命名为"卓越绩效评价准则",表明 TQM（全面质量管理）近年来发生了这样一个最重要的变化，即质量和绩效、质量管理和质量经营的系统整合，旨在引导组织追求"卓越绩效"。这个重要变化来自于"质量"概念最新的变化："质量"不再只是表示狭义的产品和服务的质量，而且也不再仅仅包含工作质量，"质量"已经成为"追求卓越的经营质量"的代名词。"质量"将以追求"组织的效率最大化和顾客的价值最大化"为目标，作为组织一种系统运营的"全面质量"。

2. 更加强调以顾客为中心的理念

把以顾客和市场为中心作为组织质量管理的第一项原则，"组织卓越绩效"把顾客满意和顾客忠诚即顾客感知价值作为关注焦点，反映了当今全球化市场的必然要求。

3. 更加强调系统思考和系统整合

组织的经营管理过程就是创造顾客价值的过程，为达到更高的顾客价值，就需要系统、协调一致的经营过程。

4. 更加强调重视组织文化的作用

无论是追求组织卓越绩效、确立以顾客为中心的经营宗旨，还是系统思考和整合，都涉及企业经营的价值观，所以必须首先建设符合组织愿景和经营理念的组织文化。

5. 更加强调坚持可持续发展的原则

在制定战略时要把可持续发展的要求和相关因素作为关键因素加以考虑，必须在长短期目标和方向中加以实施，通过长短期目标绩效的评审对实施可持续发展的相关因素的结果加以确认，并为此提供相应的资源保证。

6. 更加强调组织的社会责任

《卓越绩效评价准则》是我国 25 年来推行全面质量管理经验的总结，是多年来实施 ISO 9000 标准的自然进程和必然结果。

三、卓越绩效模式的核心价值观

卓越绩效模式建立在一组相互关联的核心价值观和原则的基础上。波多里奇奖提出的核心价值观共有十一条：追求卓越的领导，顾客导向的卓越，组织和个人的学习，尊重员工和合作伙伴，快速反应和灵活性，关注未来，促进创新的管理，基于事实的管理，社会责任与公民义务，关注结果和创造价值，系统的观点。这些核心价值观反映了国际上最先进的经营管理理念和方法，是许多世界级成功企业的经验总结，它贯穿于卓越绩效模式的各项要求之中，应成为企业全体员工，尤其是企业高层经营管理人员的理念和行为准则。

（一）追求卓越的领导

领导力是一个组织成功的关键。组织的高层领导应确定组织的发展方向、价值观和长短期的绩效目标。组织的方向、价值观和目标应体现其利益相关方的需求，用于指导组织所有的活动和决策。高层领导应确保建立组织追求卓越的战略、管理系统、方法和激励机制，激励员工勇于奉献、成长、学习和创新。高层领导应通过管理机构对组织的道德行为、绩效和所有利益相关方负责，并以自己的道德行为、领导力、进取精神发挥表率作用，有力地强化组织的价值观和目标意识，带领全体员工实现组织的目标。

（二）顾客导向的卓越

组织要树立顾客导向的经营理念，认识到组织绩效是由组织的顾客来评价和决定的。组织必须考虑产品和服务如何为顾客创造价值，达到顾客满意和顾客忠诚，并由此提高组织绩效。组织既要关注现有顾客的需求，还要预测未来顾客期望和潜在顾客；顾客导向的卓越要体现在组织运作的全过程，因为很多因素都会影响到顾客感知的价值和满意，包括组织要与顾客建立良好的关系，以增强顾客对组织的信任、信心和忠诚；在预防缺陷和差错产生的同时，要重视快速、热情、有效地解决顾客的投诉和报怨，留住顾客并驱动改进；在满足顾客基本要求基础上，要努力掌握新技术和竞争对手的发展，为顾客提供个性化和差异化的产品和服务；对顾客需求变化和满意度保持敏感性，做出快速、灵活的反应。

（三）组织和个人的学习

要应对环境的变化，实现可持续的卓越绩效水平，必须提高组织和个人的学习能力。组织的学习是组织针对环境变化的一种持续改进和适应的能力，通过引入新的目标和做法带来系统的改进。学习必须成为组织日常工作的一部分，通过员工的创新、产品的研究与开发、顾客的意见、最佳实践分享和标杆学习，以实现产品、服务的改进，开发新的商机，提高组织的效率，降低质量成本，更好地履行社会责任和公民义务。企业实践卓越绩效模式是组织适应当前变革形势的一个重要学习过程。

（四）尊重员工和合作伙伴

组织的成功越来越取决于全体员工及合作伙伴不断增长的知识、技能、创造力和工作动机。企业要保证顾客满意，同时要重视创造商品和提供服务的企业员工。重视员工意味着确保员工的满意、发展和权益。为此，组织应关注员工工作和生活的需要，创造公平竞争的环境，对优秀者给予奖励；为员工提供学习和交流的机会，促进员工发展与进步；营造一个鼓励员工承担风险和创新的环境。组织与外部的顾客、供应商、分销商和协会等机构之间建立战略性的合作伙伴关系，将有利于组织进入新的市场领域，或者开发新的产品和服务，增强组织与合作伙伴各自具有的核心竞争力和市场领先能力。建立良好的外部合作关系，应着眼于共同的长远目标，加强沟通，形成优势互补，互相为对方创造价值。

（五）快速反应和灵活性

要在全球化的竞争市场上取得成功，特别是面对电子商务的出现，"大鱼吃小鱼"变成了"快鱼吃慢鱼"，组织要有应对快速变化的能力和灵活性，以满足全球顾客快速变化和个性化的需求。为了实现快速反应，组织要不断缩短新产品和服务的开发周期、生产周期，以及现有产品、服务的改进速度。为此需要简化工作部门和程序，采用具备低成本快速转换能力的柔性生产线；需要培养掌握多种能力的员工，以便胜任工作岗位和任务变化的需要。各方面的时间指标已变得愈来愈重要，开发周期和生产、服务周期已成为关键的过程测量指标，周期的缩短必将推动组织的质量、成本和效率方面的改进。

（六）关注未来

在复杂多变的竞争环境下，组织不能满足于眼前绩效水平，要有战略性思维，关注组织未来持续稳定发展，让组织的利益相关方——顾客、员工、供应商和合作伙伴，以及股东、公众对组织建立长期信心。

要追求持续稳定的发展，组织应制定长期发展战略和目标，分析、预测影响组织发展的诸多因素，例如顾客的期望、新的商机和合作机会、员工的发展和聘用、新的顾客和市场细化、技术的发展和法规的变化，社区和社会的期望，竞争对手的战略等，战略目标和资源配置需要适应这些影响因素的变化。而且战略要通过长期规划和短期计划进行部署，保证战略目标的实现。组织的战略要与员工和供应商沟通，使员工和供应商与组织同步发展。

（七）促进创新的管理

要在激烈的竞争中取胜，只有通过创新才能形成组织的竞争优势。创新意味着组织对产品、服务和过程进行有意义的改变，为组织的利益相关方创造新的价值，把组织的绩效提升到一个新的水平。创新不应仅仅局限于产品和技术的创新，创新对于组织经营的各个方面和所有过程都是非常重要的。

组织应对创新进行引导，以提高顾客满意为导向，使之融入到组织的各项工作中，进行观念、机构、机制、流程和市场等管理方面的创新。组织应对创新进行管理，使创新活动持续、有效的开展。第一，需要高层领导积极推动和参与革新活动，有一套针对改进和创新活动的激励制度；第二，要有效利用组织和员工积累的知识进行创新，而且要营造勇于承担风险与责任的环境氛围。

（八）基于事实的管理

基于事实的管理是一种科学的态度，是指组织的管理必须依据对其绩效的测量和分析。测量什么取决于组织的战略和经营的需要，通过测量获得关键过程、输出和组织绩效的重要数据和信息。绩效的测量可包括顾客满意程度、产品和服务的质量、运行的有效性、财务和市场结果、人力资源绩效和社会责任结果，反映了利益相关方的平衡。

测量得到的数据和信息通过分析，可以发现其中变化的趋势，找出重点的问题，识别其中的因果关系，用于组织进行绩效的评价、决策、改进和管理，而且还可以将组织的绩效水平与其竞争对手或标杆的"最佳实践"进行比较，识别自己的优势和弱项，促进组织的持续改进。

（九）社会责任与公民义务

组织应注重对社会所负有的责任、道德规范，并履行好公民义务。领导应成为组织表率，在组织的经营过程中，以及在组织提供的产品和服务的生命周期内，要恪守商业道德，保护公众健康、安全和环境，注重保护资源。组织不应仅满足于达到国家和地方法律法规的要求，还应寻求更进一步的改进的机会。要有发生问题时的应对方案，能做出准确、快速的反应，保护公众安全，提供所需的信息与支持。组织应严格遵守道德规范，建立组织内外部有效的监管体系。

履行公民义务，是指组织在资源许可的条件下，对社区公益事业的支持。公益事业包括改善社区内的教育和保健、美化环境、保护资源、社区服务、改善商业道德和分享非专利性信息等。组织对于社会责任的管理应采用适当的绩效测量指标，并明确领导的责任。

（十）关注结果和创造价值

组织的绩效评价应体现结果导向，关注关键的结果，主要包括有顾客满意程度、产品和服务、财务和市场、人力资源、组织效率、社会责任六个方面。这些结果能为组织关键的利益相关方——顾客、员工、股东、供应商和合作伙伴、公众及社会创造价值和平衡其相互间的利益。通过为主要的利益相关方创造价值，将培养起忠诚的顾客，实现组织绩效的增长。组织的绩效测量是为了确保其计划与行动能满足实现组织目标的需要，并为组织长短期利益的平衡、绩效的过程监控和绩效改进提供了一种有效的手段。

（十一）系统的观点

卓越绩效模式强调以系统的观点来管理整个组织及其关键过程，实现组织的卓越绩效。卓越绩效模式七个方面的要求和核心价值观构成了一个系统的框架和协调机制，强调了组织的整体性、一致性和协调性。"整体性"是指把组织看成一个整体，组织整体有共同的战略目标和行动计划；"一致性"是指卓越绩效标准各条款要求之间，具有计划、实施、测量和改进（PDCA）目标的一致性；"协调性"是指组织运作管理体系的各部门、各环节和各要素之间是相互协调的。系统的观点体现了组织所有活动都是以市场和顾客需求为出发点，最终达到顾客满意的目的；各个条款的目的都是以顾客满意为核心，他们之间是以绩效测量指标为纽带，各项活动均依据战略目标的要求，按照 PDCA 循环展开，进行系统的管理。

第三节　卓越绩效评价准则

一、制定卓越绩效评价准则的背景及目的

（一）制定卓越绩效评价准则的背景

卓越绩效模式（Performance Excellence Model）是以各国质量奖评价准则为代表的

一类经营管理模式的总称，产生于 20 世纪下半叶，进入 21 世纪后日益受到各个国家和企业的重视。在全球经济一体化的形势下，实施卓越绩效模式已成为提升企业竞争力，以及企业自身实现持续改进、保持不断增强竞争优势的有效途径之一。此后，许多国家和地区参照波多里奇国家质量奖的标准和运作模式设立质量奖，卓越绩效模式得到普遍认可，并被认为是全面质量管理的实施框架、经营管理事实上的"国际标准"。

各国的国家质量奖励计划为提高组织整体绩效，促进各类组织相互交流、分享最佳经营管理成果等方面发挥了重要作用。在这些国家质量奖励计划的影响下，认识到国内各类企业与世界先进企业整体经营管理水平所存在的差距，为引导中国各类企业追求卓越，增强竞争优势，走上快速健康发展之路，自 2001 年起，中国也在不断探索全国范围内的质量奖评审工作。国家质量监督检疫总局和国家标准化委员会根据《中华人民共和国产品质量法》和《质量振兴纲要》的有关规定，于 2004 年正式发布了《卓越绩效评价准则》国家标准和《卓越绩效评价准则实施指南》国家标准指导性技术文件。

（二）制定卓越绩效评价准则的目的

制定卓越绩效评价准则有以下三个基本目的：
（1）为组织追求卓越提供一个经营模式的总体框架。
（2）为组织诊断当前管理水平提供一个系统的检查表；
（3）为国家质量奖和各级质量奖的评审提供依据。

二、卓越绩效评价准则的主要内容

（一）卓越绩效模式框架

《卓越绩效评价准则》GB/T 19580 是参照国外质量奖的评价准则，结合中国质量管理的实际情况，从领导、战略、顾客与市场、资源、过程管理、测量、分析与改进以及经营结果七个方面规定了组织卓越绩效的评价要求，如图 10-2 所示，为组织追求卓越绩效提供了自我评价的准则，也可用于质量奖的评价。

（1）领导。组织高层领导应确定组织的价值观、发展方向和绩效目标，完善组织的治理以及评审组织的绩效。

（2）战略。组织应当制定战略目标和战略规划，进行战略部署，并对其进展情况进行跟踪。

（3）顾客与市场。组织应当确定顾客与市场的需求、期望和偏好，建立良好的顾客关系，确定影响赢得、保持顾客，并使顾客满意、忠诚的关键因素。

（4）资源。组织高层领导为确保战略规划和目标的实现、为价值创造过程和支持过程以及持续改进的创新提供所必需的资源，包括人力资源及财务、基础设施、相关方关系、技术、信息等其他资源。

（5）过程管理。过程管理涵盖了所有部门的主要过程，其目的在于确保组织战略目标和战略规划的落实。过程管理应具有内外环境和因素变化的敏捷性，即当组织战略和市场变化时能够快速反应，例如当一种产品转向另一种产品时，过程管理应当确保快速地适应这种变化。

组织应当基于 PDCA 对过程实施管理,从识别过程开始,确定对过程的要求,依据过程要求进行过程设计,有效和高效地实施管理,对过程进行持续改进和创新并共享成果。组织的过程分为价值创造过程和支持过程。

(6)测量、分析与改进。组织应当确定选择、收集、分析和管理数据、信息和知识的方法,充分和灵活使用数据、信息和知识,改进组织绩效。

(7)经营结果。组织应当对主要经营方面的绩效进行评价和改进,包括顾客满意程度、产品和服务的绩效、市场绩效、财务绩效、人力资源绩效、运行绩效,以及组织的治理和社会责任绩效。

组织应当描述其至少三年的主要绩效指标数据,以反映绩效的当前水平和趋势,并与竞争对手和标杆的数据进行对比,以反映组织在相关绩效方面的行业地位、竞争优势和存在的差距。

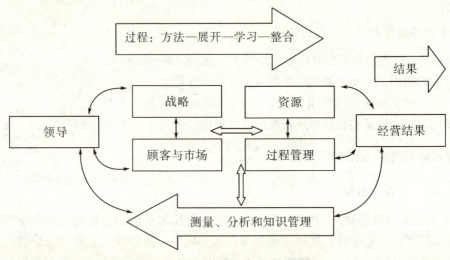

图 10-2　卓越绩效评价准则框架模型

(二)卓越绩效评价准则的条款要求和赋予分值

卓越绩效评价准则为组织提供了卓越的经营模式。该准则的最大特点是使用评分的方法全方位、平衡地诊断评价组织经营管理的水平,为组织自我评价和外部评审提供了可操作性的指南。卓越绩效评价准则在七个类目下还细分为 22 个条目,设定总分为 1 000 分,条目的具体内容和赋予分值如表 10-1 所示。

表 10-1 卓越绩效评价准则条目要求及赋予分值

1 领导（100）	4.6 相关方面（10）
1.1 组织的领导（60）	5 管理过程（110）
1.2 社会责任（40）	5.1 价值创造过程（70）
2 战略（80）	5.2 支持过程（40）
2.1 战略制定（40）	6 测量、分析和知识管理（100）
2.2 战略部署（40）	6.1 测量与分析（40）
3 顾客与市场关注（90）	6.2 信息和知识的管理（30）
3.1 顾客和市场的了解（40）	6.3 改进（30）
3.2 顾客关系与顾客满意（50）	7 经营结果（400）
4 资源（120）	7.1 顾客和市场结果（100）
4.1 人力资源（40）	7.2 财务结果（80）
4.2 财务资源（10）	7.3 资源结果（80）
4.3 基础设施（20）	7.4 过程有效性结果（70）
4.4 信息（20）	7.5 组织的治理和社会责任的结果（70）
4.5 技术（20）	

（三）卓越绩效评价方法

1. 定性方法

（1）对过程要求的定性评价

对过程要求使用方法、展开、学习、整合（简称 ADLI）的四个要素进行评价。"方法"，即评价组织完成过程所采用的方式方法，方法的适宜性、有效性和可重复性，方法的使用是否以可靠的数据和信息为基础。

"展开"，即评价所采用方法的展开程度，方法是否持续应用，是否使用于所有适用部门。

"学习"，即评价是否通过循环评价和改进，对方法进行不断完善，是否鼓励通过创新对方法进行突破性的改变，在组织的各相关部门、过程中分享方法的改进和创新。

"整合"，即评价方法与其他的组织需要的协调一致性；组织各过程、部门的测量、分析和改进系统的相互融合、补充程度；组织各过程、部门的计划、过程、结果、分析、学习和行动是否协调一致，是否有效支撑组织的目标。

（2）对结果要求的定性评价

可用水平、趋势、对比、整合这四个要素评价组织结果的成熟度。

"水平"，即评价组织绩效的当前水平。

"趋势"，即评价组织绩效改进的速度和广度。

"对比"，即与适宜的竞争对手和标杆的对比绩效。

"整合"，即评价结果对应组织特定情景的重要程度。

2. 定量方法

GB/Z 19579 中对过程和结果条款分别给出了详细的评分指南，作为卓越绩效自我评价和质量奖评审的评分尺度。

对过程条款的定量评价，参考评分指南如表10-2所示。

对结果条款的宗量评价，参考评分指南加表10-3所示。

表 10-2 "过程"评分项评分指南

分数	过程
0%或5%	■显然没有系统的方法：信息是零，孤立的（A） ■方法内有展开或略有展开（D） ■不能证实具有改进导向：已有的改进仅仅是"对问题做出的反映"（L） ■不能证实组织的一致性：各个方面或部门的运作都是相互独立的（I）
10%，15% 20%或25%	■针对该评分项的基本要求，开始有系统的方法（A） ■在大多数方面和部门，处于方法展开的初级阶段，阻碍了达成评分项基本要求进程（D） ■处于从"对问题做出反应"到"一般性改进导向"方向转变的初期阶段（L） ■主要通过联合解决问题，使方法与其他方面或部门达成一致（I）
30%，35% 40%或45%	■应对该评分项的基本要素，有系统、有效的方法（A） ■尽管在某些方面或部门还处于展开的初期阶段，但方法还是被展开了（D） ■开始有系统的方法，评分和改进关键过程（L） ■方法处于与在其他评分项中识别的组织基本需要协调一致的初级阶段（I）
50%，55% 60%或65%	■应对该评分项的总体要求，有系统、有效的方法（A） ■尽管在某些方面或部门的展开有所不同，但方法还是得到了很好的展开（D） ■有了基于事实，有系统的评价和改进过程，以及一些组织学习，以改进关键过程的效率和有效性 ■方法与在评分项中识别的组织需要协调一致（I）
70%，75% 80%或85%	■应对该评分项的详细要求，有系统、有效的方法（A） ■方法得到了很好地展开，无显著的差距（D） ■基于事实的、系统的评价和改进，以及组织的学习，成为关键的管理工具；存在清楚的证据，证实通过组织级的分析和共享，得到了精确、创新的结果（L） ■方法与其他评分项中识别的组织需要达到整合（I）
90%，95% 或100%	■应对该评分项的详细要求，有系统、有效的方法（A） ■方法得到了充分的展开，在任何方面或部门均无显著的弱项或差距（D） ■以事实为依据、系统的评价和改进，以及组织的学习是组织主要的管理工具；通过组织级的分析和共享，得到了精细的、创新的结果（I） ■方法与在其他评分项中识别的组织需要达到整合（I）

表 10-3 "结果"评分项评分指南

分数	过程
0%或5%	■没有描述结果，或结果很差 ■没有显示趋势的数据，或显示了总体不良趋势 ■没有对比性信息 ■在对组织关键经营要求重要的任何方面，均没有描述结果

表10-3（续）

分数	过程
10%，15% 20%或25%	■结果很少；在少数方面有一些改进和（或）处于初期的良好绩效水平 ■没有或极少显示趋势的数据 ■没有或极少对比性信息 ■在少数对组织关键经营要求重要的方面，描述了结果
30%，35% 40%或45%	■在该评分项要求的多数方面改进和（或）良好绩效水平 ■处于取得良好趋势的初期阶段 ■处于获得对比性信息的初期阶段 ■在多数对组织关键经营要求重要的方面，描述了结果
50%，55% 60%或65%	■在该评分项要求的大多数方面有改进趋势和（或）良好绩效水平 ■在对组织关键经营要求重要的方面，没有不良趋势和不良绩效水平 ■与有关竞争对手和（或）标杆进行对比评价，一些趋势和（或）当前绩效显示了良好到优秀的水平 ■经营结果达到了大多数关键顾客、市场、过程的要求
70%，75% 80%或85%	■在对该评分项要求重要的大多数方面，当前绩效达到良好到卓越水平 ■大多数的改进趋势和（或）当前绩效水平可持续 ■与有关竞争对手和（或）标杆进行对比评价，多数到大多数的趋势和（或）当前绩效显示了良好到优秀的水平 ■经营结果达到了大多数关键顾客、市场、过程和战略规划的要求
90%，95% 或100%	■在对该评分项要求重要的大多数方面，当前绩效达到卓越水平 ■在大多数方面，具有卓越的改进趋势和（或）可持续的卓越绩效水平 ■在多数方面被证实处于行业领导地位和标杆水平 ■经营结果充分地达到了关键顾客、市场、过程和战略规划的要求

依据评分指南，对照组织的自我评价报告或组织的具体情况，对准则要求的每一评分项打分，并汇总得出被评价组织的总得分。目前，我国全国质量管理奖获奖者的得分在 500~650 分之间。

第四节　三大著名质量奖

一、美国马尔科姆·波多里奇奖

（一）波多里奇奖的产生背景

美国国家质量奖以 20 世纪 80 年代里根政府商务部长马尔科姆·波多里奇的名字命名，是因为波多里奇在他的任期内，成功地将商务部的预算削减 30% 以上，行政人员削减了 25%，并且为提高美国产品的质量和质量管理水平作出了很大的努力。波多里奇奖是依据《1987 年马尔科姆·波多里奇国家质量提高法》（又称《101—107 公共法》）建立的，其评选工作从 1988 年正式开始。最初的美国国家质量奖是针对制造业企业、服务业企业和小企业的，从 1999 年开始，增加了教育质量奖和医疗卫生质量奖。波多里奇奖评选的目的是促进各组织将改进业绩作为提高竞争力的一个重要途径，并且使达到优秀业绩组织的成功经理得以广泛推广并由此取得效益。

波多里奇奖对参评企业的评审过程分为三个阶段。第一个阶段由至少5个评审委员会的成员对企业的书面申请进行独立的审核。评审成绩比较好的企业进入下一轮的集体评审。第二阶段对成绩比较好的企业再次进行评审，并选择优秀企业作为实地考核的候选企业。第三阶段是实地考核候选企业进行实地考核，评审出最优秀的企业，由最高评审人员联名向美国商业部长推荐，作为美国国家质量奖的候选企业。在这三个阶段中，审核结果都要集体讨论，统一意见，达成共识，并且对于落选企业都要求给出书面的评审报告，指出这些企业的优势和有待改进的地方，然后反馈给这些企业。

波多里奇奖提倡"追求卓越"（Quest for Excellence）的质量经营理念。它每年评选2~3名获奖企业，经过十余年的实施，已经成为美国质量管理界的最高荣誉，对美国乃至世界的质量管理活动都起到了巨大的推动作用。

波多里奇质量奖的核心价值观和其相关的概念贯穿在标准的各项要求之中。其内容充分体现了现代质量经营的理论和方法，是组织追求卓越取得成功的经验总结。它主要体现在：①领导的远见卓识；②顾客推动；③组织和个人的学习；④尊重员工和合作伙伴；⑤灵敏性；⑥关注未来；⑦管理创新；⑧基于事实的管理；⑨社会责任；⑩重在结果及创造价值；⑪系统观点。

（三）波多里奇奖的评奖标准

波多里奇质量奖评审标准中每个评审项目分成若干条款，每年度评审条款的数目和内容要进行修订。2003年度波多里奇质量奖评审标准共有7个评审项目，19个评分条款，32个需要说明的范畴。每个项目和条款的分值见表10-4。

表10-4　　　　　　　　波多里奇质量奖评审项目和条款

序号	项目	条款	分值	合计
1	领导	1.1 组织的领导作用	70	120
		1.2 社会责任	50	
2	战略规划	2.1 战略制定	40	85
		2.2 战略部署	45	
3	以顾客和市场为中心	3.1 顾客和市场的了解	40	85
		3.2 顾客关系和顾客满意	45	
4	测量、分析和知识管理	4.1 组织绩效的测量与分析	45	90
		4.2 信息和知识管理	45	
5	以人为本	5.1 工作体系	35	85
		5.2 员工学习和激励	25	
		5.3 员工权益和满意程度	25	
6	过程管理	6.1 价值创造过程	50	85
		6.2 支持性过程	35	

表10-4(续)

序号	项目	条款	分值	合计
7	经营结果	7.1 以顾客为中心的结果	75	450
		7.2 产品和服务结果	75	
		7.3 财务和市场结果	75	
		7.4 人力资源结果	75	
		7.5 组织有效性结果	75	
		7.6 组织自律和社会责任结果	75	
		总分数		1 000

二、日本戴明奖

(一) 戴明奖的概述

世界范围内影响较大的质量奖中，日本戴明奖是创立最早的一个。1951 年，为感谢戴明博士为日本质量管理的发展所作出的重要贡献，日本科学技术联盟（ⅢSE）设立了戴明奖，其目的是通过认可以统计控制技术为基础的全公司质量控制（CWQC）或全面质量控制（TQC）的成功实施所带来的绩效改进来传播质量理念。戴明奖每年评选一次。申请者可以是全球范围内任何类型的组织。戴明奖分为以下三类。

（1）戴明个人奖，主要颁发给在全面质量管理的研究、统计方法在全面质量管理中的应用及全面质量管理理念的传播等方面作出杰出贡献的个人或组织。

（2）戴明应用奖，颁发给在规定年限内通过实施全面质量管理而取得显著绩效改进的组织或部门。于 1984 年向日本海外公司开放。

（3）运营单位质量控制奖，颁发给在追求全面质量管理的过程中通过质量控制（管理）的应用而取得显著绩效改进的（某个组织的）运营单位。

后两个奖项的区别在于：戴明应用奖是为整个组织（公司）或组织的部门而设立的，而运营单位质量控制奖是为无资格申请应用奖的独立运营单位设立的。运营单位的领导必须承担经费的管理责任，同时，该运营单位必须在其内部建立起质量管理的相关权利与责任，具有与总部和其他相关部门的明确定义了的关系。当然，该运营单位并非必须具有与质量管理和质量保证有关的所有职能。

戴明奖每个年度的获奖者数目不限，只需符合评奖标准即可。

(二) 戴明奖模式和评审标准

1. 戴明奖模式

戴明奖评奖条件比波多里奇奖和欧洲质量奖评奖条件精练，其几大评奖条件和评分比重一律相同，它按四项标准对企业的成效进行评定：计划（方针、组织和管理、教育和宣传）、执行（利润管理和成本控制、过程标准化和控制、质量保证）、效果和对以后的策划。此外，戴明奖还引入了检查特性，例如考察小组、评分方法等。戴明奖模式如图 10-3 所示。

(10) 对实现企业目的的贡献

(a) 企业的持续实现目的　　(b) 良好的关系性　　(c) 效果与将来计

提供顾客满意度高的产品和服务

"顾客"观点对
"质"的追求

(9) 组织能力（核心技术、速度、活力）

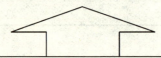

TQM的目标

TQM基础工作

有效果与高效率地运作全公司组织的系统活动

(1) 最高管理者的领导、规划、策略

管理系统（管理、改进、改革）

(2) TQM的管理系统

(3) 质量保证系统

(4) 各项管理要求的管理系统

充实主要管理基础

(5) 人才培养

(6) 信息的灵活运用

基本的观念与方法

(7) TQM的观念、价值观

(8) 系统方法

图 10-3　戴明奖评审结构图

2. 戴明奖的评审标准

戴明奖包括 10 个考察项目。每个考察项目又进一步细分为数目不等的检查点。戴明奖的检查清单如表 10-5 所示。

表 10-5　　　　　　　　　　　　　戴明奖的检查清单

项目	检查点
1. 方针	①管理、质量及质量控制（管理）方针；②形成方针的方法；③方针的适应性和连续性；④统计方法的应用；⑤方针的沟通和宣传；⑥对方针及其实现程度的检查；⑦方针与长期计划和短期计划的关系
2. 组织及其运作	①权利与责任的清晰度；②授权的合适性；③部门内协调；④委员会活动；⑤员工的使用；⑥质量控制活动的应用；⑦质量控制（管理）诊断

表10-5（续）

项目	检查点
3. 培训和推行	①培训计划与结果；②质量意识及其管理和对质量控制（管理）的理解；③对统计概念和方法的培训及其普及程度；④对效果的理解；⑤对相关企业（尤其是集团公司、供应商、承包商及销售商）的培训；⑥质量控制循环活动；⑦改进建议系统及其地位
4. 信息收集、沟通及利用	①外部信息收集；②部门内沟通；③沟通速度（计算机使用）；④信息处理（统计）分析与应用
5. 分析	①重要问题与改进主题的选择；②分析方法的正确性；③统计方法的利用；④与产业专有技术的联系；⑤质量分析与过程分析；⑥分析结果的利用；⑦就改进建议所采取的行动
6. 标准化	①标准系统；②建立、修改和废除标准的方法；③建立、修改和废除标准的实际绩效；④标准的内容；⑤统计方法的应用；⑥技术累计；⑦标准的运用
7. 控制（管理）	①质量与其他相关因素的管理系统，诸如成本与运输；②控制点与控制项目；③统计方法与概念的运用；④质量控制循环的贡献；⑤控制（管理）活动的地位；⑥控制在情境
8. 质量保证	①新产品和服务的开发方法；②产品安全与可靠性的预防活动；③顾客满意的程度；④流程设计、流程分析、流程控制与改进；⑤过程能力；⑥设备化与检查；⑦设施、销售商、采购和服务的管理⑧质量保证系统及其诊断；⑨统计方法的运用；⑩质量评估与审计
9. 效果	①效果的测评；②诸如质量、服务、运输、成本、利润、安全与环境的有形效果；③无形效果；④实际绩效与计划的一致性
10. 远期计划	①对当前情况的具体理解；②解决缺陷的方法；③长远的推动计划；④远期计划与长期计划的关系

三、欧洲质量奖

（一）欧洲质量奖简述

1988 年欧洲 14 家大公司发起成立了欧洲质量管理基金会（EFQM）。EFQM 所发挥的巨大作用在于：强调质量管理在所有活动中的重要性，把促成开发且改进作为企业达成卓越的基础，从而增强欧洲企业的效率和效果。

1992 年，欧洲质量基金会设立了欧洲质量奖。欧洲质量奖是欧洲最具声望和影响力的用来表彰优秀企业的奖项，代表着 EFQM 表彰优秀企业的最高荣誉。该奖项一共设有四个等级，分别是欧洲质量优胜奖、欧洲质量奖金奖、欧洲质量决赛奖和欧洲质量优秀表现奖。申请欧洲质量奖的组织可以分为四类：大企业、公司运营部门、公共组织和中小型企业。

前三类申请者遵循如下几项通用原则：①雇员不少于 250 人；②申请者至少有50%的活动已在欧洲运营了 5 年以上；③前 3 年内申请考没有获得欧洲质量奖；④同年同一母公司，其独立运营分部申请者不得超过 3 家。

申请者首先根据模式自我评估，然后以文件形式将结果提交给 EFQM，一组有经验的评审员再对申请评分。质量奖评判委员会由欧洲各行业领导者，包括以前获奖者的代表和欧盟委员会、欧洲质量管理基金会以及欧洲质量管理组织的代表组成。他们首先确定评审小组将对哪一家申请者进行现场访问。现场访问之后，基于评审小组的最终报告，评判委员会选择确定提名奖获得者、质量奖获得者和质量最佳奖获得者。在每一类别质量奖中，质量最佳奖获得者均选自质量奖获得者中最好的。获奖者都将参加声望很高的欧洲质量论坛。媒体将对此做广泛大量的报道，在整个欧洲他们都将得到认可，成为其他组织的典范。质量论坛会后的一年中，将进行一系列的会议，请获奖者与其他组织分享他们的经验，达到优秀的历程。

（二）欧洲质量奖的评审标准

欧洲质量奖的评审标准有9个部分：领导（100分）、人员管理（90分）、方针与战略（80分）、资源管理（90分）、过程管理（140分）、雇员满意（90分）、顾客满意（200分）、对社会的影响（60分）和业务成果（150分），满分为1 000分。它是建立在欧洲质量奖卓越模型基础之上的，如图10-4所示。其中前5个方框称作手段标准（有关结果如何达成的标准），后4个方框称作结果标准（有关组织取得了什么结果的标准）。箭头强调了模型的动态特性，表明创新和学习能够改进手段的标准，并由此改进结果。卓越绩效模式给组织提供了一个用于自我评价和改进的框架。卓越绩效模式两类标准之间最基本的关系就是，如果手段标准强调一个过程，那么与这个过程相关的行为结果会自然在结果标准中反映出来。模式中的9个标准相互联系在一起，有些关系非常明显。例如，员工管理和员工结果、顾客和顾客结果。方针与战略和所有的其他手段标准有关，也与结果标准说明的结果有关。方针与战略和在结果标准中说明的一些"比较"有关。例如，如果战略是达成"全球领导"，那么组织就应当寻求全球比较来衡量绩效。稍弱的目标就要选择较弱的比较对象。把结果与内部目标、竞争对手、类似组织以及"行业最好"的组织进行比较，以此来权衡优先顺序，推动改进。在组织高层，把组织业绩与内部目标和竞争对手相比较，会有利于一些问题的分析。例如，如何使顾客满意与忠诚，方针与战略的修改、手段标准中达成改进的计划等。

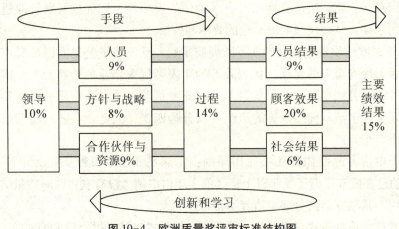

图10-4 欧洲质量奖评审标准结构图

第五节　中国全国质量奖

一、全国质量奖概述

（一）全国质量奖的由来

在 20 世纪 90 年代以前，中国有各种各样的质量评选活动。1991 年，国务院颁发了 65 号文件，停止了政府部门主办的质量评比活动。为了有效提高我国的产品质量和质量管理水平，激励和引导企业追求卓越的质量经营，增强国内企业乃至国家整体竞争能力，我国在借鉴其他国家质量奖特别是美国波多里奇质量奖的基础上，于 2001 年重新启动了全国质量管理奖的评审工作。

全国质量管理奖（CQMA）是对实施卓越的质量管理并取得显著的质量、经济、社会效益的企业或组织授予的在质量方面的最高奖励。全国质量管理奖的评审遵循为企业服务的宗旨，坚持"高标准、少而精"和"优中选优"的原则，根据质量管理奖评审标准对企业进行实事求是的评审。全国质量管理奖每年评审一次，由中国质量协会（简称中质协）按照评审原则和当年质量管理的实际水平，适当考虑企业规模以及国家对中小企业扶植等政策确定受奖奖项。全国质量管理奖（CQMA）分为全国质量管理奖、全国质量管理奖提名奖和全国质量管理奖鼓励奖三个类别。评审范围为：工业（含国防工业）、工程建筑、交通运输、邮电通信及商业、贸易、旅游等行业的国有、股份、集体、私营和中外合资及独资企业。评审程序包括：企业申报、资格审查、资料审查、现场评审、综合评价和审定六个步骤。

2001 年我国首次评选出的全国质量管理奖获奖企业名单包括：宝山钢铁股份有限公司、海尔集团公司、青岛港务局、上海大众汽车有限公司、青岛海信电器股份有限公司。

（二）全国质量奖的核心价值观

全国质量管理奖的核心价值观及其相关的概念是为实现组织卓越的经营绩效所必须具备的意识，它贯穿于标准的各项要求之中，体现在全员，尤其是组织中高级管理人员的行为之中。其核心价值观可归纳为：领导者作用；以顾客为导向追求卓越；培育学习型组织和个人；建立组织内部与外部的合作伙伴；快速反应和灵活性；关注未来，追求持续稳定的发展；管理创新；基于事实的管理；社会责任与公民义务；重在结果及创造价值；系统的观点。这些内容充分体现了现代质量经营的管理理论和方法，是组织追求卓越、取得成功的经验总结。

二、全国质量奖的评奖标准

（一）申报应具备的基本条件

组织应在推行全面质量管理并取得显著成效的前提下，对照评审标准，在自我评价的基础上提出申报。申报组织必须是中华人民共和国境内合法注册与生产经营的组织，并具备以下基本条件：

（1）认真贯彻实施 ISO 9000 族标准，建立、实施并保持质量管理体系，已获认证注册；对有强制性要求的产品已获认证注册；提供的产品或服务符合相关标准要求；

（2）近三年，有获得用户满意产品，并获全国实施卓越绩效模式先进企业称号；

（3）认真贯彻实施 ISO 14000 族标准，建立、实施并保持环境管理体系；组织三废治理达标；

（4）组织连续三年无重大质量、设备、伤亡、火灾和爆炸事故（按行业规定）及重大用户投诉；

（5）由所属行业或所在地区质协对申报组织进行推荐，提出对申报组织的质量管理评价意见。评审中将优先考虑行业和地区双推荐组织。外资或独资企业可以不经推荐直接申报。

（二）评审宗旨与范围

1. 评审宗旨

为贯彻落实《中华人民共和国产品质量法》，表彰在质量管理方面取得突出成效的企业，引导和激励企业追求卓越的质量管理经营，提高企业综合质量和竞争能力，更好地适应社会主义市场经济环境，更好地服务社会、服务用户、推进质量振兴事业，中质协于 2001 年组织启动了全国质量管理奖（以下简称质量管理奖）。质量管理奖是对实施卓越的质量管理并取得显著的质量、经济、社会效益的企业或组织授予的在质量方面的最高奖励。该奖项每年评审一次，由中国质协按照评审原则、当年质量管理实际水平，适当考虑企业规模，以及国家对中小企业的扶植等政策确定授奖奖项。

质量管理奖评审遵循为企业服务的宗旨，坚持"高标准、少而精"和"优中选优"的原则，根据质量管理奖评审标准对企业进行实事求是的评审。

2. 评审范围

质量管理奖评审范围覆盖国有、股份、集体、私营和中外合资及独资企业，包括：

（1）工业（含国防工业）；

（2）工程建筑；

（3）交通运输；

（4）邮电通信及商业；

（5）贸易；

（6）旅游等行业。

非紧密型企业集团不在评审范围之内。

（三）评审标准

我国的全国质量管理奖的评审标准是在借鉴国外的质量奖特别是美国波多里奇奖的基础上，充分考虑我国质量管理的实践后建立起来的。考虑到国家质量奖表彰的只是少数企业，为引导大多数企业追求卓越绩效，提高管理水平，增强竞争优势，在建立新的质量奖励制度的同时，由国家质量监督检验检疫总局和国家标准化管理委员会于 2004 年 8 月 30 日又发布了 GB/T 19580《卓越绩效评价准则》国家标准和 GB/Z 19579《卓越绩效评价准则实施指南》国家标准化指导性技术文件，并且与 2005 年 1 月 1 日开始实施。评价准则为企业追求卓越提供了一个经营模式的总体框架；为企业诊断当前管理水平提供了一个系统的检查表；也为国家质量奖和各级质量奖的评审提供了是否达到卓越的评价依据。比较我国卓越绩效评价准则与美国波多里奇质量奖评价标准可以看出以下不同点：

（1）标准的框架结构相同，都分为 7 个部分，评分总分为 1 000 分。

（2）每部分的结构不尽相同。例如在卓越绩效评价标准中第四个类目"资源"，与相应的美国质量奖评价标准第五部分"人力资源的开发与管理"相比，不仅强调了人力资源的作用，还增加了诸如财务资源、基础设施、信息、技术及相关方关系等其他资源；又如在卓越绩效评价标准中第六个类目"测量、分析与改进"，与美国质量奖评价标准相比，增加了"改进"这一评分项。

（3）我国卓越绩效评价准则关于各评分项的分值分布，结合了我国国情与企业的实际情况，在借鉴美国质量奖评价标准的基础上作了适当调整。例如，对"过程管理"类目调高了分值，反映出我国国内管理实践中过程控制能力的不足，必须在此方面重视和加强的现实要求。在《卓越绩效评价准则实施指南》（GB/Z 19579）的附录 A 部分，提出了卓越绩效评价准则的框架图。该框架图以美国波多里奇奖评审标准结构图为蓝本，并参照了 EFQM 卓越经营模式图的思想，进行了创造性的改进，形象生动地表达出卓越绩效评价准则的七个类目之间的逻辑关系。

案例分析

奥康鞋业荣获第 11 届全国质量奖

第 11 届"全国质量奖"评选结果近日揭晓，浙江奥康鞋业股份有限公司、上海三菱电梯有限公司、贵州茅台酒股份有限公司等 12 家企业上榜。其中奥康是今年唯一一家获得该奖项的鞋企。

据了解，自 2011 年 5 月 16 日提交申报材料后，奥康先后顺利通过了资格审查、资料审核、现场评审、工作委员会审议、审定委员会审议等多项环节。而今年与以往最大不同的是申报门槛过高，并且增加了审定委员会审议环节中企业现场答辩内容。据原中国质量协会会长陈邦柱介绍，此举是为了提高创奖质量和水平。

奥康早在 2001 年 5 月就正式导入"波多里奇卓越绩效标准评分系统"，并成立卓越绩效推行小组，推行卓越绩效模式。在奥康掌门人王振滔看来，该模式已经成为助推企业可持续健康发展的一种核心力量。多年来，奥康在管理、营销、品牌建设、技术研发、企业文化及信息化等多方面取得了卓越成绩，在同行业中率先通过 ISO 9001 国际质量体系认证和 ISO 14001 环保体系认证，先后荣获浙江省质量奖、全国质量奖提名奖等，今年奥康品牌还被权威机构估值 100.19 亿元，荣登中国鞋业品牌第一位。

"全国质量奖"评审委员会认为，奥康十分重视企业文化和品牌建设，不断创新企业管理模式，体现了与时俱进、敢为人先和超前创新的战略思想，以"诚信、创新、人本、和谐"为核心的企业价值观，为企业文化注入新活力，增强了企业的竞争力。而公司建立的现代化信息管理系统、雄厚的技术研发和生产制造实力，为企业现代化管理和实现战略目标提供了保障。

资料来源：深圳市卓越质量管理研究院. 质量奖与卓越绩效模式在中国的最佳实践[M]. 深圳：海天出版社，2012.

思考题：

奥康鞋业为什么能够获得国家质量奖？

本章习题

1. 简述卓越绩效模式的产生背景。
2. 谈谈你对卓越绩效模式框架的理解。
3. 简述对卓越绩效模式的基本理解。
4. 简述卓越绩效模式的特点。
5. 简述卓越绩效模式的核心价值观。

第十一章 环境质量管理

生产力的发展给人类带来了日益丰富的物质生活，同时与之相伴的是环境问题的出现并逐步恶化的趋势。随着经济的高度增长，环境问题已迫切地摆在我们面前，它严重地威胁人类社会的健康生存和可持续发展，并且日益受到全社会的普遍关注。国际竞争的需要，国家政策的要求，社会公众的期望，使各种类型的组织部越来越重视自己的环境表现（行为）和环境形象，并希望以一套系统化的方法规范其环境管理活动，满足法律的要求和它们自身的环境方针，求得生存和发展。

第一节 环境与环境管理

一、人类面临的环境问题

地球上自从有了人类，就面临生存与发展的问题。人类在向自然界索取资源创造物质文明和构筑新的生活方式的同时，又在不经意中影响并改变着我们的生存环境。在远古时代，人类与自然是和谐的，人类的生存充分依赖于大自然的恩赐。随着人类社会的发展，人们生存能力的增强，人类开始抵御自然的危害，进而发展到控制自然和改造自然。到了现代社会，人类特有的聪明才智在改造自然的过程中得到充分的施展，使人类的生活条件、经济发展、社会进步得到了根本性的改变。然而所有这些成就的取得，在很大程度上依赖于对自然资源的消耗与对自然环境的利用。人类对未来前景不断追求，陶醉在自己创造的伟大文明中，却不知不觉地对人类赖以生存的环境造成了许多破坏和污染，而且随着人类社会工业的飞速发展，对自然和环境的破坏和污染日趋严重。

人类社会发展到今天，环境问题也经历了一个从轻到重，从局部到区域再到全球的发展过程。

（一）生态环境的早期破坏

人类从初期的完全依赖大自然的恩赐逐步转变到自觉地利用土地、生物、陆地水体和海洋等自然资源，由于人类社会需要更多的资源来扩大物质生产规模，便开始出现烧荒、垦荒、兴修水利工程等改造活动，引起严重的水土流失、土壤盐渍化或沼泽化等问题。但此时的人类还意识不到这样做的长远后果，一些地区因而发生了严重的环境问题，主要是生态退化。但总地说来，这一阶段的人类活动对环境的影响还是局部的，没有达到影响整个生物圈的程度。

（二）近代城市环境问题

18世纪后期欧洲的一系列发明和技术革新大大提高了人类社会的生产力，人类开始插上技术的翅膀，以空前的规模和速度开采和消耗能源和其他自然资源。这一阶段的环境问题跟工业和城市同步发展。先是由于人口和工业密集，燃煤量和燃油量剧增，发达国家的城市饱受空气污染之苦，后来这些国家的城市周围又出现日益严重的水污染和垃圾污染，工业"三废"、汽车尾气更是加剧了这些污染公害的程度。震惊世界的八大公害事件也多发生在这时期。在20世纪六七十年代，发达国家普遍花大力气对这些城市环境问题进行治理，并把污染严重的工业搬到发展中国家，较好地解决了国内的环境污染问题。随着发达国家环境状况的改善，发展中国家却开始步发达国家的后尘，重走工业化和城市化的老路，城市环境问题有过之而无不及，同时伴随着严重的生态破坏。

（三）当代环境问题

20世纪80年代，从1984年英国科学家发现、1985年美国科学家证实南极上空出现的"臭氧洞"开始，人类环境问题发展到当代环境问题阶段。这一阶段环境问题的特征是，在全球范围内出现了不利于人类生存和发展的征兆，目前这些征兆集中在酸雨、臭氧层破坏和全球变暖三大全球性大气环境问题上。与此同时，发展中国家城市环境问题和生态破坏、一些国家的贫困化愈演愈烈，水资源短缺在全球范围内普遍发生，其他资源（包括能源）也相继出现将要耗竭的信号。这一切表明，生物圈这一生命支持系统对人类社会的支撑已接近它的极限。

二、生存环境现状

（一）生态破坏和环境污染

当前全球范围内生态破坏的主要表现是：森林面积缩小、土壤侵蚀和土壤退化、生物物种消失，以及由于环境污染引起的种种生态环境问题。根据联合国粮农组织和环境规划署的统计，全球每年约有1 110万公顷的森林被毁。伴随着森林的砍伐，土地沙漠化和土壤侵蚀现象日趋严重，目前全球沙漠化面积已达40亿公顷，全球每年因沙漠化损失600多万公顷土地。全世界有30%～80%的灌溉土地不同程度地受到盐碱化和水涝灾害的危害，由于侵蚀而流失的土壤每年高达240亿吨。由于过度放牧和不适当的开垦，引起草场退化，发生土壤萎蚀、土壤盐渍化和沼泽化，并进一步荒漠化，也严重损害草原动物的生存。目前地球上每天至少有一种物种灭绝，世界上濒临灭绝的物种越来越多，给生物圈和人类造成了无法弥补的损失。

目前在全球范围内都不同程度地出现了环境污染问题，具有全球影响的方面有大气环境污染、海洋污染、城市环境问题等。

（二）全球性大气环境问题

近百年来，全球的平均地面气温呈明呈上升趋势，引起温室气体增加的主要原因是人类的活动。以二氧化碳为例，由于人口的剧增和工业化的发展，人类社会消耗的化石燃料急剧增加，燃烧产生的二氧化碳使大气中的二氧化碳浓度增加。

处于同温层的臭氧，除同其他气体共同产生温室效应外，它的主要作用是阻止过量的紫外线直接到达地表，紫外线辐射强度的增高会导致皮肤癌、白内障等发生率增高，大气臭氧的损耗直接关系到生物圈的安危和人类的生存。

20 世纪 50 年代后期，酸雨首先在欧洲被察觉。进入 20 世纪 80 年代以后酸雨发生的频率增高，危害加大，并打破国界扩展到世界范围，欧洲、北美和东亚已成为世界上酸雨危害严重的区域。酸雨腐蚀材料、损害森林，破坏水生和陆生生态环境，并造成农作物减产。

（三）其他全球性的环境问题

全球性的环境问题较为突出的有能源和资源问题、海洋污染问题、危险废物越境转移问题、城市环境问题、水资源危机、生物多样性丧失等。

一些无法取代的资源受到破坏或陷于枯竭。现代社会大量消耗的能源，主要是无法再生石化燃料资源。科学家推测：全世界石油可开采时间是 45 年，天然气可开采时间是 56 年。铀等核燃料可开采时间是 68 年，煤炭的可开采时间是 328 年，不可再生的资源煤、石油等已濒临枯竭。天然矿产资源形势也不容乐观，铁矿石可开采时间为 232 年，生产金属铝的原铁钒铁石可开采 233 年，这就是说，人类坐吃山空只需 200 多年——仅是人类历史上短暂的一瞬。

气候变异和植被破坏造成旱情濒发，江河湖泊被严重污染，水资源被大量破坏。世界上约有 15 亿人口没有可靠的饮用水源。经预测，到 2025 年约有 30 亿人缺水，水资源的短缺和污染已经成为社会经济发展的严重制约因素。

全球水体污染物最终的接纳处是海洋，每年有几十亿吨污染废物通过河流、大气或直接流入海洋，引起近海赤潮的发生，使鱼类大量死亡。沿海的开发也严重毁坏了海洋生物的生存环境。

预计到 2050 年世界人口将增至 100 亿，农业生产必须增加 3 倍才能提供足够的粮食，然而，全世界凡能开垦的土地目前差不多已开垦殆尽，而工业和城市还在拼命向农业争地。由于地球生态环境的日益恶化，造成生物物种加速灭种，如果保守地假定全世界有物种 1 000 多万种，目前正以每年 2.7 万种的速度灭绝，那么到 2040 年大约将有 70 万个物种消失。生物物种是地球上宝贵的资源，每个物种都是经数千万年进化而来的，一旦灭绝，人类将可能永远失去宝贵的农业资源和抗御灭绝性疾病的药品来源。

三、环境管理刻不容缓

（一）环境管理的概念

环境（Environment）总是相对于某一中心事物而言的。环境因中心事物的不同而不同，随中心事物的变化而变化。我们通常所称的环境是指人类的环境。《中华人民共和国环境保护法》从法学的角度对环境概念进行了阐述："本法所称环境是指影响人类生存和发展的各种天然的和经过人工改造的自然因素的总体，包括大气、水、海洋、土地、矿藏、芦原、野生生物、自然古迹、人文遗迹、风景名胜区、自然保护区、城市和乡村等。"

环境问题产生的根源一方面是人类对自然资源的过度开发及不合理的利用，另一方面是人类在生产和生活中产生的废弃物及余能所造成的日积月累的环境污染。因此环境问题既有人类文明发展的必然性，更有其技术进步及社会制度等问题。因此环境问题需要综合管理，环境管理是一项系统工程.。

环境管理通常的定义："指依据国家的环境政策，环境法律、法规，从综合决策人手，运用各种有效手段调控人类的各种行为，协调经济、社会发展同环境保护之间的关系，限制人类损害环境质量的活动。"其管理手段包括法律、行政、技术和教育等。

环境管理的目的——维护环境秩序和安全。

环境管理的重点——针对次生环境而言的一种管理活动，注意解决人类活动所造成的各种环境问题。

环境管理的核心——是对人的管理。

环境管理的内容——对决策行为、经济行为、消费行为的管理；环境管理是国家管理的重要组成部分。

（二）世界环境日

由于生存环境的日益恶化，经济发展和生活水平的提高将遭受到严重的影响，人类在为今日烦恼，也在为明天担忧，环境保护、环境和发展等问题终于引起了广大有识之士和各国 政府的高度重视。1972 年 6 月 5 日，联合国在斯德哥尔摩召开了第一次人类环境会议，通过了《人类环境宣言》，明确指出"为当代和将来世世代代，保护和改善人类环境，已经是人类的一个紧迫的目标"，并决定今后每年的 6 月 5 日为世界环境日。世界环境日的确立反映了世界各国人民对环境问题的认识和态度，表达了我们人类对好环境的向往和追求。联合国环境规划署在每年的年初公布当年的世界环境日主题，并在每年的世界环境日发表环境状况的年度报告书。

2010 年上海世博会，正值国际社会关注全球气候变化、低碳理念逐步深入人心的时刻，上海世博会以实际行动践行这一低碳理念。2010 年上海世博会的主题是"城市，让生活更美好"。每届世界博览会都是展现人类文明与科技进步的一场盛宴，上海世博强调节能减碳、绿色环保，相关的环保科技被多角度、多方位地展现及应用在本届世博会上。为城市更美好的未来共同努力，中国需要低碳，需要可持续发展，世界也需要低碳，需要人与自然和谐共处。在低碳理念与实践的交流中，我们才能拥有前所未有的发展动力。

第二节　可持续发展与我国环境保护管理体制

一、可持续发展的概念

（一）可持续发展的定义

人类在向自然界索取、创造富裕生活的同时，不能以牺牲人类自身生存环境作为代价。为了人类自身，为了子孙后代的生存，通过许许多多的曲折和磨难，人类终于从环境与发展相对立的观念中醒悟过来，认识到两者协调统一的可能性，终于认识到"只有一个地球"，人类必须爱护地球，共同关心和解决全球性的环境问题，并开创了一条人类通向未的新的发展之路——可持续发展之路。

1987 年 4 月 27 日，世界环境与发展委员会发表了一份题为《我们共同的未来》的报告，提出了"可持续发展"的战略思想，确定了"可持续发展"的概念，就是"既满足当代人的需要，又不对后代人满足其需要的能力构成危害的发展"。

（二）可持续发展的基本思路

可持续发展是经济增长、社会公平、环境保护三者并举的过程，是以人为本的可持续经济、可持续社会、可持续生态三方面的协调发展。因此，可持续发展包括下列主要思想。

（1）可持续发展并不因环境保护而反对经济增长。可持续发展鼓励经济增长，但更重视经济增长的质量。可持续发展要求实行可持续发展的生产和消费模式，即实施清洁生产和文明消费，提高经济活动的效率和效益，节约资源、减少废物，实现经济建设和环境建设的全面进步。

（2）可持续发展要求经济建设和社会发展有利于改善而不是激化人与自然的矛盾。发展的同时保护和改善环境质量，保证以可持续的方式使用自然资源，使人类社会的发展能够在良好的支撑基础上进行。

（3）可持续发展以提高和改善生活质量为目的，使人类的生活质量不断改善，健康水平不断提高，创造一个使人人都享有平等、自由、教育、人权和安全的社会环境。

（4）可持续发展面临的压力和挑战，既有自然资源和生态环境方面的因素，更有社会行为和体制建设方面的因素。因此，必须从规范社会行为和加强体制建设入手，对环境问题既抓末端治理，更抓源头预防，逐步扭转自然资源和生态环境方面的不利条件，达到人和自然可持续发展的目标。

（三）可持续发展的基本原则

《我们共同的未来》报告提出了可持续发展需要坚持的三个基本原则。

（1）公平性（Fairness）原则。公平性原则的涵义包括：本代人之间的公平，即要满足全体人民的基本需求和给全体人民以满足他们要求较好生活的愿望；代际间的公平，即本代人不能因为自己的发展与需求而损害子孙公平利用自然资源和环境的权力；公平分配有限资源，即认为目前存在的贫富悬殊、两极分化的世界也是不可持续的。

（2）持续性（Sustainability）原则。人类需求和愿望的满足要以人类赖以生存的物质基础为限度，社会经济发展不能超过自然资源和生态环境的承载力，否则，将破坏人类生存的物质基础，发展就不可能长期持续.。

（3）共同性（commom）原则。由于国情和发展水平的差异，可持续发展的具体目标、政策和实施步骤可以是多样的。但是，可持续发展作为全人类共同发展的总目标，所强调的公平性和持续性原则应该是共同遵守的。因此，必须建立起全球范围的合作伙伴关系。

二、我国环境保护管理体制

由于种种原因，我国的环境保护管理，长期没有得到应有的重视，1973年第一次全国环境保护会议后，我国的环境管理才开始形成和逐步发展。开始是以污染治理为重点，后逐渐转到以监督管理为中心。在1983年第二次全国环境保护会议上，提出了环境管理作为环境保护的中心环节，在第六个五年计划实施期间环境管理逐步走向成熟。1989年全国人大常委会颁发了《中华人民共和国环境保护法》，特别是在污染源控制、管理领域、管理方式上的转变，使我国环境管理上了一个台阶。1995年中共十四届五中全会提出科教兴国和可持续发展战略，"九五"期间颁发了《国务院关于环境保护若干问题的决定》。

我国2010年远景目标中对于环境管理作了明确规定，我国的环境管理进入了全面实施《中国环境保护21世纪议程》的新阶段。

（一）我国环境管理组织系统

1972年人类环境会议后，国家计划委员会牵头成立了国务院环境保护领导小组筹备办公室，1974年12月国务院环境保护领导小组正式成立各级地方政府比照中央政府的模式，也相继设立了地方环境保护机构。经过近30年的发展和完善，我国已形成以国家、省、市、县、乡五级环保行政管理机构为主体，以各行业和部门管理机构为辅的环境管理组织机构体系。国环境管理组织系统如图11-1所示。

（二）我国的环境管理制度

国的环境政策基础是三大体系：预防为主、防治结合；谁污染谁治理；强化环境管理。我国的环境管理制度框架包括八项基本制度。

（1）"三同时"制度，就是环境保护法规定的"建设项目中预防污染的设施，必须与主体工程同时设计，同时施工，同时投产使用"。

（2）环境影响评价制度，适用于对环境有影响的生产性、非生产性的开发项目。

（3）谁污染谁治理及排污收费制度。

（4）环境保护目标责任制。

（5）城市环境综合整治定量考核，从1989年1月1日起国家直接考核的是背景灯32个重点城市，242个省（自治区）级考核城市。定量考核5个方面（大气环境保护、水环境保护、噪声控制、固定废弃物处理、城市绿化），共计20项指标。

（6）污染集中控制。

（7）排污申报登记与排污许可证制度。

（8）限期治理污染制度

（三）我国的环境法律、法规、标准

环境保护法是国家整个法律体系的重要组成部分，还具有自身一套比较完整的体系。1993年第八届全国人民代表大会在其常务委员会增设了环境和资源保护委员会，主要从事环境法律的制定和监督实施，这极大地推动了我国环境保护法制化的进程。

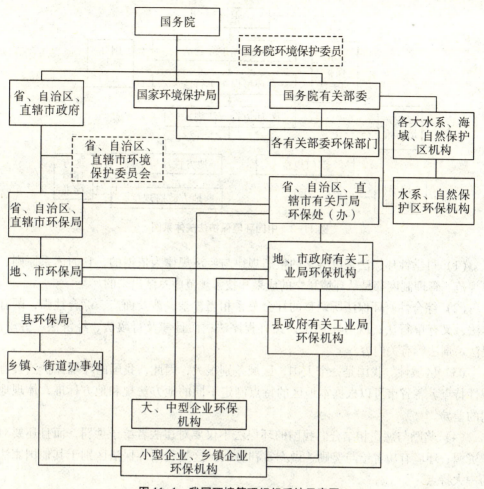

图 11-1 我国环境管理组织系统示意图

我国环境保护法规体系如图 11-2 所示。环境保护法是保护人民健康、促进经济发展的法律武器；是推动我国环境法制建设的动力；是提高广大干部、群众环境意识和环保法制观念的好教材；是维护我国环境权益的有效工具；是促进环境保护的国际交流与合作，开展国际环境保护活动的好手段。

我国的环境保护法（环保法）包括五个子系统：

（1）环境保护法律，由宪法、环境保护基本法和环境保护单位法组成。

（2）环境保护行政法规与规章。

（3）地方环境法规和规章。

（4）环境标准。环境质量标准、污染物排放标准、环境基础标准、环境方法标准四类。目前，国家标准已经超过 300 项。

（5）中国加入并签署的国际环境保护条约。目前，我国已加入并签署的有关环境保护国际条约已经超过 20 项。

环境保护法除了具有法律的一般特征外，还有以下特点：

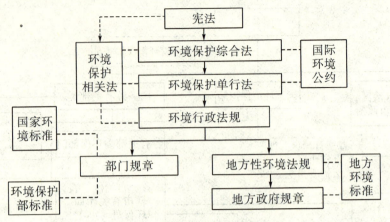

图 11-2　中国环境保护法规体系图

（1）科学性环保法是以科学的生态规律与经济规律为依据的，它的体系原则、法律规范、管理制度都是从环境科学的成果和技术规范中总结出来的。

（2）综合性。环保法所调整的社会关系相当复杂，涉及面广、综合性强，既有基本法，又有单行法；既有实体法，又有程序法；而且涉及行政法、经济法、劳动法、民法、刑法等有关内容。

（3）区域性。我国是一个大国，区域差别很大，因此，我国的环境保护法具有区域性特点。各省市可以根据本地区的特点制定不同的地方法规和地方标准，体现地区间的差异。

（4）奖励与惩罚相结合。我国的环保法不仅要对违法者给予惩罚，而且还要对保护资源、环境有功者给与奖励，做到赏罚分明。这是我国环保法区别于其他国家法律的一大特点。

第三节　环境质量管理

1992 年联合国环境与发展大会提出了"可持续发展"战略，揭示了人类文明的新篇章，引起了人类社会各领域、各层次的深刻变革。ISO 14000 系列标准的出台是对可持续发展的积极响应，其目的是以"污染防治、持续改进"为指导思想，强化环境管理，保护当代人乃至今后人类赖以生存的环境。ISO 14000 系列标准的提出，是全球环境保护发展的必然趋势。

一、ISO 14000 环境管理标准的产生与发展

自 20 世纪 60 年代以来，人类生存环境的不断恶化，引起了人们的高度关注，环境保护意识在全世界范围内日益深刻，保护人类共同家园已成为全人类的共识。

1972 年 6 月 5 日，联合国在斯德哥尔摩召开了第一次环境大会，通过了《人类环境宣言》和《人类环境行动计划》，成立了联合国环境规划署（UNEP），并规定 6 月 5

日为"世界环境日"。联合国的这次会议引导世界许多国家开始制定环境法规，并按法规治理环境、管理环境。如工业发达且污染严重的日本、欧洲、北美洲等国家都制定了许多法律法规，并按法律法规进行管理，这在某些方面对改善环境起到了一定的控制作用。

1983 年，联合国大会和联合国规划署授命布伦特兰夫人组建了"世界环境与发展委员会"。该委员会在保护环境方面做了许多宣传和呼吁，1987 年在日本东京召开的会议上通过了《我们共同的未来》的报告。该报告主张"在不危及后代人满足其环境资源要求的前提下，寻找满足我们当代人需要的、确保人类社会平等持续发展的途径"。

1992 年 6 月，联合国在巴西里约热内卢召开厂环境与发展大会，这次会议受到了世界许多国家的重视，与会者中有 102 位是国家元首或政府要员，国际标准化组织（ISO）和国际电工委员会（IEC）也直接参与了大会。这次大会通过了 5 个环境方面的重要文件，即《里约热内卢环境与发展宣言》《21 世纪议程》《联合同气候框架公约》《生物多样性公约》《森林声明》。其中《21 世纪议程》是纲领性文件，该文件正式提出了"可持续发展战略"是人类发展的总目标，并定义"可持续性发展"的含义是"既满足当代人的需要，又不对后代人满足其需要的能力构成危害的发展"。文件中还公布了实施"可持续发展战略"的国际合作与交流中涉及与环境有关问题的 27 条原则。

联合国对全球性的环境问题所采取的对策与行动均标志着国际社会正在努力协调人类发展与环境保护间的关系，朝着"可持续发展战略"的方向发展。环保工程不仅包括环境保护技术，也包括环境管理技术。在国际社会对环境问题的高度关注下，包括绿色消费之风形成的市场压力，迫使欧美国家的许多企业主动进行环境管理，改善环境绩效。一些知名企业还请中介组织对其环境绩效进行评价，以此树立良好的企业形象。到 20 世纪 80 年代末，在环境管理上已有不少经验可以借鉴。

1989 年，英国标准化协会（BSI）根据英国的特点，按照英国质量管理标准（BS5750）制定环境管理体系标准，1992 年正式发布了 BS7750 环境管理体系标准。标准颁布后，英国标准化协会动员 230 个组织试用该标准，在总结试点经验的基础上，1994 年，英国标准化协会对 BS7750 标准进行了修订。

BS7750 标准在英国得到了较好的实施的情况下，欧共体也开始做环境管理方面的工作。1993 年 6 月，欧共体理事会公布了《关于工业食业自愿参加环境管理与环境审核联合体系条例》（EEC 1836/93），简称"生态管理与审核制度（EMAS）"，环境管理体系要求的内容与 BS7750 标准相近。与此同时，世界其他国家也以不同的方式制定环境管理模式，如加拿大制定了环境管理、审核、标志、设计、风险评定及采购标准。总之，在 20 世纪 80 年代末和 20 世纪 90 年代初，世界许多国家都迫切需要优秀的环境管理模式，这直接导致国际标准化组织（ISO）组建制定环境管理标准的技术委员会。

1990 年，ISO/IEC（同际电工委员会）在《展望未来——高新技术对标准化要求》一书中提出"环境与安全问题（SAGE）是目前标准化"作最紧迫的课题之一。1992 年，ISO/IEC 成立了"环境问题特别咨询组"，专门关注世界环境问题。该组织在经过了一年多的调查，分析研究大量环境管理经验方面资料的基础上，向 ISO 技术委员会提出应该制定一个与质量管理标准类似的环境管理标准，以加强组织改善和评价环境绩效的能力。SAGE 不仅建议国际标准化组织成立专门的环境管理标准化技术委员会，还对制定环境管理标准提出三条原则性建议：①标准的基本方法应与 ISO 9000 系列标准相似；②标准应简单，普遍适用，环境绩效应是可验证的；③应避免形成贸易壁垒。

1993 年 6 月，国际标准化组织正式成立了 ISO/TC207 环境管理技术委员会，开展了环境管理的国际标准制定工作。1996 年首次正式发布了与环境管理体系及环境审核有关的 5 个标准，即 ISO 14000 环境管理系列标准的部分标准，ISO 14000 是环境管理系列标准的总代号。ISO 中央秘书处给 ISO 14000 系列标准预留了 100 个标准号。ISO 14001：1996 标准是唯一能用于第三方认证的标准，并在实践中得到了很好的应用，2004 年，国际标准化组织为了使该标准既具有可独立的使用性，又具有与其他管理体系（主要指 ISO 9001 质量管理体系）的兼容一致性，对 1996 版的标准作了修订，发布了 ISO 14001：2004 标准。

1990 年，国际标准化组织和国际电工委员会出版了《展望未来——高新技术对标准的需要》一书，其中"环境与安全"问题被认为是目前标准化工作最紧迫的四个课题之一。1992 年 6 月，在联合国环境与发展大会上，一百多个国家就长远发展的需要，一致通过了关于国际环境管理纲要，环境保护与持续发展已成为各国环境的重要课题。1992ISO/IEC 成立了"环境问题特别咨询组（ISO/SAGE）"，同年 12 月，SAGE 向 ISO 技术委员会建议：制定一个与质量管理体系方法相类似的环境管理体系方法，帮助企业改善环境行为，并消除贸易壁垒，促进贸易发展。ISO 14000 被称为是 ISO 继成功地推出了 ISO 9000 之后的又一贡献。ISO 14000 系列标准的影响和作用将会超过 ISO 9000 而被载入史册。

二、ISO 14000 系列标准简介

凡是 ISO/TC 207 环境管理技术委员会制定的所有国际标准称为 ISO 14000 系列或 ISO 14000 族标准。ISO 中央秘书处为 TC207 预留了 100 个标准号，即标准编号为 ISO 14001~ISO 14100 共 101 个编号，统称为 ISO 14000 系列标准。根据 ISO/TC 207 的分工，各技术委员会负责相应标准的制定工作，其标准号分配如表 11-1 所示。我国 1995 年 1 月成立了全国环境管理标准化技术委员会（SAC/TC207），其主要任务是负责与 ISO/ TC 207 的联络、跟踪、研究 ISO 14000 系列标准，结合国内情况适时地把 ISO 14000 系列标准转化为我国国家标准并组织实施。

表 11-1　　　　　　　ISO/TC 207 各分技术委员会标准编号分配

分技术委员会	任务	标准号
SC1	环境管理体系（EMS）	14 001~14 009
SC2	环境审核和调查（EA）	14 010~14 019
SC3	环境标志和声明（EL）	14 020~14 029
SC4	环境绩效评价（EPE）	14 030~14 039

表11-1(续)

分技术委员会	任务	标准号
SC5	生命周期评估（LCA）	14 040~14 049
	术语协调组（TCG）	14 050~14 059
	备注	14 060~14 100

ISO 14000 系列标准是继 ISO 9000 系列标准之后推出的又一个管理标准体系（或称战略标准体系）。ISO 14000 系列标准是对近年来常用的环境管理技术的总结与提高。这些环境管理技术是近半个世纪以来人们反省工业与社会发展的结果，是人们为了保护环境，实现可持续发展所开发的最新管理工具。

ISO 14000 作为一个多标准组合系统，按标准性质分为三类。

第一类：基础标准——术语标准。

第二类：基本标准——环境管理体系、规范、原理、应用指南。

第三类：支持技术类标准（工具），包括以下几种：

（1）环境审核；

（2）环境标志；

（3）环境行为评价；

（4）生命周期评估。

如按标准的功能，可以分为两类。

第一类：评价组织

（1）环境管理体系。

（2）环境行为评价。

（3）环境审核。

第二类：评价产品

（1）生命周期评估。

（2）环境标志。

（3）产品标准中的环境指标。

ISO/TC Z07 成立以来，已制定发布的国际标准（包括已废止的三项）及我国政府已转化情况如表 11-2 所示。

表11-2 　　　　　　　　　　已正式颁布的 ISO 14000 系列标准

序号	标准序列号	颁布日期	标准名称
1	ISO 14001：2004 GB/T 24001—2004	2004.11.15 2005.05.10	环境管理体系　要求及使用指南
2	ISO 14004：2004 GB/T 24004—2004	2004.11.15 2005.05.10	环境管理体系　原则、体系和支持技术通用指南
3	ISO 19001：2002 GB/T 19001—2003	2002.10.03 2003.05.23	质量和（或）环境管理体系审核指南

表11-2(续)

序号	标准序列号	颁布日期	标准名称
4	ISO 14015：2001 GB/T 24015—2002	2001.11.15 2003.08.09	环境管理 现场和组织的环境评价（EASO）
5	ISO 14020：1998 GB/T 24020—2000	1998.08.01 2000.09	环境管理 环境标志和声明 通用原则
6	ISO 14021：1999 GB/T 24021—2001	1999.04.15 2001.01.01	环境管理 环境标志和声明 自我环境声明（Ⅱ型环境标志）
7	ISO 14024：1999 GB/T 24024—2001	1999.04.01 2001.08.01	环境管理 环境标志和声明 Ⅰ型环境标志 原则和程序
8	ISO 14025：2006 GB/T 24025—2009	2006.06.15 2009.07.10	环境管理 Ⅲ型环境标志和声明 环境原则和程序
9	ISO 14031：1999 GB/T 24031—2001	1999.11.15 2001.02.28	环境管理 环境表现评价 指南
10	ISO 14040：2006 GB/T 24040—2006	2006.07.01 2006.11.01	环境管理 生命周期评价 原则和框架
11	ISO 14041：1998 GB/T 24041—2000	1998.10.01 2001.02.21	环境管理 生命周期评价 目的与范围的确定和清单分析
12	ISO 14042：2000 GB/T 24042—2000	2000.03.01 2002.07.10	环境管理 生命周期评价 生命周期影响评价
13	ISO 14043：2000 GB/T 24043—2000	2000.03.01 2002.07.10	环境管理 生命周期评价 生命周期解释
14	ISO 14044：2006 GB/T 24044—2008	2006.01.01 2008.05.26	环境管理 生命周期评价 要求与指南
15	ISO/TR14047：2006	2003.10.13	环境管理 生命周期评价 ISO 14024 应用示例
16	ISO/TR14048：2006	2002.04.01	环境管理 生命周期评价 生命周期评价数据文件格式
17	ISO/TR14049：2006	2000.03.15	环境管理 生命周期评价 ISO 14041 应用示例
18	ISO 14050：2009 GB/T 24050—2004	2009.02 2004.04.30	环境管理 术语
19	ISO/Guide64：2008	2008.08.27	产品标准中对环境因素的考虑指南
20	ISO/TR14061	1998.12.15	ISO 14001/14004 在林业企业中的应用于信息
21	ISO/TR14062 GB/T 24062—2009	2002.11.01 2009.07.10	产品开发中的环境因素（DFE）
22	ISO 14063：2006	2006.08.01	环境信息交流 指南与示例

表11-2(续)

序号	标准序列号	颁布日期	标准名称
23	ISO 14064—1：2006	2006.03.01	温室气体 第1部分：组织温室气体排放和削减的量化、监测和报告规范
24	ISO 14064—2：2006	2006.03.01	温室气体 第2部分：组织温室气体排放和削减的量化、监测和报告规范
25	ISO 14064—3：2006	2006.03.01	温室气体 第3部分：组织温室气体排放和削减的量化、监测和报告规范
26	ISO 14065：2007	2007.04.15	温室气体 对认可机构或其他评定机构的要求及指南
27	ISO 14066：2011	2011.04.15	温室气体 温室气体检验组和确认组的能力要求

三、环境管理体系、规范及使用指南

（一）环境管理的常用术语

GB/T 24001（ISO 14001，IDT）《环境管理体系、规范及使用指南》是 ISO 14000 系列标准中最重要的并且是唯一的用于体系认证的标准。环境管理体系是组织管理体系的一部分，用来制定和实施环境方针，对其产品、服务和活动中的环境因素进行管理。GB/T 24001 是在对各种环境管理体系运行模式进行分析总结的基础上，提取其中合理的、有共性的内容而设计的。下面介绍有关环境管理的常用术语。

（1）环境（Environment）在 GB/T 24001（1SO 14001，IDT）中被定义为："组织运行活动的外部存在，包括空气、水、土地、自然资源、植物、动物、人，以及它们之间的相互关系。"

定义中的"外部存在"，可以"从组织内延伸到全球系统"这个人类赖以生存的大环境。这就把对环境的理解和重视推向了一个前所未有的广度和深度。因此"环境"是指与人类密切相关的影响人类生活和生产活动的各种自然力量或作用的总和，它不仅包括各种自然要素的结合，还包括人类与自然要素间相互形成的各种生态关系的组合。环境功能主要表现在两个方面：一方面，它既是人类生存与发展的终极物质来源；另一方面，它又承着人类活动所产生的废弃物和各种作用的结果。

（2）环境因素（Environmental Aspect）在 GB/T 24001（ISO 14001，IDT）中被定义为："一个组织的活动、产品或服务中能与环境发生相互作用的要素。"

定义中的"活动"是针对环境而言的将输入转化为输出的一种过程。所有的环境因素都存在于活动、产品和服务中。环境影响是环境因素的结果，组织的活动、产品或服务中存在的某些环境因素对环境已造成或可能造成重大环境影响，这样的环境因素称为重要环境因素，组织在建立环境目标时，应优先对这些重要环境因素予以考虑。

（3）环境影响（Environmental Impact）在（GB/T 24001-ISO GB/T 24001-ISO 14001）中被定义为"全部或部分地由组织的环境因素给环境造成的任何有害或有益的变化。"

环境影响是由于环境因素产生的，它们之间存在因果关系。环境影响包括有害的，也包括有益的，而标准主要是针对有害的环境影响

（4）环境绩效（Environmental Performance）在 GB/T 24001-1SO 14001 中被定义为："组织对其环境因素进行管理所取得的可测量结果。"

环境绩效就是组织对环境进行管理的结果。"可测量"不局限于用仪器设备测量出来的数值，要能与设定的评价准则进行对照考核即可。

（5）环境管理体系（Environmental Management Wystem）在 GB/T 24001-ISO 14001 中被定义为："组织管理体系的一部分，用来制定和实施其环境方针，并管理其环境因素。"组织的管理涉及了许多方面的内容，包括质量管理、职业健康安全管理、风险管理、财务管理等。环境管理体系是一个组织全部管理体系的一个组成部分。管理体系是用来建立方针和目标，并进而实现这些目标的一系列相互关联的要素的集合。

（6）环境方针（Environmental Policy）在 GB/T 24001-1SO 14001 中被定义为："由最高管理者就组织的环境绩效正式表述的总体意图和方向。"环境方针为采取措施，以及建立环境目标和环境指标提供了一个框架。

环境方针是组织环境管理的基本承诺，也是组织全部环境管理活动的主导。环境方针是组织总体经营方针的一个非常重要的组成部分，它与组织的总方针以及并行的其他方针（如质量、职业健康安全等）应协调。

（7）环境目标（Environmental Objective）在 GB/T 24001-ISO 14001 中被定义为"组织依据其环境方针规定自己所要实现的总体目的。"环境目标是环境方针的具体化。

（8）环境指标（Environmental Target）在 GB/T 24001-1SO 14001 中被定义为："由环境目标产生，或为实现环境目标所须规定并满足的具体绩效要求，它们可适用于整个组织或局部。"环境指标是组织直接要实现的环境绩效。一般说来环境指标是环境目标的细化。

（9）环境管理体系审核（Environmental Management System Audit）在 GB/T 24001-SO 14001 中被定义为："客观地获取审核证据并予以评价，以判断组织的环境管理体系是否符合所规定的环境管理体系审核标准的一个以文件支持的系统化验证过程，包括将这一过程的结果呈报管理。"

环境管理体系审核可由组织内部或外部人员来进行，但无论由内部或外部人员进行审核都应该保证其审核的客观性、公正性和独立性。

（二）环境管理体系运行模式

ISO 14000 系列标准自 1996 年陆续正式颁布以来，作为系统管理组织环境风险、消除绿色贸易壁垒最有效的工具，迅速在全球各个国家得到了广泛的采用和实施。就目前的发展状况看，其发展趋势已超过 ISO 9000 族标准的初始阶段。

作为国际标准化组织颁布的第二套管理体系标准，在总结了 ISO 9000 标准制定经

验的基础上，ISO 14000 标准的制定之初就与 ISO 9000 标准有着较强的兼容性。随着 2000 年 ISO 9000 标准的换版，本着与 ISO 9000 标准兼容的精神，ISO 14001 标准的修订工作开始着手进行，并于 2004 年 11 月 15 日颁布了 ISO 14001：2004 新版标准。标准修改之后，总体结构没有大的变化，但对技术性内容的表达更为准确，语言更加简洁、严谨，并在形式上和 ISO 9001：2000 做到了更好的兼容。

ISO 14001 是 ISO 14000 系列标准的主体标准，它规定了环境管理体系的要求，为 ISO 14000 系列标准中唯一可供认证的标准，它适用于任何类型、规模和处于任何背景条件下的组织。ISO 14001 是 ISO 14000 系列标准中的主体标准，而"环境管理体系"（Environment Management System，简称 EMS）又是 ISO 14001 的主题、核心、灵魂和关键。它规定了自己独特的运行模式，明确了体系的要素即环境方针目标、组织结构、策划、过程、资源、检查和评审等。因此，任何一个企业或组织只要建立一个适合自己企业特点的环境管理体系（EMS），就能达到标准的要求，实现环境方针和环境目标，并能保证持续发展，最终赢得企业形象、企业信誉、企业市场、企业经济效益和社会效益。

1. 要素构成

按 ISO 14000 系列标准要求建立的环境管理体系由 5 个一级要素和 17 个二级要素组成，如表 11-3 所示。

表 11-3　　　　　　　　　　环境管理体系一、二级因素表

要素名称	一级要素	二级要素
要素名称	（一）环境方针	1. 环境方针
要素名称	（二）策划	2. 环境因素 3. 法律法规和其他要求 4. 目标、指标和方案
要素名称	（三）实施和运行	5. 资源、作用、职责和权限 6. 能力、培训和意识 7. 信息交流 8. 文件 9. 文件控制 10. 运行控制 11. 应急准备和响应
要素名称	（四）检查	12. 检测和测量 13. 合规性评价 14 不符合、纠正措施和预防措施 15. 记录控制 16. 内部审核
要素名称	（五）管理评审	17. 管理评价

2. 运行模式

环境管理体系的运行模式与其他管理的运行模式相似，共同遵守由查理·戴明（Chailes Demiry）提供的管理模式。ISO 14001 环境管理体系（EMS）要素运行过程的

典型模式如图 11-3 所示。

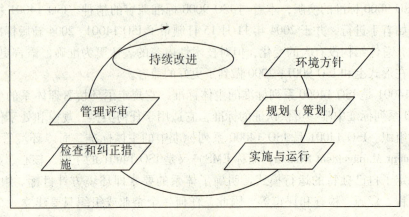

图 11-3　环境管理体系（EMS）模式

　　它展示了一个周而复始、螺旋上升的动态循环过程，体系按照这一模式运行，在不断循环中实现持续改进。由查理·戴明提供的规划（Plan）、实施（Do）、验证（Check）和改进（Action）运行模式也称 PDCA 模式，见图 11-4。概括戴明模型，其核心内容是根据管理学的原理，为组织建立一个动态循环的管理过程框架，以持续改进的思想指导组织系统地实现其既定目标。

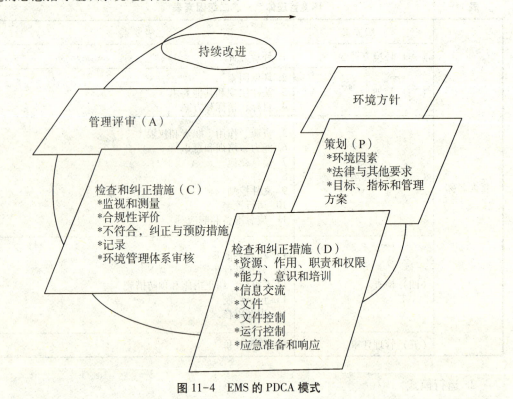

图 11-4　EMS 的 PDCA 模式

　　环境管理体系除了遵循 PDCA 模式之外，它还有自身的特点。

（1）着重持续改进。

（2）重视污染预防。

（3）强调最高管理者的承诺和责任。

（4）立足于全员意识，全员承诺，全员参与。

（5）系统化、程序化的管理和必要的文件支持。

（6）和其他的管理体系的兼容与协同作用。

3. 环境管理体系（EMS）的作用

随着可持续发展战略在全球的实施，环境保护正朝着污染预防的方向发展。这要求组织以主动自觉的方式从其管理职能上推动生命周期的环境管理，将环境保护贯穿渗透到对组织的基本活动过程中，以促进组织环境表现的持续改进。其作用在于帮助组织：

（1）识别和控制其活动、产品或服务中的环境因素、环境影响和风险；

（2）发现有效的解决环境问题的机会；

（3）确定适于组织的环境法律、法规要求；

（4）制定环境方针指导组织的环境管理；

（5）建立处理环境事项的优先顺序，以确定环境目标及行动方案；

（6）建立执行程序和支持保障机制，推进环境计划的实施；

（7）监测环境的环境表现，评价体系的有效性，实施体系的改进。

环境管理体系的建立，将使组织从其管理职能上纳入环境保护的要求，促进组织步入自我约束的环境管理轨道。

四、环境管理体系审核及实施

与质量体系审核类型相似，环境管理体系的审核可分为以下三种类型。

1. 第一方审核

为组织内部目的而进行的环境管理体系的审核。审核报告和形式都比第二方或第三方审核简单。

2. 第二方审核

通常是对供应商或分承包商的环境管理体系审核，由需方组织中能胜任的人员承担。

3. 第三方审核

通常是以 ISO 14001 标准的认证为目的的。例如，购买者希望由一个独立组织评价潜在的供应商而不是他自身来进行。第三方审核是由公正的并由权威部门认可的机构来承担。这种审核和评价要求相当严格。

第一方审核通常称为内部审核，第二方和第三方审核通常称为外部审核。

环境管理体系审核的审核员要求及具体的审核实施过程与质量管理体系审核基本相同，均应符合 ISO 19011 的规定。

本章习题

1. 简述人类面临的环境问题有哪些。
2. 什么是环境管理？
3. 简述世界环境日中国对环境管理重视的体现。
4. 简述可持续发展的定义、基本思路、基本原则。
5. 我国环境管理制度有哪些？
6. ISO 14000 按标准性质分为哪几类？
7. 环境绩效是什么？
8. 简述 EMS 的运行模式。
9. 简述环境管理体系的作用。

参考文献

［1］马林，罗国英. 全面质量管理基本知识［M］. 北京：中国经济出版社，2003.

［2］梁孟华. 图书馆知识信息服务综合评估研究［M］. 上海：世界图书出版公司，2012.

［3］张玉柱，曹世民. ISO 9001/GB/T 19001 质量管理体系统计技术原理及应用［M］. 北京：中国标准出版社，2002.

［4］郑向敏. 饭店质量管理［M］. 北京：旅游教育出版社，2006.

［5］殷裕品，兰凤云，刘芳. 物流企业绩效分析与评论［M］. 北京：北京大学出版社，2013.

［6］郭咸纲. 西方管理思想史［M］. 4 版. 北京：北京联合出版公司，2014.

［7］赵国良，孙耀康，孙连海. 营销管理［M］. 北京：中国商业出版社，1990.

［8］张智勇. ISO/TS 16949：2002/QS 9000：1998 配套管理工具实施指南［M］. 北京：中国标准出版社，2005.

［9］张智勇. 品管部工作指南［M］. 北京：机械工业出版社，2012.

［10］胡凡启. 现代企业车间和班组管理［M］. 北京：中国水利水电出版社，2010.

［11］曾瑶，李晓春. 质量管理学［M］. 4 版. 北京：北京邮电大学出版社，2012.

［12］宋明顺，等. 质量管理学［M］. 北京：科学出版社，2005.

［13］秦观生. 质量管理学［M］. 2 版. 北京：科学出版社，2008.

［14］梁工谦，刘德智. 质量管理学［M］. 北京：中国人民大学出版社，2010.

［15］马风才. 质量管理［M］. 2 版. 北京：机械工业出版社，2013.

［16］张凤荣，王丽莉. 质量管理与控制［M］. 北京：机械工业出版社，2006.

［17］刘广第. 质量管理学［M］. 2 版. 北京：清华大学出版社，2003.

［18］杨文培. 现代质量成本管理［M］. 北京：中国计量出版社，2006.

［19］苏秦. 现代质量管理学［M］. 2 版. 北京：清华大学出版社，2013.

［20］李永江. 世界 500 强企业基层员工管理工具［M］. 北京：人民邮民出版社，2013.

［21］中国质量协会. 质量管理小组理论与方法［M］. 北京：中国质检出版社，2013.

［22］杨国伟，夏红. 食品质量管理［M］. 北京：化学工业出版社，2008.

［23］周玲玲，张月义，熊明华. 质量管理学［M］. 2 版. 北京：科学出版社，2012.

［24］李灿. 市场调查与预测［M］. 北京：清华大学出版社，2012.

［25］王伟军，蔡国沛. 信息分析方法与应用［M］. 北京：清华大学出版社，2010.

［26］邵小云，等. 物业服务改进全案［M］. 北京：化学工业出版社，2012.

［27］梁毅. 药品经营质量管理：GSP［M］. 北京：中国医药科技出版社，2003.

［28］林新奇. 绩效管理［M］. 2版. 大连：东北财经大学出版社，2013.

［29］唐焕文，等. 现代管理方法［M］. 大连：大连理工大学出版社，1997.

［30］徐学栋. 非正态分布形态下的过程能力指数研究［D］. 南京：江苏大学，2010.

［31］孔祥芬. 非正态过程能力分析与控制方法研究［D］. 天津：天津大学，2007.

［32］上海烟草集团有限公司. 统计过程控制（SPC）管理的应用实践［J］. 质量方法，2013（1）.

［33］刘小方，谢义. 装备全寿命质量管理［M］. 北京：国防工业出版社，2014.

［34］李保红，余根强. 现代质量管理［M］. 郑州：河南大学出版社，2013.

［35］刘宏，肖思思. 环境管理［M］. 北京：中国石化出版社，2014.

［36］黄林军. 环境安全管理体系理论与实践［M］. 广州：暨南大学出版社，2013.

［37］鲍建国，周发武. 清洁生产实用教程［M］. 北京：中国环境出版社，2014.

［38］王芳，徐振. 集成电路芯片测试［M］. 杭州：浙江大学出版社，2014.

［39］田良. 环境规划与管理教程［M］. 合肥：中国科学技术大学出版社，2014.

［40］程国平. 质量管理学［M］. 武汉：武汉理工大学出版社，2003.

［41］王明贤. 现代质量管理［M］. 北京：清华大学出版社，2011.

［42］李海明. 统计过程控制的基本原理及运用［J］. 商品与质量：学术观察，2012（5）.

［43］龚益鸣. 现代质量管理学［M］. 3版. 北京：清华大学出版社，2012.

［44］于影霞. 质量管理工程［M］. 北京：化学工业出版社，2015.

［45］田学民，等. 统计过程控制的研究现状及展望［J］. 中国石油大学学报，2008.

［46］颜甄瑜. 多变量控制图的理论分析与实际应用［D］. 硕士学位论文，2009.

［47］黄云云. MCUSUM、MEWMA及+Hotelling+T2控制图的比较分析［J］. 现代技术与装备，2010.

［48］陈佳贵，等. 现代质量管理［M］. 北京：经济管理出版社，2005.

［49］THOMAS PYZDEK. 六西格玛（6σ）手册［M］. 孙静，译. 北京：清华大学出版社，2002.

［50］郎志正. 质量管理及其技术和方法［M］. 北京：中国标准出版社，2003.

［51］顾海洋. 质量管理与控制技术基础［M］. 北京：北京理工大学出版社，2013.

［52］乔治·李·赛伊. 六西格玛精益流程［M］. 任月园, 译. 北京: 东方出版社, 2010.

［53］刘成, 等. 精益六西格玛实战［M］. 上海: 学林出版社, 2007.

［54］托马斯, 麦卡蒂. 六西格玛黑带手册［M］. 郑伟, 等, 译. 北京: 电子工业出版社, 2007.

［55］马义忠. 统计过程控制研究领域及趋势概述［J］. 郑州航空工业管理学院学报, 2001, 19 (1).

［56］田学民, 曹玉苹. 统计过程控制的研究现状及展望［J］. 中国石油大学学报, 2008, 32 (5).

［57］许恒, 李锋. 多变量统计过程控制的现状与展望［J］. 江苏广播电视大学学报, 2006 (9).